Die Originalausgabe erschien 1989 unter dem Titel
«Greek Fire» bei Jonathan Cape Ltd., London

Die Bildrecherche besorgte Pat Hodgson

Umschlag- und Einbandgestaltung Nina Rothfos

Kapitelanfänge: Erkenne dich selbst: die Quelle von Kastalia (oder Kastalie), wo die Besucher sich vor Konsultation des Orakels zu waschen pflegten.

Tragödie: Schlußszene der *Orestie* des London National Theatre (1981). Athene befiehlt, daß die Furien während des abschließenden Fackelumzugs Purpurgewänder tragen sollen.

Ästhetik: So stellte sich Alma-Tadema die Szene vor, wie Phidias am Parthenon-Fries letzte Hand anlegt. Im 19. Jahrhundert wurde nachgewiesen, daß die griechischen Plastiken bunt bemalt waren.

Aphrodite: *Das Urteil des Paris* von Rubens. Paris erwählt die Blondine! Eine darüberschwebende Furie sagt die Zerstörung Trojas voraus.

Mythos: *Orpheus in der Unterwelt* von Jan Breughel.

Physik: Fermilab, das Forschungszentrum für Hochenergiephysik in der Nähe von Chicago.

Ideen: Raffael malte die *Schule von Athen* in der Stanza della Segnatura des Vatikan in den Jahren 1509 bis 1511. In der Mitte Plato und Aristoteles, umgeben von verschiedenen griechischen Philosophen. Diogenes hat es sich auf den Stufen bequem gemacht.

Politik: Die Furien des Faschismus fliegen über die Wiege der Demokratie.

Architektur: Ein Gemälde von Carl Laubin (1987), das einen Eindruck von Leon Kriers Entwurf für ein neues Atlantis auf Teneriffa vermitteln soll.

Krieg: *Griechen und Trojaner streiten sich um den Leib des Patroklos* von Antoine Wiertz (1806–1865). Eine Malerei voller homerischem Schrecken und Pathos.

1. Auflage September 1991

Gesetzt aus der Baskerville (Linotronic 500)
Gesamtherstellung Clausen & Bosse, Leck
Printed in Germany
ISBN 38052 0494 9

Inhalt

Einführung von Revel Guest 10

Vorwort 12

Erkenne dich selbst Die Quelle des Westens 15

Tragödie Der Medusa entgegenlächelnd 51

Ästhetik Kalte Schönheit, die ewig wärmt 81

Mythos Ein Hinweis aus dem Dunkel 113

Aphrodite Kein Verkehr ist der sicherste Verkehr 135

Physik Die halbe Erklärung der Welt 167

Ideen Problematische Geistesverwandtschaften 193

Politik Die verkümmerte Demokratie 219

Architektur Atlantis Neustadt 243

Krieg Inspiration und Bedrohung 267

Bibliographie 293

Abbildungsnachweis 296

Register 298

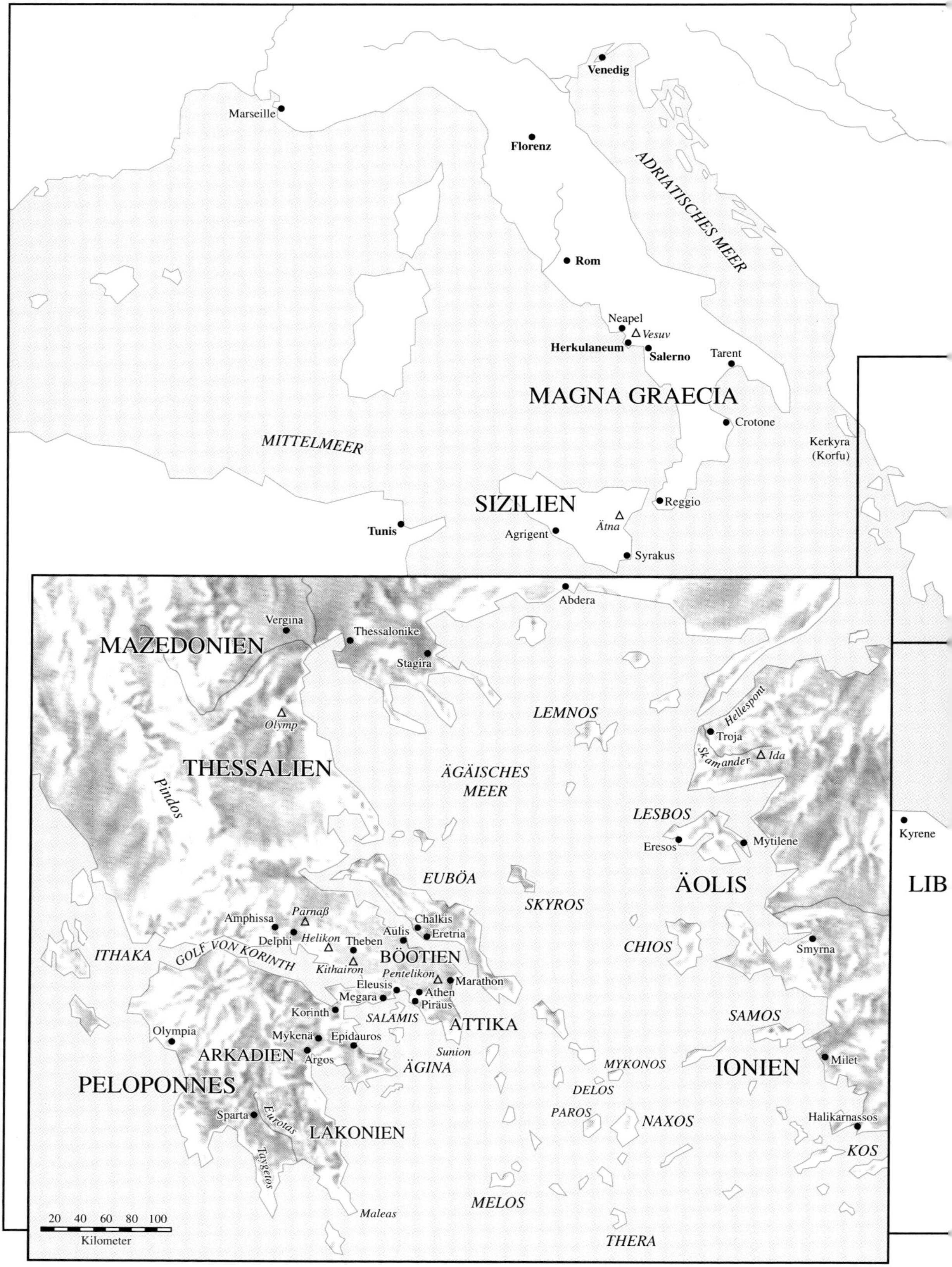

Venedig
Marseille
Florenz
ADRIATISCHES MEER
Rom
Neapel
Vesuv
Herkulaneum
Salerno
Tarent
MAGNA GRAECIA
Crotone
MITTELMEER
Kerkyra
(Korfu)
SIZILIEN
Reggio
Ätna
Tunis
Agrigent
Syrakus
Abdera
Vergina
Thessalonike
MAZEDONIEN
Stagira
Olymp
LEMNOS
Hellespont
Troja
Skamander
Ida
THESSALIEN
Pindos
ÄGÄISCHES
MEER
LESBOS
Kyrene
Eresos
Mytilene
EUBÖA
ÄOLIS
LIB
SKYROS
Amphissa
Parnaß
Chalkis
Delphi
Helikon
Aulis
Eretria
Theben
CHIOS
Smyrna
ITHAKA
GOLF VON KORINTH
BÖOTIEN
Kithairon
Pentelikon
Marathon
Eleusis
Athen
Megara
Piräus
Korinth
SALAMIS
ATTIKA
SAMOS
Olympia
Mykenä
Epidauros
ARKADIEN
Argos
Sunion
ÄGINA
MYKONOS
IONIEN
Milet
PELOPONNES
DELOS
PAROS
NAXOS
Halikarnassos
Sparta
Eurotas
LAKONIEN
Taygetos
KOS
MELOS
Maleas
THERA
20 40 60 80 100
Kilometer

Olbia
onau
SCHWARZES MEER
Trapezunt
THRAKIEN
Byzanz
Ankara
KLEINASIEN
Antiochia
RHODOS
Palmyra
Beirut
SYRIEN
KRETA
ZYPERN
Damaskus
MITTELMEER
Jerusalem
Alexandria
Kairo
ÄGYPTEN
Oxyrhynchos
Nil
40 80 120 160 200
Kilometer
Fettgedruckte Namen sind nicht-griechischen Ursprungs

Sappho mit Alkäus, ihrem Dichterkollegen aus Lesbos.

Für T. H.

«Nicht zurück zu den Griechen,
sondern voraus zu den Griechen»

Einführung

Revel Guest

Die Fortschritte der letzten Jahre in Naturwissenschaft und Technologie haben unsere Vorstellungen vom einzelnen und der Gesellschaft revolutioniert. Im kommunikativen Bereich, in Wirtschaft, Erziehung, Medizin und auch in unserer Einstellung zum Mitmenschen und zur Umwelt sind drastische Änderungen vonnöten.

Wir sehen uns mit dieser verwirrenden Zahl und Geschwindigkeit von Veränderungen bezeichnenderweise an einer Jahrhundertwende konfrontiert, an einer Schwelle, die stets zu Besinnung und Bestandsaufnahme Anlaß gibt. Dies ist sicher ein geeigneter Zeitpunkt, um uns der geistigen Ursprünge bewußt zu werden und uns zu fragen, wo die Gründe unserer Handlungs- und Verhaltensweisen liegen. Wer darauf verzichtet und die Geschichte erst mit dem heutigen Tag beginnen läßt, wird die Veränderungen mitmachen, ohne jedoch etwas dabei zu lernen. Um für die Zukunft gerüstet zu sein, müssen wir die Einflüsse der Vergangenheit verstehen, die uns zu dem gemacht haben, was wir sind.

Als ich vor einigen Jahren einen Film über das Katharinenkloster in der Wüste Sinai drehte, hat mich die Fähigkeit der Mönche stark beeindruckt, Ereignisse, Vorstellungen und Glaubenssätze, die zweitausend Jahre alt waren, als lebendig und relevant zu empfinden. Das Erlebnis gab mir Zuversicht. Wenn Vergangenes so unmittelbar empfunden werden kann und aus seinem komplexen Gewebe sinnvolle und lehrreiche Muster herauszulösen sind, wäre es da nicht lohnend herauszufinden, welche Bedeutung die wichtigste Quelle der westlichen Kultur heute besitzt – das antike Griechenland?

Ich besprach die Idee mit dem Drehbuchautor und Regisseur Roger Parsons von Transatlantic Films. Wir stellten dabei fest, daß über die Jahrhunderte viele «zurück zu den Griechen» gegangen waren, darunter einige der größten und einflußreichsten Denker aller Zeiten. Es war nicht allein ihr Interesse an Griechenland, sondern vor allem die unterschiedliche Interpretation des griechischen Vermächtnisses, die uns davon überzeugte, daß sich daraus eine faszinierende und sinnvolle Fernsehserie machen ließe. Aber wie kann man Denkweisen, Ideen filmisch wiedergeben? Dazu ist offensichtlich das gedruckte Wort besser geeignet.

Wir setzten uns deshalb mit Dr. Oliver Taplin vom Magdalen College der Universität Oxford in Verbindung, einem der führenden Altertumswissenschaftler der jüngeren Generation; enthusiastisch, wie das seine Art ist, ging er auf unsere Vorstellungen ein und erklärte sich zur wissenschaftlichen Leitung bereit. Zu dritt arbeiteten wir viele Monate zusammen, dann stieß der Drehbuchautor und Regisseur Chris Goddard dazu, dessen Dokumentarfilme wegen ihrer eindrucksvollen visuellen Präsentation abstrakter Zusammenhänge Anerkennung gefunden haben. Noch bevor wir die zehn Filme im Kasten hatten, war uns allen klargeworden, daß zu der Sendereihe ein Buch gehört. Weltweit ausgestrahlt, wird der Fernsehfilm «Griechisches Feuer» Millionen von Zuschauern erreichen, manche zu weiteren Fragen anregen, Neugier und Interesse wecken. Oliver Taplins Buch vertieft diese Fragestellungen und entschlüsselt brillant die unterschiedlichen Antworten, so kenntnis- und aufschlußreich, wie es nur mittels des geschriebenen Wortes möglich ist. Das Buch ist nicht ein Textband zum Film, ebensowenig wie der Film eine Bebilderung des Buches darstellt; beide ergänzen einander.

Falls es eine einzige Eigenschaft gibt, die die alten Griechen charakterisiert und ihre außergewöhnlichen Leistungen erklären kann, so ist es die Wißbegierde. Hier also ist ein Buch für Wißbegierige, für jene, die an Denken und Gedanken interessiert sind. Geschrieben hat es ein Wissenschaftler, der sein erstaunlich breites Wissen elegant zu vermitteln versteht und der seine Zuhörer, ob sie nun die antiken Dichter kennen oder nicht, mit seinen Visionen dessen zu fesseln vermag, was die griechische Kultur Menschen aller Art während der letzten zweitausend Jahre bedeutet hat – und vor allem, was sie uns heute in dieser unklaren Zeit zu sagen hat.

Vorwort

Thema dieses Buches ist das Nachleben des alten Griechenlands, die Frage, wie die Moderne die griechische Klassik aufgenommen hat, von ihr inspiriert wurde, sich gegen sie aufgelehnt, sie imitiert, verändert, parodiert, wiederverwertet, unterlaufen und sich angeeignet hat. Es ist ein gewaltiges Thema, an dem man ein Leben lang – oder mehrere – arbeiten könnte. Und so wird hier nur eine Auswahl von Bruchstücken vorgestellt, ähnlich den Scherben und Fragmenten einer Notgrabung. Beispielsweise konnte ich auf die hebräische Tradition und ihr Verhältnis zu Griechenland – beide trugen bekanntlich zur Entstehung des Christentums bei – nicht eingehen. Wenig wird man auch über das erste große Auflodern des griechischen Feuers im alten Rom erfahren und somit über die Bedeutung Griechenlands bei der folgenschweren Wiederentdeckung Roms durch die Renaissance. Der größte Teil des Buches befaßt sich mit der Zeit von 1750 bis heute, wobei das Hauptinteresse den letzten 25 Jahren gilt, die ich selbst als Erwachsener miterlebt habe – denn letzten Endes ist es ja die Gegenwart, die unseren Standort und Blickwinkel bestimmt. Man hätte auch ausführlicher auf den griechischen Einfluß auf die Leichtathletik eingehen können, auf die Komödie, die Philosophie des Aristoteles, auf Rhetorik, Erziehung, Rechtswesen, auf Alexander den Großen, auf Plutarchs Lebensbeschreibungen, auf Geschichte und Religion. Ganze Bücher könnte man zu jedem dieser Aspekte schreiben; ich selbst arbeite augenblicklich über ein hier vernachlässigtes Thema, über Odysseus und die *Odyssee* im Rahmen einer Vortragsreihe des BBC-Senders Radio 4.

Den Anstoß für *Feuer vom Olymp* gab eine Dokumentarserie, die Transatlantic Films für den Fernsehsender Channel 4 produzierte. Meine zehn Kapitel führen die Themen der einzelnen Folgen näher aus, ohne aber damit eine wissenschaftliche Verankerung eines in erster Linie visuellen Erlebnisses zu beabsichtigen. In diesem Buch sollen die Gedanken um ihrer selbst willen gewürdigt werden, ohne solche Impedimenta wie Fußnoten und Anmerkungen – wobei jedoch die angefügte Bibliographie dem Leser eigene Erkundungszüge erleichtern möchte.

Ich verdanke viel der engen Zusammenarbeit mit der Produzentin Revel Guest, dem Regisseur Roger Parsons, den Regieassistenten Nancy Van Den Bergh, Fiona Wailes-Fairbairn und vor allem Jonathan Stamp. Ihre Einfälle und Entdeckungen finden sich überall im Buch. Ich habe auch ausgiebig von den für den Fernsehfilm aufgenommenen Interviews Gebrauch gemacht und hoffe, daß ich bei den Zitaten nie den Namen des Sprechers zu nennen vergessen habe. Danken möchte ich

Mary Beard, Allan Bloom, Sir Terence Conran, Sir Kenneth Dover, Chris Hill, Richard Jankyns, Lindsay Judson, Raymond Klibansky, Leon Krier, Leon Lederman, Oswyn Murray, Enoch Powell, Anthony Storr und Jonathan Walters. Man wird feststellen, daß ich zwei Beiträgern besonders viel verdanke, nämlich Bernard Knox und George Steiner.

Ferner möchte ich all jenen danken, die sonst irgend etwas beigesteuert, Fragen beantwortet und Entwürfe gelesen haben. Dazu gehören Jim Burge, Rosemary Burton, Tony Harrison, Pontus Hellström, Geoffrey Lloyd, Joe Mordaunt Crook, David Norbrook, Catherine Osborne, Richard Rutherford, Andy Szegedy-Maszak, Kim Taplin, Marion True und Michael Vickers. Vor allem von Richard Osborne kamen stets prompt und freizügig allgemeine Anregungen ebenso wie spezielle Verbesserungsvorschläge. Ich möchte auch die geduldige Arbeit von Rachel Woodrow und Janet Randell erwähnen. Tony Colwell war mein ebenso rücksichtsvoller wie hilfreicher Lektor bei Cape, und Pat Hodgson hat unermüdlich das von mir gewünschte Bildmaterial ausfindig gemacht.

Im spätbyzantischen Reich haben die Griechen eine brennbare Substanz entwikkelt und als eine Art Flammenwerfer gegen feindliche Schiffe eingesetzt. Wie es hieß, brannte dieses «griechische Feuer» sogar unter Wasser, eingetaucht ins gegensätzliche Element. Das «griechische Feuer» ist für mich ein, wenn auch anachronistisches, Symbol: Auch in fremde Kulturen eingetaucht, verliert das antike Griechenland seine Leuchtkraft nicht, kann es Nutzen bringen und Schaden, ist es an der Oberfläche latent wirksam. Und wie bei jener halblegendären Substanz ist dabei nicht wichtig, «wie es eigentlich gewesen», sondern vielmehr, was der schaffende Geist daraus gemacht hat.

Oliver Taplin

Erkenne dich selbst

Die Quelle des Westens

Ohne die griechische Kultur... wären wir nie zu vollem Bewußtsein gelangt, das heißt, wir wären im Guten wie im Bösen unfertige Menschen geblieben.

W. H. Auden

Wenn ich mir ein Amerika vorstelle,
Wo die Klassiker Gemeingut sind,
Schlafe ich unruhig.

Ezra Pound

Im Jahr 1961 unternahm König Sahir von Afghanistan einen Jagdausflug in die Nähe des Dorfes Aï Khanoum am Amu-darja, auch Oxus genannt. Als 1979 die Russen vom anderen Flußufer übersetzten, um das Regime in Kabul zu stützen, war die Zeit der kultivierten Monarchie abgelaufen. Als Sahir im Sand die Reste einer mit überlappenden Akanthusblättern verzierten Steinsäule sah, erkannte er, daß es sich um eine korinthische Säule handelte, zweitausend Kilometer von Griechenland entfernt. Französische Archäologen haben inzwischen eine griechische Stadt aus dem 3. und 2. Jahrhundert v. Chr. freigelegt mit einem riesigen Gymnasium, einem Theater, einem Markt- und Versammlungsplatz *(agora)*, und sie entdeckten sogar Fragmente eines auf griechisch verfaßten philosophischen Textes. Auch fand man eine Inschrift, die stolz verkündete, daß ein gewisser Klearchus nach Delphi gereist war, um eigenhändig die weisen Worte am großen Tempel des apollinischen Orakels zu kopieren und seinen Mitbürgern heimzubringen. Klearchus begab sich zur Quelle.

Das bekannteste Sprichwort Delphis lautet:

ΓΝΩΘΙ ΣΕΑΥΤΟΝ
Erkenne dich selbst.

Im frühen Griechenland, meinen die Gelehrten, war damit gemeint: «Wisse, daß du sterblich bist, daß du kein Gott bist»; aber die Bedeutung war dem Wandel unterworfen. Sokrates wurde im späten 5. Jahrhundert v. Chr. von dem Orakel zum weisesten aller Menschen erklärt: er hätte das Sprichwort wohl eher im Sinn

Griechische Ruinen in Aï Khanoum mit dem Oxus und dem russischen Ufer im Hintergrund.

seines Leitgedankens interpretiert, «das ungeprüfte Leben ist nicht lebenswert». Friedrich Nietzsche, jener beunruhigende Vordenker von Grundfragen des 20. Jahrhunderts, sagte: «Und wie kommen wir zu jenem Ziele? werdet ihr fragen. Der delphische Gott ruft euch, gleich am Anfange einer Wanderung nach jenem Ziele, seinen Spruch entgegen: ‹Erkenne dich selbst›. Es ist ein schwerer Spruch: denn jener Gott ‹verbirgt nicht und verkündet nicht, sondern zeigt nur hin›, wie Heraklit gesagt hat.» Für Nietzsche deuteten die Zeichen auf eine Befreiung des Ichs. Im Zeitalter Freuds verstand man unter «Erkenne dich selbst» in erster Linie die inwärts gerichtete Suche nach dem unter der Oberfläche verborgenen wahren Ich, die Erforschung unserer tiefsten Beweggründe. In unserer «postmodernen» Zeit nun gegen Ende des Jahrhunderts könnte man das Wort so umschreiben: «Wisse, woher du kommst, denn die Vergangenheit läßt sich nicht leugnen und sollte präsent bleiben.» Ähnlich wie Freud meinte, man müsse seine Kindheit erforschen, um den erwachsenen Menschen zu verstehen, so wenden wir uns der «Kindheit des Menschengeschlechts» zu, wie Marx das griechische Altertum nannte, um die Gegenwart klarer erkennen zu können. Man sieht also, wie die alte griechische Botschaft – die ursprüngliche Inschrift ist längst zerbrochen – zu verschiedenen Zeiten verschieden interpretiert wurde; und viele Interpretationen waren für ihren Ort und ihre Zeit «richtig». Sie ist großartig und bleibend, doch gleichzeitig vergänglich und auf immer neue Weise lesbar.

Der Untergrund der geistigen Landschaft

Viele der Fragen, die immer noch unsere geistigen Grundlagen in Bewegung halten, wurden schon von den Griechen formuliert und erörtert. Warum soll man gut sein? Wie läßt sich die Gesellschaft optimal organisieren? Beruhen internationale Beziehungen letztlich immer auf Eigennutz? Sollen die Ärzte unter allen Umständen Leben erhalten? Wie ist die Welt entstanden? Besteht das All aus einer einzigen Grundsubstanz? Ist ein Sieg jemals die Opfer wert? Sind die Interessenkonflikte zwischen Mann und Frau grundsätzlich unvereinbar? Wie können wir mit der sichtlichen Formlosigkeit und Ungerechtigkeit des Lebens fertig werden? Wenn solche Fragen im weiteren Verlauf wieder gestellt werden, bleiben sie natürlich unbeantwortet – nicht einmal die Griechen vermochten sie zu beantworten! Aber dies mag die rechte Zeit sein, um bei ihnen Auskunft zu holen, um zu den Ursprüngen zurückzugehen. Das späte 20. Jahrhundert und die alten Griechen, jedenfalls jene der klassischen Blütezeit, verbindet das Gefühl, daß die festen Orientierungspunkte verlorengehen; und wie sie sind wir uns der Macht bewußt, die wir besitzen, um soziale Strukturen und die Umwelt zu verändern, während wir gleichzeitig die Folgen dieser Macht mehr und mehr fürchten. Aus ihren Fehlern wie aus ihren Triumphen lassen sich vielleicht für die Gegenwart relevante Erkenntnisse gewinnen.

Ob es uns gefällt oder nicht, oder um mit Auden zu sprechen, «im Guten wie im Bösen» – der Untergrund der geistigen Landschaft der westlichen Welt wurde nun einmal in Griechenland bereitet. Die Griechen zeichneten die Landkarte unserer Begriffswelt und formulierten die Grundelemente unserer Betrachtungsweisen. Auch wenn das wie eine grobe Verallgemeinerung klingt, die manche Einschränkung unberücksichtigt läßt, ist es doch weitgehend richtig.

So geht beispielsweise die Praxis, Ursache und Wirkung zu analysieren, verschiedene Arten von Kausalbeziehungen zu unterscheiden und Argumentationsstränge in eine Reihe von Einzelschritten zu zerlegen, schon auf Homer zurück. Als Aristoteles mit seiner Forderung, Gedanken und Schlußfolgerungen möglichst systematisch und konsistent darzulegen, das logische Denken formalisierte, folgte er griechischen Denkoperationen. Die ungelöste Frage, ob unser Handeln frei oder von außen bestimmt ist, wie auch der Wunsch, beide Triebkräfte friedlich koexistieren zu lassen, sind zwar stark vom Christentum geprägt, gehen

Der «Göttertempel» im Museum of the Moving Image in London. Dieses Denkmal für die Stars der Stummfilmzeit parodiert die Karyatiden einer Halle auf der Akropolis in Athen.

jedoch auf griechische Versuche zurück, Verantwortung, Gesetzesbruch, Schuld, Verdienst, Lob und anderes aus dem schwierigen, aber irreduziblen Bereich menschlicher Erfahrung zu begreifen.

Wenn wir Problemstellungen in Begriffspaare auflösen und diese einander dialektisch gegenüberstellen, folgen wir einer Praxis, die zwar nicht auf die Griechen beschränkt, aber für sie bezeichnend war. Da gibt es beispielsweise die elementaren Gegensatzpaare Illusion und Wirklichkeit, Ziel und Mittel, Wort und Tat. Ähnlich grundlegend ist die typisch griechische Gegenüberstellung von Sitte und Natur, von relativ und absolut. Ist alles nur Ansichtssache, eine Frage der persönlichen Auffassung, der Darstellung und Überzeugung? Oder gibt es letzte allgemeine Wahrheiten und Grundsätze, die jenseits unserer fehlbaren Urteilskraft liegen? Wie war das alte Griechenland wirklich und inwieweit ist es ein sich ständig veränderndes Konstrukt aus Interpretationen späterer Zeiten? Auf diese Frage werden wir später noch einmal zurückkommen.

Es ist bezeichnend für die Suggestivkraft des griechischen Denkens, daß eine einfache Aussage – wie im letzten Absatz – fast gebieterisch Fragestellungen nach sich zieht. Im klassischen Griechenland faszinierte der Weg mehr als das Ziel, die Frage mehr als die Antwort. Es war keine monolithische Kultur, es gab keinen obersten Wahrheitsbegriff, keine höchste Instanz. Was immer der Geist erfassen konnte, wurde in Frage gestellt, einer Analyse unterzogen; nichts durfte – oder zumindest: nichts mußte – für gegeben genommen werden. Als Sokrates von einem Anhänger aus Delphi erfuhr, daß er zum weisesten unter den Menschen erklärt worden sei, war er zunächst verblüfft und suchte dann – da Orakel sich stets ver-

Alternde moderne Karyatiden, 1953 in Athen von Henri Cartier-Bresson aufgenommen.

schlüsselt ausdrücken – auf den Sinn der rätselhaften Worte zu kommen. So kam er (mit der ihm eigenen, irritierenden Querdenkerei) zu dem Schluß, daß während alle anderen zumindest einiges zu wissen glaubten, er selbst so weise war zu erkennen, daß er nichts mit letzter Gewißheit wußte.

Wenn wir in der griechischen Antike Rat suchen, so werden wir feststellen, daß sie – wie Apollo – uns weder deutlich Auskunft gibt noch etwas verbirgt, vielmehr sich in Zeichen kundtut, was gleichermaßen faszinierend wie frustrierend ist. In vieler Weise sind die alten Griechen sehr anders als wir, fremd und schon lange tot; denken wir beispielsweise an ihre absurden Götter, an die seltsamen Rituale, die ewigen Bürgerkriege, die Sklaverei, ihr Desinteresse an der Technik –

es war alles so unvorstellbar anders
und liegt so endlos lange zurück

– wie der altsprachlich gebildete Dichter Louis MacNeice klagte. Und gleichzeitig ist vieles ähnlich, uns nahe und lebendig. Enoch Powell erzählte, wie er unlängst im Freundeskreis aus der *Odyssee* vorlas und plötzlich die Gefühlsverwandtschaft so unmittelbar spürte, daß er nicht fortfahren konnte: «Das passiert, wenn infolge dieses unglaublichen, uns geschenkten Privilegs andere Menschen von Herz zu Herz mit uns sprechen, obwohl sie uns doch so unähnlich sind.» Fern, doch nah, vergangen, aber gegenwärtig – es ist wichtig, daß wir beide Aspekte des Paradoxes im Auge behalten, wenn wir überhaupt etwas davon begreifen wollen. Richard Jenkyns meint: «Sie sind so modern und so fern. Wenn wir uns dessen bewußt bleiben und das eine gegen das andere ausspielen, können wir etwas über die Vergangenheit und über uns selbst lernen.»

Dem Alphabet ausgeliefert

Niemand sollte den Einfluß der Sprache auf unser Denken unterschätzen. Doch wenigen ist klar, wieviel Griechisches in der modernen englischen und deutschen Sprache steckt. Im *Julius Caesar* läßt Shakespeare Cassius fragen:

Cassius: Hat Cicero etwas gesagt?
Casca: Ja, er sprach Griechisch.
Cassius: Was wollt' er denn?
Casca: Ja, wenn ich Euch das sage, so will ich Euch niemals wieder vor die Augen kommen. Aber die ihn verstanden, lächelten einander zu und schüttelten die Köpfe. Doch was mich anlangt, mir war es Griechisch.

In den letzten zweihundert Jahren haben die neueren Sprachen eine Vielzahl griechischer Wörter aufgenommen; Griechisch ist weniger fern als zu Shakespeares Zeit. Es steuert viel zum Vokabular der Medizin und Sozialwissenschaften bei, zur

Bezeichnung der Elemente und Vorgänge in der Chemie, liefert die meisten Fachausdrücke der Astronomie, Geographie und Philosophie. Tatsächlich haben die meisten Wörter, die mit den größten Geistesleistungen und tiefsten Problemen unserer Zeit zusammenhängen, einen griechischen Kern. Eine alphabetische Auswahl klingt beinahe wie eine parodistische Selbstbeschreibung des 20. Jahrhunderts:

Analyse	*Genetik*	*Kybernetik*	*Reaktor*
Astronaut	*Holocaust*	*Ökonomie*	*Strategie*
Demokratie	*Karzinogen*	*Pornographie*	*Syndrom*
Euthanasie	*Kritische Theorie*	*Psychologie*	*Technologie*

Bei diesen Wörtern spürt man unterhalb ihrer Bedeutungsfracht den mehrsilbigen Rhythmus, der auf eine griechische Wurzel hinweist; doch hat sich die griechische Sprache weniger deutlich auch in der Alltagssprache breitgemacht. Man denke nur an Wörter wie Bibel, Charakter, Christus, Diskette, Drama, Hygiene, Kino, Logik, Musik, Mysterium, Phantasie, Planet, Poetik, Rhythmus, Telefon, Television, Type und Xerox. Auf der einen Seite «das ist mir Griechisch», auf der anderen «das wußten schon die alten Griechen».

Die Griechen machten die Fähigkeit, lesen und schreiben zu können, zum Kern der westlichen Kultur. So paßt es schön, daß «Alphabet» ein griechisches Wort ist, gebildet aus den ersten beiden Buchstaben des Abc, nämlich *alpha* und *beta* (mit Großbuchstaben ΑΒ, mit kleinen αβ). Auf den ersten Blick mag das griechische Alphabet als ein Hindernis für das Verständnis zwischen uns und jener «toten» Welt vorkommen. Aber auch wenn es immer ein wenig exotisch bleiben wird, wird jedem nach den Anfangsschwierigkeiten rasch klar, daß das griechische Alphabet leicht zu meistern ist. Denn es liegt unserem eigenen Alphabet zugrunde, das nichts anderes ist als eine römische Umformung für das Latein (weshalb der Buchstabe Yy, vom griechischen Υν abgeleitet, aber ohne lateinische Entsprechung, bei den Franzosen immer noch *y grec* heißt). Das russische oder «kyrillische» Alphabet fußt ebenfalls auf dem griechischen und wurde vom griechischen Missionar St. Kyrillos im 9. Jahrhundert als Umschrift für die slawischen Sprachen entwickelt. So ist von Alpha bis Omega, von Gammastrahlen bis zum Flußdelta, von Phi Beta Kappa bis πr^2 Griechisch das Alphabet der Schriftkultur des Westens.

Phi Beta Kappa (gegründet 1776) ist Amerikas angesehenste Studentenverbindung; bei der Gründung weiterer Organisationen dieser Art in den 1830er Jahren benutzte man ebenfalls griechische Bezeichnungen, die sich bis heute erhalten haben. Während die griechischen Buchstaben dergestalt ein intellektuelles Erbe versinnbildlichen mögen, hat das «griechische Feuer» in den Vereinigten Staaten eine wechselhafte Entwicklung voller Kontroversen durchgemacht. Manche Gründerväter wie John Quincy Adams und Thomas Jefferson waren Verehrer der griechischen Antike, aber viele andere wären glücklich gewesen, auf diese Bürde der Alten Welt in der Neuen zu verzichten (wie Meyer Reinhold in *Classica Americana* aus-

Zwei Aufnahmen aus Sparta, Wisconsin. Man beachte die griechischen Säulen hinter Lieutenant Harrs Streifenwagen.

führlich dargelegt hat). «Benutzen nicht manche Leute ihr Latein und Griechisch wie Tintenfische ihre Tinte, nämlich um sich vor Kontakt mit dem einfachen Volk zu schützen?» klagte Benjamin Rush 1789. Zweimal wurde mir von verschiedenen Seiten die Anekdote erzählt, nach der in den Anfangsjahren der Kongreß mit nur einer Stimme Mehrheit den Vorschlag ablehnte, Altgriechisch zur amerikanischen Amtssprache zu erklären. Eher das Gegenteil war wohl der Fall: wahrscheinlich

hätte sich leicht eine Mehrheit dafür finden lassen, jene Sprache ganz abzuschaffen. In dem Dichter Walt Whitman (1819–1892) verkörperte sich dieser Widerspruch. Einerseits vermied er in den *Leaves of Grass* bewußt jede klassische Anspielung, andererseits pflegte er oben auf dem offenen Bus mit fliegender Mähne und fliegendem Bart den Broadway entlangzufahren und Homer zu deklamieren. Diese Anekdote verdanken wir Henry David Thoreau, einem großen Freund des antiken Griechenlands, aber gleichzeitig einer wirkungsvoll subversiven Gestalt.

Im 19. Jahrhundert wurde Amerika von einer Greek-Revival-Welle in der öffentlichen und privaten Architektur erfaßt. Man gab Städten griechische Namen. Am ausgefallensten ist sicherlich Eureka an der nordkalifornischen Küste – dieses Wort «Ich habe es gefunden!» soll Archimedes bei einer seiner Entdeckungen ausgerufen haben. Andere Beispiele reichen von Ithaca im Staat New York, dem Sitz der Cornell University, bis Sparta in Wisconsin, einer Farmersiedlung mit etwa siebentausend Einwohnern, wo eine gewisse Grandma Pettit 1852 den ersten Siedlern diesen Namen vorschlug, «weil sie so tapfer waren und so viel Schweres durchgemacht hatten wie die Spartaner in Griechenland». Polizeichef Francis C. Harr ist stolz auf seine Polizeiplaketten aus acht anderen amerikanischen Spartas (sechs davon haben außerdem ein Athen im gleichen Bundesstaat!).

Münze aus Syrakus auf Sizilien: auf einer Seite die Nymphe Arethusa, auf der anderen ein Siegeswagen.

US-Dollar von 1794 – wiederum mit Kopf und Symbol.

Ob es uns gefällt oder nicht – die Oberfläche des Kultur- und Alltagslebens des Westens ist durchsetzt mit mehr oder minder deutlichen Symbolen, Elementen und Bezeichnungen, die, manchmal indirekt, auf die griechische Antike zurückgehen. Wenn es sich um die Säulen eines Vorbaus handelt oder um ein Mäandermuster, um Leichtathletik, Theater oder Demokratie, haben wahrscheinlich die meisten Leute eine vage Ahnung davon, daß das etwas mit dem alten Griechenland zu tun hat; es dürfte ihnen aber weniger bewußt sein, daß die Aufstellung von Skulpturen in öffentlichen Anlagen mit der griechischen Sitte zusammenhängt, an heiligen Stätten Standbilder zu errichten und Platanen zu pflanzen; oder daß die Münzen in ihren Geldbeuteln deshalb zumeist runde Metallstücke mit einem Kopf auf der einen und einem nationalen Symbol auf der anderen Seite sind, weil die Griechen vor zweieinhalbtausend Jahren ihrem Geld diese Gestalt gaben.

Der Pfad bei Kastalia

Unlängst sah man im amerikanischen Fernsehen Werbespots von Olympic Airways, in denen bekannte Persönlichkeiten unterschiedlicher Abstammung – Iren, Polen, Schweden, Afrikaner – verkündeten, daß sie im nächsten Urlaub in die Heimat fahren werden, «heim nach Griechenland». In mancher Hinsicht ist Griechenland tatsächlich die Heimat eines jeden, der im westlichen Kulturbereich aufgewachsen ist. Der Engländer Lawrence Durrell geht darauf ein, wenn er in *The Greek Islands* seine Ankunft in Griechenland beschreibt; ähnliches finden wir in *The Colossus of Maroussi* des Amerikaners Henry Miller und in dem «Reisebericht» der Deutschen Christa Wolf in ihrem Roman *Kassandra* (1983). Viele kennen diese «Nostalgie», nicht den wohlig-melancholischen Stich ins Herz, für den das Wort heute meist benutzt wird, sondern einen *algos* (Schmerz) nach *nostos* (Heimkehr), eine tiefe Sehnsucht, wie Odysseus sie für Ithaka empfand. Nach Griechenland zu reisen heißt, zu unseren Ursprüngen zurückzukehren, jenes Sehnen nach der Selbsterkenntnis zu stillen, die man vor der Reise vermißte; um mit T. S. Eliot zu sprechen:

> dort anzukommen, von wo wir aufbrachen,
> und den Ort zum erstenmal kennenzulernen…

Oder mit den Worten des Psychologen James Hillman: «Wir kehren nach Griechenland zurück, um die Archetypen unseres Denkens und unserer Kultur wiederzuentdecken.»

«Heim nach Griechenland.» Was ist, was war Griechenland? Eine gewaltige Einheit oder eine kaum greifbare Folge von Metamorphosen? Shelley schrieb in *Hellas* (1822):

> Griechenland und seine Fundamente sind
> Tiefer gebaut als die Kriegsflut,
> Ruhen auf dem kristallklaren Meer
> Des Denkens und der Ewigkeit.
> Seine Bürger, weltenmächtige Gestalten,
> Lenken die Gegenwart aus der Vergangenheit…

Darin zeigt sich das Bemühen, beflügelt vom griechischen Freiheitskampf gegen die Türken, das ewig Vergängliche festzuschreiben. Sogar die Landkarte verändert sich. Als das moderne Griechenland zum erstenmal eine politische Einheit bildete, umfaßte diese wesentlich weniger als das heutige Staatsgebiet. Und dieses wiederum unterscheidet sich gewaltig vom alten Hellas, worunter im Grunde sämtliche von Hellenen (dies die griechische Bezeichnung im Unterschied zum lateinischen *Graeci*) bewohnten Gebiete zu verstehen sind. Um 600 v. Chr. lebten Hellenen nicht nur auf dem griechischen Festland, sondern auch weitverstreut an

Blick von den Phaedriaden hinab auf Delphi. Der heilige Weg führt zum Apollo-Tempel. Darüber erkennt man das Theater.

den Küsten des Mittelmeers, das heißt in Kleinasien, in den fruchtbaren Küstenebenen Siziliens und Süditaliens und in kleineren Enklaven von Marseille (Massilia) bis Kyrene im heutigen Libyen und Olbia am Schwarzen Meer, im Mündungsgebiet des Bug. Um 300 v. Chr., nach den Feldzügen Alexanders des Großen, gehörten zu Griechenland Ägypten, Syrien und noch weiter östlich gelegene Gebiete am Indus und am Oxus, wo einst Aï Khanoum stand.

Hellas war jedoch keine politische Einheit, besaß kein Zentrum; es war die Summe aus mehreren hundert Teilen. Staaten entstanden und vergingen – Argos, Korinth, Lesbos, Athen, Sparta, Syrakus, Theben, Rhodos, Pergamon, Alexandria –, und es gab keine Hauptstadt. Aber es gab einen Ort, der sich zum *omphalos*, zum Nabel der Welt, erklärte. Der Sage nach schickte Zeus zwei Adler aus, die in entgegengesetzter Richtung um die Welt flogen, und wo sie sich wiedertrafen, gründete er das große Heiligtum und Orakel seines Sohns Apollo: Delphi.

Das Bild Griechenlands hat sich über die Jahrhunderte sehr stark verändert, aus der Nähe ebenso wie aus der Ferne. Delphi eignet sich als Mittelpunkt, als *omphalos*, für eine Reise durch Raum und Zeit und durch die Geistesgeschichte.

Die moderne Autostraße von Athen nach Delphi ist bis Theben und weiter bis Levadia flach und uninteressant, bevor sie sich auf den letzten fünfzig Kilometern zu den Paßhöhen zwischen den mächtigen Gipfeln des Helikon und Parnassus hinaufschlängelt. Man hat diesen Abschnitt, seit er in den vierziger Jahren zu militärischen Zwecken angelegt wurde, inzwischen wesentlich verbessert; recht weit oben, nahe der Abzweigung nach Dhistomo, kann man noch die alte Straße sehen, die einige Kilometer weiter nördlich verlief. Ich bin vor kurzem die alte Straße gefahren, um jenen Dreisprung zu finden, wo ein blauer Wegweiser mit der handgemalten Aufschrift «Daulis 8» steht. Ich kann kaum beschreiben, wie mich dieser unscheinbare Flecken Erde berührte. In Sophokles' Tragödie *König Ödipus* gedenkt Iokaste ihres Ehemannes Laios, der von einem Fremden auf dem Weg von Theben nach Delphi umgebracht worden war, «wo drei Wege zusammenkommen, einer von Delphi und einer von Daulis». Ich stand an ebenjener Stelle, wo Ödipus seinen Vater erschlug – doch in einer imaginären Landschaft. Selbst wenn es je einen Ödipus gegeben hat und dieser seinen Vater tötete, geschah das höchstwahrscheinlich nicht hier. Denkwürdig ist die Stelle wegen Sophokles' Schauspiel und weil Sigmund Freud darauf zurückgriff, als er die Bahnen aufzeichnete, in denen der Mensch des 20. Jahrhunderts über sich selbst nachdenkt. Wie man auch immer zu Freud stehen mag, sein Leitgedanke war zweifellos «Erkenne dich selbst».

Etwa fünfzehn Kilometer hinter dem hübschen Bergort Arachova beginnt die lange Talfahrt zum fernen «Olivenmeer» in der Ebene von Amphissa. Die Straße macht eine Kurve und plötzlich, ohne Warnung, erblickt man vor sich an einem

Wegweiser nach Daulis – Ödipus nahm den Weg nach Theben.

Die Kastalia-Quelle auf einer Abbildung aus der Mitte des 19. Jahrhunderts und auf Fotografien aus dem frühen 20. Jahrhundert und von 1988.

Abhang die freigelegten Ruinen des Heiligtums des Apollo – wie vor zweieinhalbtausend Jahren von Touristen bevölkert, auch wenn damals sicher nicht annähernd die unglaubliche Zahl von 485 321 Besuchern erreicht wurde, die man 1988 in Delphi zählte. Darüber ragen die Felsspitzen der Phaedriaden auf, der leuchtenden Klippen, die je nach Beleuchtung von pink bis orange, von mauve bis purpur schimmern. Klimatisierte Touristenbusse brausen an den Platanen in der Felsspalte zwischen den beiden Phaedriaden vorbei, auf dem Weg zum Parkplatz und zur modernen Touristenstadt Delphi. Manche Besucher füllen ihre Plastikflaschen mit Wasser aus einem Hahn an der Straße, aber nur wenige gehen den Weg an den Platanen vorbei zur Kastalia-Quelle. In alter Zeit mußten alle Besucher des Heiligtums sich als erstes Gesicht und Hände mit diesem Wasser waschen. Es klärte den Geist jener, die sich selbst erkennen wollten.

Auf den ersten Blick wirkt die Kastalia wenig eindrucksvoll. In die Felswand sind verschiedene Nischen gearbeitet, und ein kleiner, mit Kresse zugewachsener Bach fließt in einem kanalisierten Bett, in dem sich auch eine alte Rohrleitung aus Metall befindet. Doch wie früher schweigen Kastalias Platanen, wenn die Wälder Delphis rauschen; und wenn anderswo die Sonne brennt, findet man hier kühle Brisen. Es ist ein besonderer Ort und zweifellos Delphis Keimzelle gewesen. Vor Apollo huldigte man hier der Erdgöttin Gäa oder Ge, und die breite Felsspalte, aus der lebenspendendes Wasser strömt, wirkt wie für sie gemacht. Wer Jim Lovelocks Umweltbuch *Gaia* gelesen hat, dem wird klargeworden sein, daß sie in ganz praktischem Sinn noch unter uns weilt und daß wir uns nicht ungestraft an ihr versündigen. Vielleicht ist es mehr als ein Zufall, daß der Steinschlag von den Phaedriaden die Quelle zu einem gefährlichen Ort macht.

Durch Zufall machte ich 1988 eine Beobachtung, die mir verdeutlicht hat, wie das äußere Erscheinungsbild der Kastalia sich im Lauf der Jahrhunderte verändert hat und wie anders sie noch vor hundert Jahren ausgesehen haben muß. Mit dem Rücken zur Quelle sah ich durch den Drahtzaun, der die Grabungsstätte umzieht, und entdeckte deutliche Spuren eines gepflasterten treppenartigen Pfades, der für Tiere, aber nicht für Wagen geeignet war und durch das Unterholz zum Apollo-Tempel führte. Das war, wie mir klar wurde, der Weg vom alten Dorf Delphi nach Arachova, der hier am Dorfbrunnen vorbeiführte.

Die lange römische Abenddämmerung

Wahrscheinlich im 8. Jahrhundert v. Chr. entwickelte sich das Apollo-Heiligtum auf Gäas Boden zu einem Mittelpunkt für das gesamte Hellas. Man kam dort zu feierlichen Festen zusammen und um das Orakel über die verschiedensten Dinge zu befragen – beispielsweise über neue Stadtgründungen – und um reiche Opfergaben zu bringen. Im 5. Jahrhundert v. Chr. war es so reich an Kunstschätzen, daß sich schwer ein modernes Äquivalent finden läßt – höchstens das Stadtzentrum von Florenz. Man durchschritt die Weihestätte auf dem Z-förmigen heiligen Weg, an dem rechts und links zahlreiche Schatzhäuser mit den Opfergaben einzelner Städte aus nah und fern standen. Es gab Hunderte von Skulpturen, darunter die dreizehn Bronzen des großen Phidias, welche die Athener gestiftet hatten zur Erinnerung an den entscheidenden Sieg über die vorrückenden Perser bei Marathon im Jahr 490 v. Chr. Weiter oben, nahe dem Tempel, stand eine Schale auf einer hohen Säule aus drei ineinander verschlungenen Schlangen; darauf waren die Namen der

Die bronzene Schlangensäule aus Delphi (ohne den krönenden Dreifuß) in Istanbul.

31 griechischen Städte festgehalten, die 479 v. Chr. bei Platää gegen die Perser gekämpft und deren zweite Invasion vereitelt hatten. Noch höher lag das Versammlungshaus der Knider mit Wandmalereien des Polygnotus von der Zerstörung Trojas, vielleicht die berühmtesten aller griechischen Wandmalereien (und natürlich längst nicht mehr erhalten). Im Chor von Euripides' *Ion* müssen selbst die Athenerinnen zugeben, daß Delphi, was seine Kunstwerke betrifft, es mit Athen aufnehmen kann.

Um das Jahr 300 v. Chr. war Delphis Blütezeit vorbei. Im 2. vorchristlichen Jahrhundert erwuchs Rom von einem kleinen Staatswesen in Italien zur größten Macht im Mittelmeerraum, und wie das übrige Hellas wurde auch Delphi Teil des Römischen Reichs. Griechische Kultur und Sprache (die Sprache des Neuen Testaments) wurden in einem relativ stabilen und wohlhabenden Staatswesen weitere fünfhundert Jahre gepflegt, wirkliche Kraft und schöpferische Entwicklung fehlten ihr jedoch.

In gewisser Weise betrachtete man Griechenland als eine Art Freilichtmuseum seiner großen Vergangenheit, nun aber unter der Schirmherrschaft Roms – was Oswyn Murray «die Sentimentalität der Geschichte» nennt. Der Schwerpunkt hatte sich nach Westen verschoben; und das kulturell nicht sonderlich hochentwickelte, aber reiche Rom übernahm ein intellektuelles und künstlerisches Erbe, das es sich zwar erobert hatte, von dem es aber selbst wiederum erobert wurde, wie der Dichter Horaz feststellte. Rom und die lateinische Sprache drückten ihr Siegel allem auf, das sie berührten; aber die römische Hochkultur war ein Ableger Griechenlands. Man kann gewisse Analogien im Verhältnis Amerikas zu Europa entdecken. In Rom wie in Amerika entstanden daraus Spannungen, denn in nahezu jedem außer dem kulturellen Bereich unterschieden sich die Römer grundlegend von den Griechen.

Delphi blieb während dieser Jahrhunderte eine Touristenattraktion, um vieles geschoren, aber trotzdem noch voller Wunder. Der römische General Sulla raubte 86 v. Chr. die Kunstwerke, Kaiser Nero ließ später in einer momentanen Laune fünfhundert Statuen abtransportieren. Es ist durchaus möglich, daß die beiden großartigen Bronzefiguren, die 1972 vor der Südküste Italiens geborgen wurden (siehe S. 108/109), aus Delphi stammen, daß sie Teil der Weihegaben nach der Schlacht von Marathon waren und unterwegs beim Transport nach Rom verlorengingen. Konstantin der Große (der 306 n. Chr. im englischen York die Kaiserwürde erhielt) erklärte den christlichen Glauben zur Staatsreligion des Römischen Reichs, machte Byzanz zu seiner neuen Östlichen Hauptstadt und nannte es Konstantinopel. Zur Verschönerung ließ er die Schlangensäule aus Delphi auf dem Hippodrom aufstellen, und da steht sie noch heute in der Stadt, die jetzt Istanbul heißt. Die Bronzepferde der Markuskirche in Venedig sind vielleicht auf ähnlichen Wegen an ihren heutigen Standort gelangt.

Kaiser Julian (361–363 n. Chr.) suchte das klassische, heidnische Griechenland

Blick von Delphi auf das «Olivenmeer» in der Ebene von Amphissa. Der Ort selbst liegt rechts außerhalb des Fotos.

zu erneuern, erhielt aber, als er das Orakel von Delphi befragte, angeblich folgenden Weissagespruch:

Sage dem Kaiser: der geschmückte Tempel ist zerfallen.
Apollo hat kein Heiligtum mehr, keinen prophetischen Lorbeer,
Keinen geschwätzigen Brunnen – sogar die redenden Wasser sind versiegt.

Um das Jahr 395 n. Chr. ließ Theodosius die Orakelstätte offiziell schließen.

Herrlich verfallen

Nachdem der Westgote Alarich im Jahr 410 n. Chr. Rom geplündert hatte, erlebte das anschließende Jahrhundert den Zusammenbruch der alten römischen Welt. Das Feuer der griechischen Antike war in Westeuropa nahezu erloschen. Heute leuchtet es unvergleichlich heller als vor tausend Jahren. Geschichten von Troja und von Alexander dem Großen wurden auch weiterhin erzählt, aber es waren exotische Rittergeschichten, fest im Mittelalter verankert und ohne Beziehung zu der Welt, aus der sie stammten. Als die Franken 1204 auf ihrem vierten Kreuzzug nicht nach Jerusalem vorstoßen konnten und statt dessen schließlich Konstantinopel eroberten, wußten sie die Überreste einer großen Kultur keineswegs zu schätzen, sondern zerstörten im Gegenteil viele Werke der Kunst und Literatur, die sich bis dahin erhalten hatten. Berühmte 1500 Jahre alte Statuen wurden zur Münzprägung eingeschmolzen.

Das heißt aber nicht, daß man im östlichen, griechischsprachigen Mittelmeerraum dem alten, heidnischen Griechenland mehr abzugewinnen wußte, außer in der Hauptstadt Byzanz. Im großen und ganzen stand die orthodoxe Kirche, der wichtigste Kulturträger, der griechischen Antike ablehnend gegenüber. In Delphi errichtete man an der Orakelstätte des Apollo zwei Kirchen, eine weitere befand sich an der Kastalia. Der heilige Weg wurde zur Dorfstraße. Der untere Abschnitt, wo auf dem Gelände des ehemaligen Athene-Tempels nun ein Kloster stand, war als «Marmorsteinbruch» bekannt! Delphi behielt seinen Wohlstand für einige Zeit, aber die Ruinen des Apollo-Heiligtums verschwanden allmählich unter Schutt und Geröll, Misthaufen und Äckern. Im 7. Jahrhundert war Delphi zu einem Bergdorf herabgesunken und hieß Kastri nach dem alten Mauerzug, der Festungsdienste leistete (wie im lateinischen *castra*), oft jedoch keinen Schutz bot vor den Übergriffen der durchziehenden Vandalen, Ostgoten, Hunnen und Awaren. Vom vierten Kreuzzug an bis 1460 gehörte Kastri den Herzögen von Salona (der erste Herzog war Thomas d'Autremencourt). Salona war der Name einer zwanzig Kilometer entfernten Stadt auf der Gemarkung des alten Amphissa.

Ganz abgesehen von den Plünderungen während des vierten Kreuzzugs war Byzanz schon längere Zeit von feindlichen Mächten bedroht, insbesondere von Arabern, die man mit Hilfe des echten griechischen Feuers abwehrte. Die Türken aber waren nicht aufzuhalten, und nach dem Fall von Konstantinopel am Schwarzen Dienstag (19. Mai 1453) folgten bald Salona, Kastri und die übrigen Städte. Im Verlauf einer der faszinierendsten Überschneidungen in der Geistesgeschichte hatte zu jenem Zeitpunkt der Westen bereits begonnen, Griechenland wiederzuentdecken. Die Renaissance, Schwelle zwischen Mittelalter und Neuzeit, entdeckte das antike Rom wieder und über Rom automatisch Griechenland. Gelehrte Geister erkannten, daß zu einem Verständnis Roms eine Kenntnis der Literatur, Philosophie, Wissenschaft und der übrigen geistigen Leistungen der Griechen unerläßlich war. Zur Mitte des 14. Jahrhunderts mußte Petrarchs Wunsch, Griechisch zu lernen, noch unerfüllt bleiben, aber im Jahr 1397 gab es erstmals im Westen richtigen Griechischunterricht bei dem Diplomaten Manuel Chrysoloras in Florenz – doch dauerte es noch knapp hundert Jahre, bevor auch im Norden, in Oxford, Griechisch gelehrt wurde.

Griechen kamen nach Italien und brachten Stücke ihrer Vergangenheit mit, und Italiener gingen nach Osten, vor allem auf der Suche nach Manuskripten, weil deren Erhaltung im untergehenden Byzantinischen Reich offensichtlich besonders gefährdet war. Ich weiß aber nur von einem, der den Weg nach Delphi fand. Ciriaco de' Pizzicoli, für gewöhnlich Cyriacus von Ancona genannt, war ein Kaufmann mit einem ausgeprägten Interesse an den Bauten und Monumenten der griechischen Antike. Im Jahr 1437 erreichte er Kastri und schrieb: «Die Dorfbewohner haben keine Ahnung, wo das alte Delphi lag. Herrliche verfallene Mauern sah ich... hier und dort zerbrochene Skulpturen... und innen ebenso wie auf den Feldern riesige Marmorfragmente.» Es dauerte, soweit ich weiß, weitere 250

Jahre, bis wieder jemand Delphi um Delphis willen besuchte – ein Tourist in einem Zeitraum von 250 Jahren, verglichen mit den 25000, die sich 1988 an manchen Tagen einfanden!

Mittlerweile gehörte in Westeuropa die griechische Antike mehr und mehr zum intellektuellen Rüstzeug jedes Gebildeten. Man druckte und übersetzte griechische Texte; 1516 veröffentlichte Erasmus seine griechische Bibel; 1546 richtete Heinrich VIII. in Oxford einen Lehrstuhl ein. Dabei konzentrierte sich der Humanismus der Renaissance weiterhin überwiegend auf Rom. Griechenland kam stets an zweiter Stelle, wurde über Rom vermittelt; und seine Zivilisation galt allgemein als primitiver und rauher als die römische. Die Bauwerke Palladios und die Tragödien Corneilles hatten mit Griechenland gerade soviel zu tun wie die zu Hunderten gemalten Darstellungen griechischer Mythen, die man aus Ovids lateinischen *Metamorphosen* kannte. Das zeigt sich schon an den Namen: Jupiter statt Zeus, Merkur statt Hermes, Ulysses statt Odysseus und vor allem Griechenland *(Graecia)* statt Hellas. Wenige besuchten die «europäische Türkei», ein armes, von Ungläubigen regiertes Land; man wollte ein imaginäres Griechenland.

> Der Himmelsstrich ist lieblich, süß duftet die Luft.
> Die Insel fruchtbar...

Im *Wintermärchen* liegt die Orakelstätte Delphos auf einer Insel; Shakespeare folgte der landläufigen Gleichsetzung Delphis mit dem Apollo-Heiligtum auf der Insel Delos.

Die zweite Renaissance

Von dem neuen Wunsch getrieben, einen direkteren Kontakt zu Griechenland zu finden, begaben sich der französische Arzt Jacques Spon und der englische Gentleman George Wheeler auf die Reise. Im Januar 1676 erreichten sie Salona, angeblich das alte Delphi, einer kurz darauf entdeckten Inschrift zufolge jedoch Amphissa. Als nächstes begaben sie sich nach Kastri und fanden dort vor der Kirche eine Stele, welche diesen Ort nun tatsächlich als Delphi identifizierte. Spon schrieb: «Noch seltsamer berührte mich, daß sich das Schicksal des berühmtesten Ortes der Welt derart gewendet hatte, daß wir in Delphi selbst nach Delphi suchen und nach der Lage des Apollo-Tempels forschen mußten, während wir doch schon auf seinen Ruinen standen.»

Hundert Jahre später sah es ganz anders aus: 1789 war man dem alten Griechenland viel näher als 1689. Während die Bewunderung Roms zur Mitte des 18. Jahrhunderts langsam abnahm, erwachte erneutes Interesse an Griechenland, als Ideal ebenso wie als Wirklichkeit. Was bisher als primitiv und geschmacklos gegolten hatte, empfand man nun als wunderbar schlicht und frei, als eine Absage

Edward Lears Zeichnung (1849) zeigt das auf den Ruinen von Delphi erbaute Dorf Kastris. Der Standort des Betrachters befindet sich am Rand der modernen Stadt.

Aquarell von James Stuart, dem «Athener», das ihn beim Skizzieren des Erechteions auf der Akropolis 1751 zeigt.

an falsche Moral und oberflächliches Schmuckwerk. Stuart und Revett, deren Skizzen von Athen (siehe S. 34 u. 254) die Architekturgeschichte prägten, besuchten Delphi im Juni 1751. Stuart meinte, «Kastri, das antike Delphi, ist ein äußerst romantischer Flecken». «Romantisch» – das Wort beschreibt auch die Reaktion Richard Chandlers (eines meiner Vorgänger am Magdalen College in Oxford) im Jahr 1764: «Der Kastalia-Brunnen, die pittoresken, mächtigen Felsen... eine Augenweide, wie ich sie wohl nirgendwo sonst erlebt habe.» Der Botaniker John Sibthorp aus Oxford war bei seinem Besuch 1795 nüchterner, mehr der Wissenschaftler: «Am Fels von Delphi entdeckte ich eine neue Gattung der Seidelbastgewächse, die ich *Daphne Castaliensis* benannte. Nachdem wir in einem Kloster gegessen und einen dürftigen Wein getrunken hatten, dessen Geschmack durch reichliche Beimischung von Teer [Retsina!] nicht verbessert wurde, verließen wir Delphi.»

Die Zeit etwa zwischen 1770 und 1830 – das Zeitalter der «Romantik» oder der «Revolution» – war nichts Geringeres als eine zweite Renaissance und bezog ihre Anregungen von einem in unmittelbarer Anschauung wiederentdeckten Griechenland. Die Aussicht auf eine Befreiung des Landes von den Türken trug das ihre dazu bei, Griechenland als den Ursprung der Freiheit und der Kunst zu sehen. Aber die Wirklichkeit widersetzte sich störrisch der Idealisierung. Hugh William Williams war 1817 in Delphi: «Weil die Kastalinische Quelle ganz in der Nähe lag, wurden wir zuerst dorthin geführt... wo wir alsbald im Geist die Pythia [Priesterin des Apollo] erblickten, wie sie sich das wallende Haar wusch. Wir wurden jedoch jäh aus unseren klassischen Träumereien gerissen, als eine schmutzige Waschfrau auftauchte, die ein Tuch durch den heiligen Bach zog – durch die Wasser der Kastalia.» Trotz Verwahrlosung und türkischer Oberherrschaft fühlten sich viele im Gelobten Land. Byron notierte den Besuch Delphis in seinem Tagebuch von 1800: «Unterwegs zum Brunnen von Kastri sah ich eine Schar von zwölf Adlern (Hobhouse hält sie für Geier). Am Vortag hatte ich die Zeilen an den Parnassus geschrieben und hoffte nun, als ich die Vögel sah, daß Apollo dies Zeichen meiner Verehrung akzeptiert hatte.» Die Verszeilen, wie sie später in *Childe Harold* (1812) erscheinen, zeigen keine Ernüchterung:

> Doch dort am sagenhaften Bach bin ich gewandert.
> Ja! Seufzte an dem Schrein zu Delphi, lang' verlassen,
> Wo alles, nur der alte Berg nicht, schweigt...

Und keine 150 Kilometer entfernt liegt Mesalonghi, wo Byron, der Freiheitskämpfer, im April 1824 am Fieber starb.

> Wohin der Schritt auch ging, war's heil'ger Boden, ehrfürchtig,
> Kein Stück der Erde dein wirkt blaß und alltäglich,
> Vielmehr erstreckt die Ebene voll Wunder sich,
> Und all der Musen Dichtung klingt wie wahr,
> Bis fast der Sinn ermüdet vom Beschaun
> Aller der Stätten, die wir sah'n im Kindheitstraum...

DAPOLLON

Albert Tournaires Rekonstruktion des antiken Delphi (1894).

Ein Traum nur, aber noch voller Bedeutung.

Entscheidend für den Einfluß Griechenlands auf diese «revolutionäre» Epoche war der Umstand, daß er neu, jung, direkt war. W. H. Auden erkannte, daß jedes Land sich sein eigenes Griechenland schuf: «Der geschichtliche Bruch zwischen der griechischen Kultur und unserer eigenen, das jahrhundertelange Fehlen jedes direkten Einflusses, machte es nach der Wiederentdeckung um so leichter, daß sich jedes Land eine griechische Antike nach seinem eigenen Bild schuf.» Das war aber nicht bloße Anbetung oder Nachahmung, vielmehr eine schöpferische, selbständige Auseinandersetzung. Der deutsche Dichter Hölderlin hat die Herausforderung gut beschrieben: «Es scheint wirklich fast keine andere Wahl offen zu sein, erdrückt zu werden von Angenommenem, und Positivem, oder, mit gewaltsamer Anmaßung, sich gegen alles erlernte, gegebene, positive, als lebendige Kraft entgegenzusetzen.»

Im Verlauf des 19. Jahrhunderts aber tendierte die allgemeine Rezeption immer stärker zu Nachahmung und Anbetung. In vieler Hinsicht war dieses das große Zeitalter Griechenlands; nie zuvor (seit Rom) war sein Einfluß so stark und deutlich gewesen. Wie man in England vom Premierminister bis zu den Dekadenten darauf reagierte, haben auf unterschiedliche Weise Richard Jenkyns und Frank M. Turner hervorragend dargelegt. Beide Autoren zeigen, daß die Viktorianer Griechenland gut zu kennen glaubten und daß es in den Dingen, auf die es ankam, ihrer eigenen Welt sehr ähnelte. Doch war es auch ein Ideal, unbefleckt von Industrie, Kommerz und dem, was Matthew Arnold «Philistertum» nannte.

Was mit Delphi selbst geschah, ist ebenfalls bezeichnend. Schon 1811 klagte der Däne Brønsted: «Das armselige kleine Dorf Kastri erschwert in vieler Weise die Aufnahme der gesamten Stätte; und um einen ordentlichen Lageplan von Delphi anzufertigen, müßte man zunächst viele Hütten abreißen.» Jedoch erst achtzig Jahre später stellte die französische Regierung Griechenland eine Million Francs zur Verfügung und erhielt die Verfügungsgewalt über das Dorf («Man macht uns zu Trüffelsuchern», beschwerte sich ein Adliger im Senat). Die Einwohner von Kastri wurden zwangsweise in die heutige Stadt Delphi umgesiedelt, wo es keine natürlichen Wasservorkommen gab. Die heutige Verkehrsstraße ersetzte den alten, gepflasterten Treppenweg, der, wie ich entdeckt hatte, vom Apollo-Tempel zur Kastalia führte. Die Einwohner leisteten zunächst Widerstand, so daß Soldaten angefordert werden mußten, um die Ausgrabungen zu schützen. Sie wurden trotzdem mit beachtlicher Energie von 1892 bis 1900 durchgeführt und gaben die Stätte mehr oder minder in ihrer heutigen Gestalt frei – die schadhaften Säulen des Tempels wurden erst 1950 wiederhergestellt.

Albert Tournaire, der später ein namhafter Architekt des Establishments wurde, verbrachte 1894 sein Lehrjahr im Ausland und zeichnete Grundrisse und Rekonstruktionen aufgrund der im Gang befindlichen Grabungen. Seine «Restauration perspective du sanctuaire, d'après les ruines actuelles et les textes anciens»

Detail aus Tournaires Rekonstruktion mit den Marathon-Bronzen des Phidias.

gibt ein wundervolles Bild Griechenlands, wie man es sich im 19. Jahrhundert vorstellte, die makellose Neukonstruktion eines Wunschbildes.

Doch abseits des öffentlichen Selbstvertrauens und der häufig kitschigen Imitationen gab es weiterhin ein subversives, herausforderndes Griechenland. Man denke nur an die drei Männer, die manchmal als «Begründer des modernen Denkens» bezeichnet werden: Karl Marx schrieb 1841 seine Doktorarbeit über die materialistischen, antimetaphysischen Philosophen Demokrit und Epikur; Friedrich Nietzsche trat seine Professur für klassische Philologie an, als er kaum dreißig Jahre alt war; und Sigmund Freud interessierte sich für viele Aspekte des griechischen Denkens, so etwa für platonische Liebe und Katharsis, lange bevor er im Jahr 1900 den Begriff «Ödipuskomplex» prägte.

Von der Moderne zur Postmoderne

Expressionismus, Futurismus und die anderen Ismen vom Beginn des 20. Jahrhunderts lehnten generell die fade Selbstgefälligkeit der viktorianischen Zeit ab, einschließlich ihrer Griechenland-Verehrung. Trotzdem tauchte das alte Griechenland wieder auf, in neuer, weniger gefälliger und akzeptierter Gestalt, so in James Joyces *Ulysses*, Le Corbusiers Thesen zur Architektur und Heideggers Philosophie. In unserem unruhigen Jahrhundert ist zu verschiedenen Zeiten und an verschiedenen Orten das Pendel zwischen positivem und negativem Griechenlandbild hin- und hergeschwungen. Allgemein gesagt hat die kulturelle, politische

und wissenschaftliche Avantgarde Griechenland und die Antike abgelehnt als Bestandteil einer reaktionären Geisteshaltung, deren Zeit abgelaufen war.

In diesem letzten Vierteljahrhundert nun scheint sich jedoch eine neue Betrachtungsweise des Verhältnisses von Gegenwart zu Vergangenheit herauszubilden, ein neues Sich-Besinnen auf ein Zeitkontinuum. Diese Einstellung, die der modernen Überzeugung entgegentritt, daß wir uns von der Vergangenheit befreien und mit einer Tabula rasa beginnen können und sollen, wird gelegentlich als «postmodern» bezeichnet («Neuer Historismus» und «Rezeptionsforschung» sind verwandte intellektuelle Trends). Umberto Eco meint dazu: «Die Postmoderne antwortet auf die Moderne mit der Einsicht, daß man sich der Vergangenheit, die nicht zerstört werden darf, weil sonst alles verstummen würde, wieder zuwenden muß, aber mit Ironie und keineswegs naiv.» Das neuerwachte Interesse an der griechischen Antike ist Teil dieser neuen Strömung. Es geht jedoch nicht mehr um den Versuch, Griechenland ganzheitlich wiederzugewinnen oder nachzuahmen; wer heute zu den Quellen zurückkehrt, ist sich der ungeheuren Unterschiede zwischen damals und heute bewußt, der Spannungen zwischen den Gemeinsamkeiten, der Bruchstückhaftigkeit des Materials und unseres Wissens sowie der Tatsache, daß jedes Bild, das wir von Griechenland entwerfen, zwangsläufig unvollständig und voreingenommen und nicht naiv sein wird. Man fragt nicht mehr nur nach den «ewigen Werten», sondern auch, was sich heutzutage mit Griechenland anfangen läßt.

Typisch für diese Interessenverlagerung ist die Absage an die ältere Tradition, derzufolge in Griechenland alles ausgewogen, harmonisch und rational war. Jetzt sieht man es eher als eine wildbewegte Mischung des Göttlichen und Gemeinen, des Menschlichen und Animalischen, des Lichten und Trüben. E. R. Dodds beginnt *The Greeks and the Irrational* (1951), eines der größten Werke der Altertumswissenschaften, mit einer Begegnung mit einem jungen Mann vor den «Elgin Marbles». «Ich weiß, es ist schrecklich blamabel, aber mit diesem griechischen Kram kann ich absolut nichts anfangen ... es ist alles so schrecklich rational, wenn Sie wissen, was ich meine.» Dodds' Untersuchung gilt der Einstellung der Griechen zu Wahnsinn, Ekstase, Übersinnlichem und anderen Phänomenen des Irrationalen. Sie brachten rationale und irrationale Elemente in einer Weise zusammen, die das 20. Jahrhundert fasziniert.

Ebenso hat das heutige Griechenland seine Unschuld verloren. Von «heiligem, ehrfürchtigem Boden» zu träumen, wie Byron es tat, ist heute schon wegen der Industrieanlagen, des Kommerzes und des Massentourismus stellenweise unmöglich. In Werbespots erklärt der Fernsehstar Alan Whicker, in internationalen Ferienorten werde die Barclaycard ihren Konkurrenten vorgezogen, auch in

Der junge Byron wird in der «Türkei in Europa» umsorgt; Gemälde von David Allen.

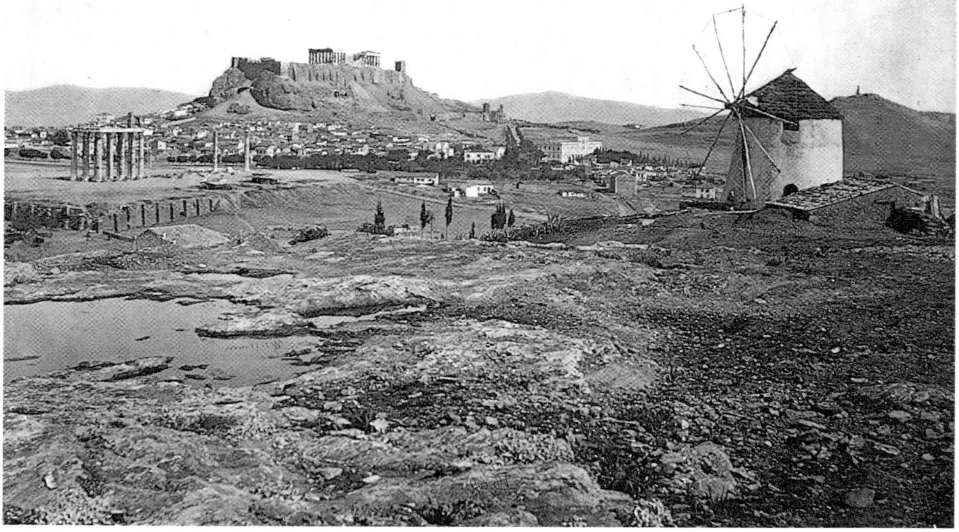

Die Akropolis von Südosten, Mitte des 19. Jahrhunderts
von dem Amerikaner William Stillman fotografiert.

«Griechenland, wo Homer sang und die Menschen die Götter anbeteten». «Heute», fügt er hinzu, «beten wir alle die Sonne an, und Sharon kann direkt aus Luton einfliegen.» Das Griechenland, das Sharon und weitere achteinhalb Millionen Touristen (das entspricht der Gesamtbevölkerung des Landes) jedes Jahr besuchen, sieht ganz anders aus als zu Byrons Zeit oder in seinen Träumen. Das gilt vor allem für das heutige Athen, das damals ein großes Dorf namens Setines war: Staub, rasch und billig gebaute Häuser, Pornoshows, Schreien und Hupen, Graffiti... Aristoteles schrieb die großen Leistungen Athens der klaren attischen Luft zu; heute liegt über Athen nur allzuoft der *nefos*, eine schwarz-grau-gelbe «See» verschmutzter Luft, hauptsächlich durch Abgase hervorgerufen. Odysseus fuhr über das dunkelwogende Meer; die Fährschiffe fahren heute durch eine See voller Öl und Abwässer und Plastikabfälle. Kürzlich wurde sogar vorgeschlagen, bei Delphi eine Aluminiumfabrik zu bauen.

An der Küste 25 Kilometer westlich von Athen liegt Eleusis. In alter Zeit wurden dort im Demeter-Tempel seltsame Riten vollzogen, an denen jeder Athener teilnehmen konnte, auch Frauen und Sklaven, nur durfte niemand das Geheimnis verraten. Die Eleusischen Mysterien versprachen inneren Frieden und ein gesegnetes Leben nach dem Tod. Tatsächlich haben sie ihr Geheimnis gut bewahrt, aber wir wissen, daß hell brennende Fackeln in einer großen, dunklen Halle dabei eine wichtige Rolle spielten. Jeder Tourist, der heute von Athen zum Peloponnes fährt, folgt dem heiligen Weg, auf dem die Gläubigen in einer Prozession nach Eleusis zogen. Die einzigen Fackeln, die er sehen wird, wo die vielbefahrene Schnellstraße die Küste erreicht, sind die großen roten Abbrennfeuer der Erdölraffinerien. Obwohl sie seit einigen Jahren eingeschränkt wird, war es ironischerweise

Der 1908 in Oxyrhynchos entdeckte Papyrus mit dem Textfragment der *Spürhunde (Ichneutai)* von Sophokles.

die Luftverschmutzung der Fabriken in Eleusis, die, vom Wind den heiligen Weg entlang zurückgetrieben, den antiken Marmor in Athen stark beschädigte und die Karyatiden auf der Akropolis nach 2400 Jahren im Freien in klimatisierte, schützende Innenräume zwang (mit Ausnahme der einen von Lord Elgin gestohlenen, die man sich schon früher ins Haus geholt hatte!).

The Trackers of Oxyrhynchus mit Barrie Rutter als Silen, dem Vater der Satyrn. Der Vorhang besteht aus den Papyrusfetzen von Oxyrhynchos.

Aber die Gegenüberstellung von Byron und Sharon ist zu simpel. Solche Herablassung gegenüber dem modernen Griechenland ist genauso verkehrt wie die romantische Idealisierung der Antike. Im alten Griechenland gab es genug Gewalttätigkeit, Pornographie, Korruption, Armut und Graffiti. Das Bild von den sinnierenden Philosophen, die in weißen Gewändern durch Haine wandeln, während nackte Jünglinge sich gymnastisch üben und im Hintergrund eine frisch leuchtende, perfekt geometrische Stadt erscheint, ist ein Griechenland der Phantasie, eine Erfindung des 19. Jahrhunderts, die heute naiv wirkt. Der eleusische Kult wird, wie die meisten religiösen Zeremonien, vom Blut und den Exkrementen der Opfertiere überschwemmt gewesen sein; wenn die Prozession eine bestimmte Brücke auf dem heiligen Weg überquerte, pflegten die Zuschauer sie mit obszönen Zurufen einzudecken – und vielleicht auch mit ein paar Mistbrocken.

Im Tempel der Aphrodite zu Korinth gab es amtlich zugelassene Prostituierte (*porne* auf griechisch); nach einem erhabenen Trauerspiel ließ derselbe Bühnendichter ein Stück aufführen mit einem Chor von Satyrn, halb Mensch, halb Tier, jeder mit einem erigierten Phallus in Übergröße. Dem 20. Jahrhundert erscheint das antike Griechenland weniger rein, weniger gesittet und festgefügt, weniger rational.

Fragmentarische Wiederherstellung

Das mag anhand zweier Ereignisse veranschaulicht werden, die in diesem Jahrhundert in Delphi stattfanden. Im Jahr 1927 organisierten der griechische Dichter Angelos Sikelianos und seine amerikanische Frau Eva Palmer ein großes Festival in dem antiken Theater, das man unter den Häusern von Kastri freigelegt hatte. Es gab leichtathletische Darbietungen, Volkstänze, Vorführungen antiker Webtechniken und als Höhepunkt eine Aufführung des *Gefesselten Prometheus* (ein Film von einigen Minuten Länge ist erhalten). Als am Ende mehrere Adler von den Phaedriaden herabschwebten und über Prometheus ihre Kreise zogen, gerade als dieser Zeus herausforderte, glaubten manche Zuschauer, Donner zu hören! Sikelianos wollte Delphi, den *omphalos*, in eine Weihestätte des Geistes verwandeln, ein Gegengewicht zum Materialismus und Kriegswahn des 20. Jahrhunderts etablieren. Sein Zugang war nicht fachwissenschaftlich, vermischte vielmehr ausgefallene Vorstellungen vom Ursprung des Trauerspiels und der Eleusischen Mysterien mit orientalischem Mystizismus und einem Feminismus, der mit Isadora Duncans Tanzweise zusammenhing. Aber so eklektisch und wirr das auch war, Sikelianos' Festival erregte in der ganzen Welt Aufsehen und brachte dem modernen Griechenland ein neues Selbstbewußtsein, das unter anderem seinen Niederschlag fand in der Gründung des Griechischen Staatstheaters und der ersten neuzeitlichen Aufführung eines Bühnenwerks im Theater von Epidauros im Jahr 1938.

Fragmente aus dem
alten Griechenland
im Museum in Eleusis.

Fragments (1987)
von Lisa Milroy.

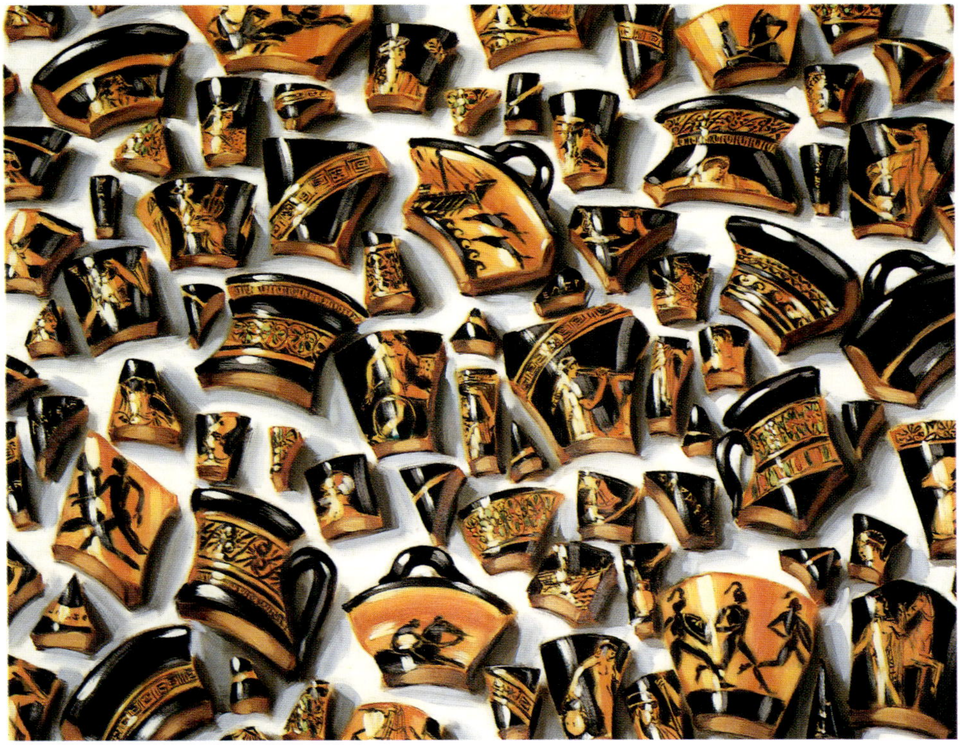

Die Festspiele mit antiken Bühnenstücken, welche das Europäische Kulturzentrum seit 1985 in Delphi organisiert, finden im alten Stadion statt, das noch oberhalb des Hauptheiligtums liegt und wo die Pythischen Spiele abgehalten wurden. Das fügt sich nicht schlecht, denn bei jenen Spielen wurden auch dichterische und musikalische Wettbewerbe veranstaltet, und zwar auf einer Bühne innerhalb des Stadions. Zwei siegreiche Musikstücke fand man in Stein gemeißelt; sie befinden sich im Museum in Delphi. Hier war am 12. Juli 1988 die Welturaufführung von Tony Harrisons *The Trackers of Oxyrhynchus* zu sehen. Den Mittelpunkt bildet Harrisons freie Übersetzung des Satyrspiels *Die Spürhunde* von Sophokles, das man 1908 im ägyptischen Wüstensand auf stark zerfallenen Papyrusfragmenten entdeckte. Diese Wiederentdeckung durch zwei Papyrologen aus Oxford, die nach verlorenen Texten und fehlenden Wörtern suchten, wird im ersten Drittel des Stückes dargestellt. Im mittleren Teil, dem Sophokles-Text, treten tanzende, phallische Satyrn als Chor auf, die die verlorene Viehherde des Apollo wiederzufinden versuchen, indem sie den verwirrenden Spuren folgen. Im abschließenden Teil toben sich die Satyrn, denen Apollo den Zutritt zur hohen Kunst versagt hat, nach Manier englischer Fußballfans aus und verbrennen zum Schluß den Papyrus, aus dem sie entstanden.

In diesen modernen *Spürhunden* wird mit so disparaten Elementen wie Altgriechisch, Transistorradios, Papyrologie, Bierbesäufnissen, Leierspiel und Holzschuhtanz gearbeitet (letzteres mit herrlichem Echo von den Phaedriaden). Das Stück ist unmittelbar von Sophokles inspiriert und verdankt seine Existenz der klassischen Philologie; andererseits unterminiert es aber auch Sophokles und die klassische Forschung, bringt Ironie ins Spiel und Anachronismen und ist eindeutig ein Produkt unserer Zeit. Es ist meiner Ansicht nach bemerkenswert, daß es sich gerade der Fragmente eines griechischen Schauspiels bedient; statt die Bruchstückhaftigkeit zu bedauern, macht Harrison sie zu einem Hauptelement seines Stücks.

Denselben Aspekt greift die zeitgenössische Malerin Lisa Milroy in ihren *Fragmenten* auf. Das rechteckige, jedoch ungerahmte Bild zeigt eine Anzahl griechischer Tonscherben mit Darstellungen von Figuren und Ornamenten. Milroy meint dazu: «Es sieht so aus, als ließe sich die Welt, die auf den Scherben dargestellt ist, nicht von den Ecken der Leinwand begrenzen; all die Szenen aus dem griechischen Leben, mit denen die Fragmente bemalt sind, gehen über den Bildrand hinaus.» Der Kunstkritiker der Tageszeitung *The Independent*, Andrew Graham-Dixon, schrieb am 5. April 1988: «Die über den Bildrand hinausgreifende Komposition sagt einem nichts über die griechische Kultur, konfrontiert einen vielmehr mit der eigenen unvermeidlichen Unwissenheit.» Das ist negativ formuliert, was die Künstlerin selbst positiv ausdrückte. Es ist richtig, daß wir Griechenland nicht als Ganzes erfassen, es nicht vollständig und endgültig rekonstruieren können; jedoch bietet gerade die Bruchstückhaftigkeit endlos Anregungen und verhindert jede allzu sichere Inbesitznahme. So definieren die verstreuten Ruinen, die zerbrochenen Inschriften, die Paraphernalia der Archäologie und die Begleiterscheinungen des Massentourismus das Delphi von heute. Das antike Delphi läßt sich nicht wieder erbauen, aber mit wachen Sinnen vermag man aus den Fragmenten neue Muster zu legen und an Selbsterkenntnis zu gewinnen.

Der lange Weg von Marathon

Die leichtathletischen Spiele zu Apollos Ehren, die in Delphi im Stadion stattfanden, ähnelten sehr den noch berühmteren zu Zeus' Ehren in Olympia, die man alle vier Jahre veranstaltete. Beide Spiele standen allen Griechen offen, woher sie auch kamen, und ein Sieg war für den Sieger und seine Heimatstadt eine große Ehre. Bei beiden fehlte die Disziplin, die heute beliebter zu werden scheint als alle anderen: der Marathonlauf.

Die Ebene von Marathon liegt etwa eine Autostunde nordöstlich von Athen. Im *Don Juan* erinnert sich Byron an seinen Besuch im Jahr 1810:

Die Berge schau'n auf Marathon
Und Marathon schaut aufs Meer;
Dort träumte ich für eine Stund'
Von Griechenlands Befreiung.

Er dachte bei dem Stichwort «Marathon» an den Sieg der Athener über die einfallenden Perser im Jahr 490 v. Chr., «ein Ereignis, das sogar für die englische Geschichte wichtiger war als die Schlacht bei Hastings», wie John Stuart Mill meinte. Nach der Schlacht rannte ein unbekannter Athener (nicht Phidippides, wie oft behauptet wird) mit der guten Nachricht den ganzen Weg bis in die Hauptstadt. Bei den Wettkämpfen 1896 in Athen, die als die ersten offiziellen Olympischen Spiele der Neuzeit gelten, erfand man den «Marathonlauf» als krönendes Ereignis.

Im 17. Jahrhundert hatte Captain Robert Dover die Olympischen Spiele der Cotswolds, einer Landschaft im Südwesten Englands, ins Leben gerufen, an denen jeder teilnehmen konnte; und der Olympische Club von San Francisco wurde 1860 gegründet. Im Jahr 1870 wurde das antike Stadion in Athen ausgegraben und freigelegt, wo einst alle vier Jahre die Panathenischen Spiele abgehalten worden waren. Völlig unbekannte Sportarten wie Diskus- und Speerwerfen wurden wiederbelebt. Für die von Baron Pierre de Coubertin organisierten Spiele des Jahres 1896 jedoch baute man das Stadion (mit griechischen Geldern) wieder auf – mit Marmor vom nahen Berg Pendeli, dessen Steinbrüche speziell dafür wieder in Betrieb genommen wurden. Die Griechen selbst gewannen keinen Wettbewerb, die Sieger waren in der Mehrzahl Studenten aus Princeton und Harvard (und sahen «wie Götter» aus).

Der Langstreckenlauf, der im Stadion endete, begann in der Ortschaft Mara-

Spiridon Louis, der Schäfer aus Maroussi, bei der Siegerehrung 1896 im Stadion in Athen.

thon, nicht am eigentlichen Schlachtfeld. Die Länge betrug 24 Meilen und 1500 Yards (38,6 Kilometer). Anläßlich der Olympischen Spiele in London 1908 wurde sie auf 26 Meilen und 385 Yards (42,2 Kilometer) verlängert, und es wurde üblich, sie auf ebenem Gelände abzustecken. Das war 1896 nicht der Fall gewesen. Die Hälfte der Strecke entlang der Küste war zwar relativ eben, doch dann kam der mühsame Aufstieg zur Paßhöhe zwischen Pendeli und Hymettos, bevor es abwärts nach Athen ging. Keiner der Teilnehmer hatte vorher je für eine auch nur annähernd so lange Strecke trainiert. Die meisten begannen mit zu hohem Tempo und mußten an der Paßhöhe aufgeben. Bei Chalandri, etwa fünf Meilen vor dem Ziel, lagen zwei Männer weit an der Spitze: ein Australier namens Flack und ein Schafhirte aus dem nahen Dorf Maroussi, Spiridon Louis. Bei Ampelokipi brach der erschöpfte Flack ohnmächtig zusammen. Unter den mehr als 50000 Zuschauern im Stadion verbreitete sich das Gerücht, ein Grieche werde Sieger sein. Einen anschaulichen Eindruck vermittelt ein zeitgenössischer Bericht: «Jubelrufe erfüllten die Luft entlang der Herodes-Atticus-Straße und brachen ins Stadion ein, und mit ihnen kam ihr Urheber, eine kleine Gestalt in einem blau-weißen Pullover, braungebrannt und staubbedeckt.» Weniger Jubel erzeugt eine Fußnote: Zu den Olympischen Spielen in Berlin vierzig Jahre später wurde der alte Louis herbeigeschleppt, um Hitler die Hand zu schütteln.

Als der schwarze Athlet Jesse Owens Medaillen zu gewinnen begann, blieb Hitler der Siegerehrung fern. Auch Baron de Coubertin, der von den englischen Public Schools beeindruckt war, hatte feste Ansichten über Klasse und Rasse; das war der wahre Grund, weshalb er unbedingt nur Amateure teilnehmen lassen wollte. Der Amerikaner Jim Thorpe, ein Indianer, der in Stockholm 1912 das Pentathlon und Dekathlon gewann, wurde disqualifiziert, als man entdeckte, daß er professioneller Baseballspieler gewesen war. Die konfiszierten Medaillen wurden seinen Nachkommen erst 1983 zurückgegeben. Mit den Olympischen Spielen der Antike hatte das nichts zu tun, um so mehr aber mit Coubertins Vorurteilen. Davon abgesehen handelt es sich jedoch um eine Vision des alten Griechenland, für die sich die Moderne begeistern kann. Bruchstückhaft und verzerrt tauchen die neuntausend Athener, die 490 v. Chr. wie ein Mann über die Ebene von Marathon marschierten, in der Einsamkeit des Langstreckenläufers wieder auf.

Rastloses Bemühen

Die Olympischen und Pythischen Spiele waren nur zwei der vielen Anlässe, wo die Griechen offen und verbissen miteinander wetteiferten. Bei diesen Wettspielen äußerte sich in formalisierter Gestalt dieselbe wetteifernde Mentalität, die man in allen Lebensbereichen der Griechen, zumindest der griechischen Männer, findet, die Anlaß war zu den großartigen Trauerspielen, zu der großen Rivalität der Gabenspender zu Delphi, zu Alexanders Zug nach Aï Khanoum. Und ebendiese Wettkampfmentalität war auch für die beständigen politischen Auseinandersetzungen verantwortlich und für den Umstand, daß ein Großteil der griechischen Geschichte eine Geschichte der Kriege zwischen Staaten war, die leidenschaftlich ihre Unabhängigkeit verteidigten und wo Grieche gegen Grieche kämpfte.

«Der Mensch ist das Maß aller Dinge», verkündete der Philosoph Protagoras im 5. Jahrhundert v. Chr. Diese Selbstgewißheit, dieses Vertrauen in die Menschen und die menschlichen Fähigkeiten führte in Verbindung mit dem Wettbewerbsdenken zu einem rastlosen Bemühen um Fortschritt, um Veränderung. Von den Griechen, und in erster Linie von den Athenern, kommt «dieser innovative, revolutionäre Geist... das wichtigste Charakteristikum der westlichen Kultur seit der Renaissance», wie Bernard Knox feststellt. Dieser Zug ist in den meisten Kulturen schwächer ausgeprägt und steht tatsächlich in direktem Gegensatz zur konservativen Grundeinstellung der meisten (anderen) antiken Kulturen des Nahen Ostens. Solches ständige Fragen und Streben ist nicht bequem, läßt keine Entspannung zu, keine schlichte Geborgenheit; andererseits wurden dadurch viele der bedeutenden Errungenschaften der westlichen Zivilisation möglich. Knox faßt zusammen: «Insgesamt betrachtet kam der wichtigste Effekt, den Griechenland auf die westliche Zivilisation ausübte, nicht durch eine kontinuierliche Beeinflussung, sondern durch ein sporadisches Wiederauftauchen zustande. Immer wieder geschah es, daß griechische Texte, griechische Kunst und griechische Philosophie neu entdeckt und neu interpretiert wurden. Und das Ergebnis war revolutionär.»

Wichtig dabei war, daß Griechenlands Blütezeit vor dem Erscheinen Christi lag. Das griechische Erbe bleibt deshalb so anregend und sogar subversiv, weil es fester Bestandteil der westlichen Welt ist, die auf dem Christentum basiert. Das Christentum ist derart fest verankert, daß auch die Wiederentdeckung Roms während der Renaissance es nicht erschüttern konnte; aber wie Oswyn Murray bemerkt: «Griechenland besaß nie denselben *dominierenden* Einfluß wie Rom und die christliche Religion und ist daher immer verfügbar, wenn man die jeweiligen Wertvorstellungen der Gesellschaft kritisch beleuchten möchte.» Das griechische Feuer ist ein Paradox, ist tot und doch lebendig, untergetaucht, doch leuchtend, ein Reservat der gebildeten Kreise, doch als Herausforderung und kritische Instanz auch von jedem aufgeschlossenen Betrachter abrufbar.

Tragödie

Der Medusa entgegenlächelnd

> Möglicherweise gibt es dämonische Kräfte in uns und außerhalb, die uns zerstören wollen; möglicherweise werden wir in Finsternis und Verzweiflung und Selbstmord enden. Und es zeugt von der hohen Würde des Mannes und der Frau, daß sie dieser Möglichkeit ins Auge sehen: daß sie zumindest wissen, es könnte so sein. Die größten griechischen Tragödien sind eine Mahnung dieser schrecklichen Möglichkeit.
>
> George Steiner
> (in einem Interview für «Griechisches Feuer»)

Wir leben in einem Zeitalter der Schrecken. Manche sind uralt – Naturkatastrophen, plötzliche Gewaltakte, politische Unruhen, Familienstreit. Andere sind neueren Datums. Es gibt Bomben, die innerhalb von Minuten Tod und Zerstörung in unvorstellbarem Ausmaß bringen können. Es gibt Aids – und wer sagt, daß nicht noch bösartigere Krankheiten auftreten werden? Keinesfalls zu vergessen ist die ständig zunehmende Zerstörung der Umwelt, der Gäa, und es wird Jahrzehnte dauern, bis diese Schäden wiedergutgemacht sind, falls es dafür nicht schon zu spät ist. Vernichtung der Wälder, Verschmutzung der Gewässer, Zerstörung der Stratosphäre, bedenkenlose Verwendung von Chemikalien in der Landwirtschaft – solche Eingriffe haben womöglich bereits furchtbare Prozesse in Gang gesetzt, die bald ans Tageslicht kommen und unvorstellbares Leid und Verhängnis mit sich bringen werden.

Die Welt ist voller Dinge, an die man nicht denken möchte. Wenn jemand, den wir lieben oder auch nur kennen, bei einem Autounfall umkommt oder an Leukämie erkrankt, fühlen wir uns schon schwer genug getroffen. Das Leben scheint so unberechenbar, chaotisch, ungerecht. Warum er? Warum ich? Wollten wir versuchen, unsere Gefühle voll auszuleben, würden wir letztlich nur die Unbegreiflichkeit allen Seins einsehen müssen oder im Wahnsinn enden. Die einzige Möglichkeit, mit den Schrecken und Grausamkeiten zu Rande zu kommen, die das Fernsehen in jedes Haus bringt, ist die Versteinerung des Herzens. Die Fernsehnachrichten entsprechen der Medusa, dem Gorgonenhaupt. Wenn wir etwas wirklich erleben, wenden wir uns ab und finden keine Worte.

Was hat das alles mit der Tragödie zu tun? Das griechische Trauerspiel findet auch für den größten Schrecken Worte und zeigt die menschlichen Reaktionen in ihrem vollen Ausmaß. August Wilhelm von Schlegel sagte von Äschylus: «Er zeigt uns das Haupt der Medusa.» Unlängst benutzte Tony Harrison dasselbe Bild, um sein Verhältnis zur griechischen Tragödie zu beschreiben:

> Diese Hoffnungslosigkeit und Verzweiflung unserer Zeit sind genau der Schrecken, dem wir im Rahmen des Trauerspiels ins Auge sehen können... aber – und das ist ein ganz großes Aber – ohne daß wir bei dem Anblick versteinern. Und in einer Zeit, in der uns die Kraft zur Bejahung nahezu abhanden gekommen ist, sollten wir uns mehr denn je um das bemühen, was Nietzsche einmal «die höchste Kunst der Lebensbejahung» genannt hat.

Indem sie von der Bewältigung älterer, näherer, ursprünglicherer Schrecken handelt, vermag uns die Tragödie zu zeigen, wie man Schrecken entgegentreten und vielleicht überleben kann, sogar jene des späten 20. Jahrhunderts. Im Theater schauen wir nicht nur, ohne den Blick abzuwenden, und hören, ohne die Ohren zu verschließen, wir wollen sogar, daß die Gepeinigten mehr über ihre schrecklichen Erlebnisse sagen, wollen alle ihre Gefühlsqualen spüren. Und am Ende des Stücks stellen wir fest, daß wir nicht zu Stein geworden sind. Wir stehen auf, gehen hinaus und kehren ins Leben zurück, im 5. Jahrhundert v. Chr. genau so wie im 20. Jahrhundert n. Chr. Wir kehren zurück mit einer Erfahrung, die Teil unserer selbst wird.

Das mag teilweise erklären, warum, wie George Steiner sagt, «im 20. Jahrhundert mehr Versionen der großen griechischen Tragödien für Film, Oper, Bühne, Buch und andere Bearbeitungen produziert wurden als sogar in den damaligen Medien während der Renaissance und im 18. Jahrhundert». Man kann noch einen Schritt weitergehen und sagen, daß in den letzten zehn bis zwölf Jahren wahrscheinlich so viele Tragödien zur Aufführung gelangten wie in keiner gleichen Zeitspanne seit der Antike. Dieser Aufschwung ist keineswegs auf den Westen beschränkt oder auf Länder, welche kulturell von Griechenland und Rom abstammen. Er reicht vom Fernen Osten bis nach Osteuropa und gar bis nach Lateinamerika. Bei den seit 1985 in Delphi stattfindenden Festspielen griechischer Theaterstücke hat es Aufführungen der Chinesen, Venezolaner und Yup'ik (Eskimos aus Alaska) gegeben, von vielen bekannteren Nationen ganz zu schweigen. Ebenso ist bemerkenswert, daß griechische Tragödien von den verschiedensten Regisseuren aufgegriffen wurden, von Andrej Sorban und Peter Sellars aus Amerika bis zu Vittorio Gassman und Walter Pagliaro aus Italien, von Yukio Ninagawa und Tadashi Suzuki aus Japan zu Eugenio Barba aus Norwegen und Ingmar Bergman aus Schweden (der dort gerade Euripides' *Bakchen* für die Oper bearbeitet). Auch das Spektrum der Stücke wird breiter und umfaßt neben den alten «Klassikern» wie den *Bakchen, Ödipus, Antigone* (vier Aufführungen in Deutschland 1978) und

Medea (drei in London 1986) inzwischen nahezu das gesamte Repertoire der 32 Tragödien, die die Fährnisse der Jahrhunderte überstanden haben.

Selbstverständlich ist bei diesen vielen Inszenierungen das Verhältnis zum griechischen Original ebenfalls sehr unterschiedlich und reicht von Stücken, die von einem griechischen «Funken» inspiriert wurden, zu «normalen», die dem Urtext treulich folgen. Robert Wilsons *Overture to the Fourth Act of Deafman Glance* ist ausdrücklich der *Medea* des Euripides verpflichtet, doch wird in der einen Stunde kein einziges Wort gesprochen: Mimisch und in Zeitlupentempo tötet eine Frau jammervoll ihr Kind, und ein männlicher Darsteller tut synchron genau dasselbe, nur immer einige Minuten später. In Deutschland gelangten zwischen 1968 und 1984 mindestens 15 Inszenierungen des *Philoktet* zur Aufführung, doch nicht des Sophokleischen. Es handelte sich um das Theaterstück des ostdeutschen «Brecht-Kronprinzen» Heiner Müller. Müllers Verhältnis zum Original ist vielschichtig, und er benutzt gelegentlich wörtliche Zitate; feinfühlig verändert er häufig die Vorlage, und diese Abweichungen finden ihren Höhepunkt in dem armseligen Ende des Philoktet, der bei Sophokles strahlend überlebt. Erstaunlich ist aber, wie viele dieser Neuinszenierungen von professionellen Theaterleuten auf die griechische Vorlage zurückgreifen, dem Text wörtlich folgen oder ihn nur geringfügig bearbeiten. Mit Ehrfurcht oder Altertümelei hat das jedoch nichts zu tun: Es sind alles lebendige, zeitgemäße Darbietungen.

Ein geköpftes Haupt genau betrachtet

Im Trauerspiel vermögen wir das Unerträgliche zu ertragen. Die griechischen Tragödien, zumindest die größten von ihnen, behandeln gewaltige, qualvolle Themen von zerbrochenen Beziehungen, Konflikten, von Dingen, die schrecklich schiefgehen und ins Verhängnis führen. Sie bringen Entsetzliches zum Vorschein, vor allem innerhalb der Familie: Verrat, Inzest, Mord – die Mutter tötet den Sohn, der Vater die Kinder, die Frau ihren Ehemann, in jeder nur denkbaren Kombination. Und die Tragödie führt nicht nur dieses tiefe Grauen vor, sie zwingt auch zur Konfrontation. Während wir, die Zuschauer, dasitzen und auf die Bühne schauen, freiwillig gefangen und wehrlos, werden wir gezwungen, das schreckliche Drama nachzuerleben.

Gegen Ende der *Bakchen* kommt eine Szene vor, die diese Situation emblematisch erfaßt, wenn man hinsieht, wo man normalerweise wegschauen würde. In diesem Trauerspiel des Euripides, das erst nach seinem Tod im Jahr 406 v. Chr. zur Aufführung gelangte, findet sich einer der qualvollsten Momente des gesamten Genres. Der Gott Dionysos ist in seine Geburtsstadt Theben zurückgekehrt, aber die Bewohner, einschließlich der Schwestern seiner Mutter, erkennen seine Göttlichkeit nicht an. Er straft sie mit Wahnsinn und treibt sie fort als Bacchantinnen

Noch heute wachsen Pinien auf dem Kithairon.

Agave mit dem Haupt des Pentheus. In der Inszenierung von Tadashi Suzuki von 1981 spielte Shiraishi Kayoko die Agave.

zum Kithairon, einem Berg zwischen Theben und Athen. Dort reißt Agave in ekstatischem Wahn ihren Sohn Pentheus in Stücke. Sie kommt in Siegesstimmung mit Pentheus' Haupt nach Theben zurück, das sie für das Haupt eines Löwen hält, den sie in den Bergen jagte. Inzwischen hat ihr greiser Vater Kadmos (des Dionysos' Großvater mütterlicherseits) die übrigen Körperteile des Pentheus zusammengesammelt. Langsam und geduldig bringt er Agave aus ihrer Trance zurück («er redete sie nüchtern», wie das bei der Drogenbehandlung heißen würde) und bewegt sie dazu, der Wirklichkeit ins Auge zu sehen – einer so entsetzlichen Wirklichkeit, daß ihr die Heimat und das Glück für immer verloren sein werden.

Kadmos: In welche Familie gingst du an deinem Hochzeitstag?
Agave: Du gabst mich Echion, sagt man.
Kadmos: Und wie hieß das Kind, das deinem Mann daheim geboren wurde?
Agave: Pentheus, Frucht meiner Vereinigung mit seinem Vater.
Kadmos: Welches Haupt hältst du dann in den Armen?

Agave: Ein Löwenhaupt – so sagten doch die Jägerinnen.
Kadmos: Schau einmal hin. Schauen ist nicht schwer.
Agave: O, was sehe ich? Was halte ich da?
Kadmos: Schau deutlich, sieh klarer, was geschah.
Agave: Ich sehe tiefes Leid und Elend vor mir.
Kadmos: Ein Löwe ist es nicht?
Agave: Nein, es ist Pentheus' Haupt, das ich hier halte.

Die Mutter muß den Kopf ihres eigenen Sohnes anschauen, das Haupt, das sie eigenhändig vom Rumpf trennte. Kein Schmerz wird ihr erspart – «Schau deutlich» –, niemand beschützt sie vor der Wahrheit oder füttert sie mit Beruhigungsmitteln.

«Schau einmal hin. Schauen ist nicht schwer.» Die Aufforderung gilt auch dem Zuschauer, dem Ablenkung von der Arbeit und eine dramatische Darbietung versprochen wurden. Aber sind wir erst einmal ins Theater gelockt, müssen wir uns die schrecklichsten Dinge ansehen, die man sich denken kann. Man stelle sich einmal vor, wie eine Mutter noch im Sterben Verwünschungen ausruft oder den abgetrennten Kopf ihres Kindes in Händen hält – die Einbildungskraft versagt. Aber im griechischen Theater werden solche Situationen vorgeführt, und wir schauen fasziniert zu. Da darf man nicht die Ohren verschließen oder die Augen

Suzukis *Klytämnestra* (1983): eine Puppe fungiert als der tote Agamemnon, ein Fächer symbolisiert die Mordwaffe.

Sikelianos' Inszenierung des *Prometheus* in Delphi. Choreographie und Kostüme der Meeresnymphen stammten von Eva Sikelianou.

abwenden: die Tragödie will uns die größten Schrecken sehen und hören lassen. *Dennoch* bleiben wir von dem Erlebnis nicht fürs Leben gezeichnet, stößt das Entsetzen uns nicht in den Wahnsinn. Wir machen alles durch und überleben. Wenn das Stück zu Ende ist, verlassen wir das Theater und treten zurück ins wirkliche Leben. Die besondere Bedeutung des griechischen Trauerspiels in unserer Zeit liegt in dieser Erfahrung der Überlebensfähigkeit.

Elektra am Grab des Agamemnon, aus dem zweiten Teil von Karolos Kouns *Orestie* (1981). Die Schauspielerin ist Reni Pittaki.

Athene, von Jutta Lampe gespielt, versucht, die Furien zu besänftigen; aus dem dritten Teil von Peter Steins *Orestie* (1980).

Vier Orestien

Um diese Verallgemeinerung ein wenig zu konkretisieren, werde ich die *Orestie* näher betrachten, eine Gruppe von drei Tragödien, die Äschylus erstmals im Frühjahr des Jahres 458 v. Chr. dem Publikum vorstellte. Da sie handlungsmäßig verknüpft sind, bilden sie eine Trilogie (im Unterschied zu den drei Bühnenstükken von Sophokles und Euripides, die jährlich aufgeführt wurden und nicht zusammenhängen). In der Trilogie wird die Blutrache des Königshauses von Argon über drei Generationen hinweg verfolgt, bis sie schließlich durch das Urteil eines Geschworenengerichts in Athen beigelegt wird. Sie wird von vielen Seiten als Höhepunkt des griechischen Trauerspiels angesehen, ist aber vielleicht ihres Umfangs wegen in neuerer Zeit relativ selten inszeniert worden; trotzdem hat es einige

Klytämnestra (Pip Donaghy) und Orest (Greg Hicks) im zweiten Teil von Peter Halls *Orestie* (1981); Kostüme und Masken von Jocelyn Herbert.

bemerkenswerte Aufführungen gegeben, so jene von Barrault 1955 und von Gassman mit Pasolini 1960. Zwischen 1980 und 1983 gab es dann vier wichtige Inszenierungen, die wegen ihres unterschiedlichen Zugangs besonders interessant sind.

Am weitesten von Äschylus entfernt war die *Klytämnestra*, die der Japaner Tadashi Suzuki für sein eigenes Ensemble bearbeitete und erstmals 1983 auf die Bühne brachte. Genau gesagt, handelt es sich um eine Zusammenstellung von kurzen Szenen aus den verschiedenen Teilen der *Orestie* und der *Elektra* des Sophokles und Euripides. Mit strenger Disziplin trainiert Suzuki seine Mitarbeiter zu höchst ausdrucksvoller Körpersprache und Gruppenchoreographie, die, wie er sagt, «auf einer Analyse von Ausdrucksformen des Körpers auf der Bühne» basieren. Er spielt auf die alten japanischen Traditionen des Nō und Kabuki an, die erstaunliche Gemeinsamkeiten mit der antiken griechischen Tragödie aufweisen, darunter die Verwendung von Masken, männlichen Darstellern, poetischer Sprache und außerdem die Verlegung der Handlung in eine heroische Vergangenheit.

Gleichzeitig bringt Suzuki Anspielungen auf die heutige Zeit, so mit der Verwendung stilbrüchiger Kostüme und Popmusik. Er versteht seine *Klytämnestra* als Versuch über die zunehmende seelische Isolierung des modernen Menschen, für die nicht zuletzt die Auflösung des Familienzusammenhalts verantwortlich ist.

In Griechenland selbst gelangte die Trilogie 1981/82 mit Karolos Kouns Kunsttheater zur Aufführung. Koun, der 1986 starb, war der rührigste und mutigste griechische Intendant seiner Zeit. Mit den Festspielen, die Sikelianos 1927 und 1930 in Delphi organisiert hatte (siehe Seite 57), begann in Griechenland eine Renaissance des Trauerspiels von den dreißiger bis in die fünfziger und frühen sechziger Jahre, wobei die gewaltige Zuschauertribüne von Epidauros eine Art magischen Mittelpunkt bildete. Es folgte eine Periode der Stagnation und Altertümelei, und Kouns *Orestie* gab einen wichtigen Impuls für intelligentere, innovative Produktionen. Seine Inszenierung legte den Ort der Handlung in eine vorzeitliche Welt, die durch die ernsten minimalistischen Masken und Kostüme von Dionysis Fotopoulos und Melina Mercouris beunruhigende Klytämnestra wirkungsvoll betont wurde. Es entstand der Eindruck einer gärenden Masse finsterer Gedanken und Taten, die sporadisch von Flammenwürfen erhellt wurden, während die Menschheit sich zu einem ersten Anflug von Erkenntnis durchkämpfte.

Nach ihrer Uraufführung an der Schaubühne am Halleschen Ufer in Berlin im Oktober 1980 ging Peter Steins Inszenierung auf Welttournee. Die Aufführung dauerte von zwei Uhr mittags bis elf Uhr nachts, einschließlich zweier einstündiger Pausen. Die Zuschauer saßen auf dem Boden, doch war man einhellig der Meinung, daß das überwältigende Erlebnis jede Unbequemlichkeit vergessen ließ, vor allem im ersten Stück, *Agamemnon*, das von Edith Clevers Klytämnestra beherrscht wurde. Kostüme und Bühnenbild waren eklektisch und unauffällig, und die Übersetzung von Stein selbst war nüchterne Prosa. Stein hatte auf Musik verzichtet, dafür aber die vielfältige, geheimnisvolle Funktion des Chors in überzeugender Weise transponiert: Schlüsselbegriffe, vor allem aus den Begriffsbereichen Rache und Gesellschaft, wurden nicht an ein einzelnes Wort gebunden, vielmehr von verschiedenen Mitgliedern des Chors durch Rezitation sinnverwandter Wörter näherungsweise definiert. So wurden Denkvorstellungen verfolgt und unterschiedliche Aspekte abgewonnen in Analogie zur Trilogie selbst, die einen mühevollen Weg zu Verständnis und Gerechtigkeit beschreibt.

Die vierte Inszenierung unternahm Peter Hall für das zum National Theatre gehörende Olivier-Theater (dessen Architekt Denys Lasdun sich an Epidauros orientiert hatte). Mehr als 70000 Besucher sahen die Inszenierung zwischen der Erstaufführung im November 1981 und der letzten Vorführung im Juni 1982 in Epidauros; es war das erste Mal, daß an dieser einzigartigen Stätte eine griechische Tragödie aufgeführt wurde, die ein Nicht-Grieche inszeniert hatte. Hall führte mit seinem Ensemble von fünfzehn Männern, die sowohl den Chor als auch die einzelnen Personen darstellten, durch eine ineinander verwobene Folge von

Szenen und Tableaus. Die von Jocelyn Herbert entworfenen Masken und Kostüme waren gleichzeitig streng und ausdrucksvoll, wie auch die Musik von Harrison Birtwistle packend pulsierte und dabei doch ein breites Tonspektrum umfaßte. Am ungewöhnlichsten war die Übersetzung des Dichters Tony Harrison. Manche Zuschauer und zunächst auch viele Kritiker fanden sie unerträglich; auf die meisten aber wirkte sie fremd und dabei doch seltsam zugänglich. Harrison zwängte die Phoneme seines heimatlichen Yorkshire und die alliterative Wortbildung des Angelsächsischen zu meist trochäischen Versen (ähnlich Longfellows *Hiawatha* und doch ganz anders) und schuf damit eine neue Sprache, die dem Zuhörer höchste Konzentration abverlangte. Damit wurde eine Verdichtung der vielfältigen Themenstränge erzielt, insbesondere des Konflikts zwischen männlichen und weiblichen Elementen: Mann–Kind, Frau–Kind, Blut–Band, Bett–Band, Blut–Lohn, und so fort. Das war einer der Gründe, weshalb bei dieser Inszenierung im Unterschied zu allen anderen mir bekannten die Trilogie in ihrem Verlauf immer kraftvoller wurde statt schwächer. Andererseits war die Inszenierung wegen dieser verbalen, rhythmischen Grundstruktur emotional weniger mitreißend als Peter Steins.

Was ist also an der *Orestie* Besonderes, daß man sie in unserer Zeit ungekürzt und auf derart unterschiedliche Weise auf die Bühne bringt? Zunächst einmal ist sie große Kunst. Die erste Szene des *Agamemnon*, wo der Nachtwächter nach dem Leuchtturm Ausschau hält, war der dramatischste Beginn eines Theaterstücks vor *Hamlet* mit seinen Wachsoldaten auf der Festungsmauer. Wie Agamemnon durch seinen Palast stürmt und dabei auf feine Purpurstoffe tritt, wie Klytämnestra ihren Sohn anfleht und ihm die Brust zeigt, die ihn als Baby nährte, wie die Geschworenen in Athen nacheinander einzeln ihre Stimme abgeben und Orest und die Furien auf den Urteilsspruch warten – das sind einige der größten dramaturgischen Einfälle aller Zeiten.

Ein Schauspiel ist aber nur so lebendig wie die Themen, die es anspricht. Die Probleme, um die es in der Trilogie geht, sind nicht an Zeit und Raum gebunden. Immer noch sind Rachegelüste die instinktive Reaktion jedes Menschen, dem Unrecht geschah, und um so naheliegender, wenn es sich um einen Mord in der nahen Verwandtschaft handelt. Unter welchen Umständen darf oder sollte man selbst zum Rächer werden? Wann endet Blutrache? Darf eine Familie Selbstjustiz üben ohne Rücksicht auf die geltenden Gesetze? Unter welchen Bedingungen sind die Interessen der Gesellschaft sogar den Blutbanden übergeordnet? In der *Orestie* werden manche dieser schwierigen Fragen durch *Überredung* entschieden. Ist Überredung aber mehr als Wortgewandtheit und Manipulation? Doch wie soll der Mensch ohne sie je zu einer Lösung seiner Probleme gelangen?

Es kann zu Konflikten zwischen Familie und Gesellschaft kommen, doch allzuoft gibt es schon in jener engsten Einheit Auseinandersetzungen. Wie kommt es, daß die bittersten, härtesten Kämpfe zwischen denen stattfinden, die sich blutsmä-

Das Dionysos-Theater in Athen, 1988 von der Akropolis aus fotografiert.

ßig am nächsten stehen? Nach amtlichen Statistiken kommen in Großbritannien vierzig Prozent aller Fälle von Totschlag innerhalb der Familie vor, und in vier Prozent der Fälle handelt es sich, wie bei Orest und Klytämnestra, um Mord an den Eltern. Ganz besonders aber geht es um den Konflikt zwischen Mann und Frau, zwischen dem Ehemann und seiner Gattin. Klytämnestra, die «nur» Frau ist, bezwingt den größten der männlichen Eroberer. Er geht unwissend und gedemütigt in den Tod, während die Sklavin Kassandra ihr Schicksal begreift und es tapfer erträgt. Um den Vater zu rächen, stößt Orest seiner Mutter das Schwert in die Brust, und noch im Sterben ruft sie mit ihrem Fluch die alten weiblichen Gottheiten des Fluchs, die Furien oder Erinnyen, herbei, die vaterlosen Töchter der Finsternis; sie treten Apollo gegenüber, der zur neuen Familie der Olympier mit Zeus als Vater gehört. Als über Orest Gericht gehalten wird, meint Apollo, der Vater sei das wahre Elternteil, die Mutter nur Nährboden für den Samen. Diese Ansicht ist nicht so abwegig, wie sie klingen mag, und sie rief bei den Aufführungen von Stein und Hall heftige Reaktionen des Publikums hervor. Man darf nicht vergessen, daß heute im ausgehenden 20. Jahrhundert Geschäftsleute die Dienste von «Ersatzmüttern» anbieten, die nichts anderes sind als Nährboden für fremden Samen.

Form und Fassung der Tragödie

Welche Bedeutung hatte und hat die Tragödie? «Tragödie» ist ein griechisches Wort und bedeutete ursprünglich soviel wie «Gesang für den Preis einer Ziege» oder «beim Ziegenopfer». In Athen entstand daraus eine große Kunstform. Im Jahr 550 v. Chr. existierte Athen noch nicht oder höchstens in rudimentärer Gestalt; um das Jahr 400 v. Chr. war seine Blütezeit – die Zeit des Äschylus, Sophokles und Euripides – vorüber, obwohl noch weitere 750 Jahre lang dieses große Zeitalter imitiert und nachgeschaffen wurde.

Das Wort Tragödie wird immer noch viel gebraucht, besonders von Journalisten, doch sollte man wissen, daß es dann meist das Gegenteil von dem meint, was die Athener darunter verstanden. Ein unvorhersehbares Unglück, oftmals ein zu früher Tod, gilt als Tragödie: «Gestern nacht ereignete sich in Bremen eine Tragödie.» In James Joyces *A Portrait of the Artist as a Young Man* (1916) klagt die autobiographische Hauptfigur Stephen Dedalus.:

> Ein Mädchen stieg vor einigen Tagen ... in London in eine Droschke. Sie war unterwegs zu ihrer Mutter, die sie viele Jahre nicht gesehen hatte. An der Straßenecke durchstieß die Deichsel eines Fuhrwerks das Droschkenfenster und machte ein sternförmiges Loch. Ein langer, scharfer Splitter des zerbrochenen Glases traf sie ins Herz. Sie war augenblicklich tot. Der Reporter nannte es ein tragisches Ende. Das war es nicht.

Eine Maskensammlung dekoriert das Studio des führenden griechischen Bühnenbildners Dionysis Fotopoulos.

Wir nennen die unerklärlichen Schicksalsschläge des Lebens «tragisch», das so unvorhersehbar, so unfair amorph ist; während die Athener ganz im Gegenteil ein exakt durchgestaltetes, formalisiertes, strukturiertes Ereignis schufen, das in einem wohldefinierten Rahmen erlebt wurde.

Sie ließen das Drama (ebenfalls ein griechisches Wort) an einem eigens bestimmten *Ort* (dem *theatron*) aufführen, was zum Vorbild fast aller Theatervorführungen der Folgezeit wurde, wenngleich in den letzten Jahren mit dieser Praxis gelegentlich gebrochen wurde. Zur Blütezeit im 5. Jahrhundert war dieser Ort der Felshang am Fuß der Südseite der Akropolis, eine ausgedehnte Fläche oberhalb des Dionysos-Tempels, wo vielleicht 20000 Zuschauer Platz fanden (die 30000, die Plato im *Gastmahl* erwähnt, waren wahrscheinlich eine nach oben aufgerundete Zahl). Es waren jedenfalls eine gewaltige Tribüne und eine riesige Zuschauerzahl, selbst wenn man sie mit den größten modernen Theater- und Opernbauten vergleicht. Wer einmal als Zuschauer in Epidauros war, kennt das beeindruckende Erlebnis, wie die Aufmerksamkeit so vieler Menschen «kanalisiert» wird. Die ebene, den Schauspielern vorbehaltene Bühne (die *orchestra*) war ähnlich dimensioniert, ein Rund (vermutlich) von ungefähr zwanzig Metern Durchmesser, auf dem fast der ganze Zuschauerraum von Shakespeares Globe Theatre Platz gefunden hätte. (Wir können in Athen genau die Stelle angeben, wo die *Orestie* aufgeführt wurde, aber im Londoner Stadtteil Southwark nicht den Platz, wo man zu Shakespeares Zeit den *Hamlet* gab.) Die Spielfläche mit der Kulisse *(skene)* im Hintergrund und einem Weg in beide Richtungen war eindeutig lokalisiert und begrenzt; und zu den wichtigsten Elementen in der Entwicklung des Trauerspiels gehörte die Freiheit des Dichters, den Ort der Handlung in der Phantasie der gefesselten Zuschauer zu verändern. So stellt beispielsweise in den *Bakchen* die *skene* den Königspalast von Theben dar, das große Herrschaftshaus, das Dionysos zerstört. Der Weg führt auf der einen Seite in die Stadt, Mittelpunkt der bürgerlichen Gesellschaft, und auf der anderen in die Berge, wo die Thebanerinnen statt unter dem häuslichen Dach in waldigen Bergtälern schlafen.

Die Aufführungen fanden auch innerhalb einer genau markierten *Zeit* statt. Anders als heute, wo die Laufzeit von Theaterstücken sehr variiert, wurden im alten Griechenland die Tragödien nur einmal im Jahr drei Tage lang gegeben, im Rahmen des großen Frühlingsfestes für Dionysos. Man spielte die Stücke Dionysos zu Ehren und in seinem Heiligtum, so wie die Olympischen Spiele Zeus zu Ehren stattfanden. Der Bühnenautor schrieb sein Stück einzig zu diesem Anlaß; und diese eine Vorführung war das kulturelle Hauptereignis, das von einer gewaltigen Menschenmenge miterlebt wurde. Man darf dabei auch nicht vergessen, daß die Zuschauer nicht etwa in der Anonymität eines verdunkelten Raums saßen, vielmehr saßen sie im Tageslicht und unter freiem Himmel, und Schauspieler und Zuschauer waren vom gleichen Licht umflutet.

Andererseits waren die Schauspieler von den Zuschauern nicht nur räumlich

Um 480 v. Chr. in Athen bemalte Vase mit sechs Chormitgliedern, als Soldaten kostümiert. Sie singen und tanzen deutlich im Einklang. Bei der Gestalt links mag es sich um einen Geist handeln, den der Chor aus der Unterwelt heraufbeschwört.

durch die Anlage von *theatron* und *orchestra* getrennt, sondern auch durch ihre kunstvoll gewobenen Kostüme abgesetzt, die wesentlich aufwendiger waren als die Alltagskleidung, und durch die den ganzen Kopf verbergenden Masken. Diese Masken waren auch praktisch, denn dadurch konnten die drei männlichen Hauptdarsteller Doppelrollen spielen, und außerdem waren in solch einem großen Theater klar gestaltete Masken besser als undeutliche Gesichter. Es ist interessant festzustellen, daß bei modernen Inszenierungen immer häufiger wieder Masken verwendet werden, obgleich das Auditorium kleiner ist und wir, durch Freud und das Kino darauf gebracht, normalerweise ein nuanciertes Mienenspiel als Hinweis auf seelische Vorgänge erwarten. Wieso sind dann Masken am Ende des 20. Jahrhunderts zeitgemäß? Zum einen mag damit angedeutet werden, daß die einzelnen Personen sich stärker durch Worte, Taten und Beziehungen definieren als durch ihre individuelle Psychologie. Sie sind Menschentypen, die so handeln müssen, wie sie handeln; damit richtet sich das dramatische Interesse mehr auf die gesellschaftlichen und verwandtschaftlichen als auf die seelischen Probleme. Auch die Schauspieler stellen fest, daß sie weniger psychologische Einarbeitung brauchen, weil die

Maske die Rolle übernimmt. Tony Harrison erwähnt hinsichtlich der stets offenen Mund- und Augenlöcher der Masken noch einen anderen Aspekt: «Wenn eine Maske sich dem Schrecken und Entsetzen zuwendet, kann sie nicht anders als hinschauen... Was macht eine Maske, wenn sie leidet oder Leiden beklagt? Sie verstummt nicht, sondern spricht weiter. Der geöffnete Mund zwingt zum Weitersprechen.» Bei der Inszenierung der *Orestie* entdeckte Harrison auch die besondere Eigenschaft der Maske, einer größeren Anzahl von Menschen gleichzeitig ins Auge zu sehen, und «wenn man den Eindruck hat, man wird angeschaut, hört man auch zu». Die Masken blicken also die Zuschauer an, und die Zuschauer müssen auf sie eingehen.

Ähnlich wie die Masken wurde auch der Chor des griechischen Trauerspiels lange Zeit generell als ein fremdartiges, den Zugang erschwerendes Element betrachtet, und doch hat man ihm in vielen Produktionen der jüngsten Zeit geradezu liebevolle Aufmerksamkeit gewidmet. Was fasziniert moderne Regisseure an dieser merkwürdigen Gruppe von Gestalten ohne eigene Identität, die bei großen, tragischen Ereignissen scheinbar zufällig anwesend ist? Zunächst ist darauf hinzuweisen, daß im griechischen Trauerspiel normalerweise zwei sehr verschiedene Vortragsweisen verwendet wurden: neben Reden und Dialogen in leicht zu sprechenden Jamben gab es Gesänge oder «Oden», die in komplizierten lyrischen Versmaßen abgefaßt waren und von Musik und Tanz begleitet wurden. Die Hauptaufgabe des Chors war die Darbietung dieser Gesänge. Sie tragen nicht wie die gesprochenen Partien zum Fortgang der Handlung bei und sind auch nicht unmittelbar handlungsbezogen, sondern verhalten sich assoziativ, bewegen sich frei durch Zeit und Raum und stellen einen Zusammenhang her zwischen den Ereignissen auf der Bühne und den Göttern, Mythen und Moralprinzipien. In ihrem Stück *The Love of the Nightingale* (1988), das auf der griechischen Mythe von Philomena basiert, verwendet die amerikanische Bühnendichterin Timberlake Wertenbaker einen Chor nach antikem Vorbild und erklärt dazu: «Mir gefiel die Idee mit dem Chor, weil man so Gedanken auf die Bühne bringen kann, ohne sie an eine bestimmte Person binden zu müssen.» Jede griechische chorale Ode steht auf einzigartige und nicht vorhersagbare Weise zu ihrem Kontext, aber fast immer erweitert sie ihren Gegenstand, gibt ihm universelle Gültigkeit und greift von dem Einzelfall, der im Stück angesprochen wird, hinaus in alle Zeiten und Räume.

Während im japanischen Nō-Spiel der Chor von der Handlung völlig losgelöst ist (und auch räumlich gesondert auftritt), hat er im griechischen Trauerspiel durchaus eine Funktion im Gesamtzusammenhang, die sich häufig als sympathische Beziehung zu einem der Hauptleidtragenden äußert. So ist der Chor gefühlsmäßig miteinbezogen und zeigt sich oft tief erschüttert. Doch vermag er nicht in das Geschehen einzugreifen (es gibt Ausnahmen, vor allem in den *Eumeniden*, dem dritten Teil der *Orestie*). Diese Hilflosigkeit wird gerne dadurch symbolisiert, daß man den Chor aus schwachen, alten Männern oder Sklavinnen bestehen läßt. Die

Gruppe schaut zu und reagiert, kann aber weder hindern noch helfen; sie kann nur in die Klage miteinstimmen. Interessanterweise ist der Chor in mancher Hinsicht in der gleichen Situation wie die Zuschauer – und das ist meiner Ansicht nach einer der Gründe für seine derzeitige Beliebtheit. Auch die Zuschauer hat das Stück gepackt, sie sind ebenfalls betroffen und hilflos: auch sie können zusehen, aber nichts unternehmen. Wir Zuschauer wissen, daß wir nicht aufschreien oder eingreifen dürfen, sondern ruhig auf unseren Plätzen zu bleiben haben (ganz anders der chinesische Bauer aus dem 17. Jahrhundert, der bei einer Wandervorstellung auf die Bühne sprang und den Bösewicht erstach!). Der Chor gibt seiner Reaktion nicht durch Taten Ausdruck, sondern sublimiert sie in Gedanken, die gleichzeitig empfindsam und abstrakt sind, konkrete Vorgänge und allgemeine Prinzipien berühren. Vor allem aber wendet sich der Chor nicht ab, gibt den Kontakt nicht auf, ergibt sich nicht dem Schweigen. Als Ödipus in Sophokles' Tragödie zum erstenmal geblendet, mit blutigen Augenhöhlen auftritt, singt der Chor:

> Ich kann den Anblick nicht ertragen,
> Doch gibt es viel zu wissen und zu fragen
> Und viel dem Auge vorzutragen...

Und der Chor schaut ihn weiter an und antwortet auf seine Qual. Der Chor zeigt vorbildlich, wie man überlebt, wie man weiter schaut und fühlt und denkt und nicht versteinert.

Annäherung an das Gesamtkunstwerk

Die antike griechische Tragödie war ernst und sorgfältig durchkonstruiert und, milde gesagt, nicht naturalistisch. Wie die Masken und Kostüme war auch das Spiel stark und direkt, so daß selbst Umarmungen und die Übergabe von Geschenken Handlungen von großer Tragweite waren. Der Chor lieferte lyrische Dichtung, Gesang, Tanz und Gruppeneffekte. Auch das gesprochene Wort war in einem dichterischen Idiom verfaßt und von der Alltagssprache weit entfernt: Oft werden lange, ausgefeilte Reden gehalten, und Dialoge bestehen vielfach aus einzelnen, wechselweise gesprochenen Sätzen (Stichomythie). Diese Verbindung von separaten Kunstformen, von Dichtung, Schauspielerei, Kostümierung, Rede, Gesang, Musik und Tanz machten das antike griechische Trauerspiel zu viel mehr, als was wir heute landläufig unter «Theater» oder «Schauspiel» verstehen. Diese verschiedenen Ausdrucksmittel wurden zu einer Einheit zusammengefaßt, zu einem «Gesamtkunstwerk».

Davon gingen immer wieder neue Impulse aus. Der nachhaltigste trat recht früh in der Geschichte des «griechischen Feuers» auf. Schon in der zweiten Hälfte des 16. Jahrhunderts zeigte man in Italien reges Interesse an der griechischen Tragödie; und zur Einweihung von Palladios kühnem Nachbau eines antiken römischen Theaters, des Teatro Olimpico in Vicenza, führte man am 3. März 1585 Sophokles' *Ödipus* auf. Vorwiegend war das Interesse aber akademischer Natur; seit den 1670er Jahren gab es in Florenz einen *Camerata* genannten Diskussionszirkel, der sich mit allem erreichbaren Material über das antike Trauerspiel befaßte. Obwohl viele Ideen dieses Kreises verkehrt waren, wurde immerhin der Kombination von Rede, Musik, Gesang, Tanz und Chor besondere Bedeutung beigemessen und auch der Art und Weise, wie im Trauerspiel selbst stärkste Gemütsbewegungen klar vernehmbar dargeboten wurden. Es folgten handfeste Rekonstruktionsversuche, und diese wiederum lieferten bald die Inspiration zu dem ersten Meisterwerk eines neuen Genres, das wir heute «Oper» nennen, zu Claudio Monteverdis *La favola d'Orfeo* von 1607. Innerhalb der nächsten fünfzig Jahre wurden überall in Italien Opernhäuser errichtet, und der von der *Camerata* entfachte Funke brennt noch heute.

Seither haben Opernkomponisten griechische Mythen auf vielfältigste Weise wiederverwertet, bis auf den heutigen Tag. Wichtiger ist, daß manche aus dem griechischen Schauspiel neue künstlerische Impulse schöpften, so unter anderem Gluck und Weber. Webers Interesse und der aufregende Freiheitskampf der Griechen gegen die Türken gehörten zu den Einflüssen, die Richard Wagner (1813–1883) zu einer gelegentlich obsessiven Beschäftigung mit der antiken griechischen Kultur veranlaßten, vor allem mit der hehren und feierlichen Kombination von Tanz, Musik und Dichtung. Die sich wiederholende Bildwelt der *Orestie* beeinflußte maßgeblich seine Entwicklung des Leitmotiv-Prinzips; und nachdem er vormittags am *Ring des Nibelungen* gearbeitet hatte, ging er nach dem Essen in den Garten und las griechische Tragödien.

> Namentlich die beredten Didaskalien Droysens halfen mir, das berauschende Bild der athenischen Tragödienaufführungen so deutlich meiner Einbildungskraft vorzuführen, daß ich die *Orestia* vorzüglich unter der Form einer solchen Aufführung mit einer bisher unerhört eindringlichen Gewalt auf mich wirken fühlen konnte ... Meine Ideen über die Bedeutung des Dramas und namentlich auch des Theaters haben sich entscheidend aus diesen Eindrücken gestaltet.

Wahrscheinlich vermittelt Bayreuth heute noch den besten Eindruck davon, wie es bei den Festspielen des Dionysos in Athen zuging.

Zu Anfang des 20. Jahrhunderts gab es in der Theaterwelt einige bedeutende Direktoren. Der einflußreichste unter ihnen war vielleicht Max Reinhardt (1873–1943), der von der Idee des Gesamtkunstwerks fasziniert war und Piscator und Brecht stark beeinflußte. Zur Sensation geriet seine Inszenierung des *Ödipus* von Sophokles 1910 im Zirkus Schumann in Berlin, wo die Zuschauer wie im griechischen Theater in einem verlängerten Halbkreis um die Bühne saßen. Für die

Zuschauertribünen in Epidauros. Im Sommer werden jedes Wochenende vor mehr als 15 000 Besuchern antike Theaterstücke aufgeführt.

Aufführung entwickelte Reinhardt spezielle Effekte bei der Beleuchtung, bei Musik, Tanz und den Massenszenen – überwältigend die mehr als hundert Bürger von Theben! Diese revolutionäre Inszenierung wurde auf der ganzen Welt einstudiert; den Anfang machten Moskau und London – mit dem großartigen Martin-Harvey in der Titelrolle – ein Jahr später. Als er 1919 das Große Schauspielhaus übernahm (und mit der *Orestie* seinen Einstand gab) und von einem «Theater für das Volk, einem Festspielhaus, einem Ritual der Andacht, Reinigung und Freude» sprach, bezog er sich ausdrücklich auf das griechische Vorbild; «das Schauspiel», hieß es, «ist zu seinen Ursprüngen zurückgekehrt. Es ist ein Ort des Tanzes, der Spiele, dramatischen Darbietungen und Festzüge».

Eine der besten Aufführungen, die ich selbst gesehen habe, war offensichtlich eine Art Gesamtkunstwerk, das für diesen Zweck auch auf japanische Traditionen zurückgriff: Yukio Ninagawas *Medea*, die 1978 in Tokio uraufgeführt wurde (ich sah sie 1987 in London). Ihre Wirkung beruht großenteils auf der streng formalisierten Verwendung von visuellen Effekten, Kostümen, Musik und Tanz. Ninagawa hat diese verschiedenen Elemente zu einer kompakten Einheit verbunden und bewirkt, daß die Zuschauer trotz ihres Entsetzens gebannt zuschauen und zuhören.

Eröffnungsszene aus Max Reinhardts *Ödipus* in Berlin. Die Menge der thebanischen Bittsteller wurde von einer ungeheuren Zahl von Statisten dargestellt.

Reinhardts *Ödipus* in London (1912) mit Martin-Harvey in der Titelrolle.

Als letztes Beispiel für den Einfluß der in der griechischen Tragödie verwendeten Kunstformen sei der Tanz genannt. Hier war es in erster Linie Isadora Duncan, die den antiken Dokumenten Hinweise auf Choreographie und Kostüme entnahm und ihnen neues Leben einhauchte. Noch bis vor kurzem wurde in England und Amerika «griechischer Tanz» nach ihren Anweisungen gelehrt. Von den modernen Choreographen hat Merce Cunningham griechisches Material benutzt; und die erste amerikanische Verfilmung einer griechischen Tragödie ist der Tanzfilm *Antigone* von Amy Greenfield. Die beredtste Vorkämpferin für die Übernahme griechischer Tragödien in den Tanz ist Martha Graham, wie *Night Journey, Care of the Heart* und *Clytemnestra* (1958) beweisen. Sie sagte einmal: «Der moderne Mensch ist ängstlich, die Griechen hingegen waren Realisten. Wir fürchten die

Oben links: Tänzerinnen in griechischen Gewändern und Posen, von Isadora Duncan arrangiert.

Oben rechts: Die amerikanische Tänzerin und Choreographin Martha Graham.

Unten: Yukio Ninagawas *Medea* mit Tokusaburo Arashi in der Titelrolle, eine der großen modernen Inszenierungen einer griechischen Tragödie. Der Chor der Frauen von Korinth wurde von Männern dargestellt.

Wahrheit; die Griechen schauten dem Leben ins Gesicht.» Ich würde das dahingehend einschränken, daß die Griechen dem Leben nur ins Gesicht schauten, wenn es ihnen mit Dichtung, Tanz und den übrigen Theatereffekten gestaltet und gebändigt dargeboten wurde.

Verpflanzung nach Nordeuropa

Die bleibende Wirkung der griechischen Tragödie beruht zum Teil auf ihrer Verbindung von Bühnenwirksamkeit mit dem Charakter, der Tiefe, der Weite und der Aktualität der angesprochenen Themen. Sie ist wunderbar anschaulich und dabei allgemeingültig, konkret, doch abstrakt, und ihre Fragen bleiben offen und unbeantwortet, ja ohne Aussicht auf eine Antwort. Georg Lukács traf meiner Meinung nach völlig daneben, als er behauptete: «Der Grieche kennt nur Antworten, aber keine Fragen.» Die tragischen Fragen ergeben sich sämtlich aus Konflikten, ob in der Familie oder der Gesellschaft, ob zwischen Familie und Gesellschaft, Prinzipientreue und Kompromißbereitschaft, Gerechtigkeit und Menschlichkeit, menschlichem Verlangen und übermenschlicher Gewalt, zwischen Freiheit und Schicksalsbestimmung. Die Fragen, die in einer griechischen Tragödie aufgeworfen werden, sind so direkt und präzise, daß sie durch Raum und Zeit hinweg gültig geblieben sind. Diese Spannungen und die daraus resultierenden schrecklichen Ereignisse lassen sich nicht lösen oder ignorieren; man muß sich ihnen stellen, wenn man nicht vernichtet werden will.

Die Offenheit des griechischen Trauerspiels für die mannigfaltigsten Deutungen und Darbietungen ist ebenfalls ein wichtiger Grund für ihre fortdauernde Faszination. Es wurden zu verschiedenen Zeiten und oft gleichzeitig von verschiedenen Leuten ganz unterschiedliche Themen in den Vordergrund gestellt. Manche haben die rituellen Aspekte betont, die bei vielen modernen Aufführungen eine wichtige Rolle spielen. Andere heben psychologische Momente hervor, so etwa Oliviers berühmter *Ödipus* in London 1945 oder Judith Andersons *Medea* am Broadway 1947. John Barton wiederum bemühte sich in *The Greeks* (1980), den Erzählcharakter zu verdeutlichen. Am weitesten verbreitet ist vielleicht eine wie immer geartete politische Interpretation, wobei mit Hilfe des Trauerspiels Fragen zur Gesellschaft, zu Macht, Verantwortung, Klassenkampf und Krieg gestellt werden. Zweifellos wird das antike Griechenland in manchen Bearbeitungen getreuer reflektiert als in anderen; entscheidend ist aber der unverminderte Reiz des griechischen Trauerspiels, der auf einer Vielzahl von Berührungs- und Anknüpfungspunkten beruht.

Diese Offenheit erklärt auch teilweise, weshalb es schon seit langem Neubearbeitungen griechischer Tragödien gibt. Bereits im 16. Jahrhundert macht sich ihr Einfluß bemerkbar, wenngleich vornehmlich vermittelt von den lateinischen

Orest beim Anblick der Furien, in Goethes *Iphigenie*.

Sarah Bernhardt in Racines *Phèdre*.

Imitationen Senecas (1. Jh. n. Chr.). Ich bin überzeugt, Shakespeare las griechische Tragödien in lateinischer Übersetzung, und finde vor allem in den frühen historischen Stücken Hinweise dafür. Glücklicherweise folgte Shakespeare nicht den Befürwortern der *Poetik* des Aristoteles, die doktrinär festlegte, was sich für das Trauerspiel geziemte und was nicht. Vor allem ihr Prinzip von der Einheit von Ort, Zeit und Handlung – das wesentlich strikter war als die griechische Praxis – trug offenbar zur Blüte des klassischen französischen Trauerspiels im 17. Jahrhundert bei, obwohl es heute steril wirkt. Corneille war stark von Seneca beeinflußt. Racine las Euripides im Original, doch weht in seinen Tragödien mit ihren klaustrophobischen Spannungen und Leidenschaften eine ganz andere Luft. In mancher Hinsicht kommen der heroische Konflikt und Trotz in Miltons *Samson Agonistes* dem griechischen Vorbild schon näher, sieht man einmal von der fehlenden Bühnenwirksamkeit und dem optimistischen Erlösungsdenken ab.

Erst die «romantische» Befreiung von den Verkünstelungen des Neoklassizismus führte zu einer echten Wiedergeburt des griechischen Trauerspiels. Die theoretische Vorarbeit leisteten Männer wie Herder, Lessing und die Brüder Schlegel. Zu den Dichtern und Dramatikern, die sich in diesem Zeitalter von der griechischen Tragödie inspirieren ließen, zählen Alfieri in Italien und Shelley in England (er las in seinen letzten Lebensmonaten Sophokles). In Deutschland schrieb Hölderlin griechische Dramen und schuf seltsam bewegte Sophokles-Übersetzungen, die in unserem Jahrhundert häufig für die Bühne verwendet wurden. Goethes Drama in Versen *Iphigenie* (1787 – Goethe selbst spielte den Orest) war eine direkte Entlehnung, trotz der antitragischen Erlösungsszene am Ende.

Das 19. Jahrhundert brachte ein überreiches Angebot von Nachahmungen griechischer Tragödien; Paradebeispiel ist John Todhunters *Helen of Troas*, das in London 1885 bei der eleganten Welt stürmische Erfolge feierte. Keines dieser Stücke wird heute noch aufgeführt. Ein längeres Leben war hingegen gelehrten Aufführungen beschieden, die im griechischen Original vorgetragen wurden; mit dieser Sitte begann man 1880 in Oxford, 1881 in Harvard und 1882 in Cambridge und am Bradfield College. Schöpferisch befruchtend wirkte sich die griechische Tragödie in diesen Jahren vor allem auf den Roman aus. Richard Jenkyns ist diesen Einflüssen bei George Eliot, Jeanette King bei Henry James und Thomas Hardy nachgegangen. Hardy arbeitete dreißig Jahre lang nebenbei an *The Dynasts* (1904–1908 veröffentlicht), «einem epischen Drama aus den Napoleonischen Kriegen in drei Teilen, neunzehn Akten und 130 Szenen». *The Dynasts* ist deutlich dem griechischen Trauerspiel verpflichtet, wie man an dem Chor mit seinen allgemeingültigen Aussagen feststellen kann und an der Entschlossenheit, mit welcher die Schrecken des menschlichen Daseins dargestellt werden. Bezeichnenderweise bezieht sich Hardy ausdrücklich auf Sophokles' *Trachinierinnen*. So sagt der «Geist der Barmherzigkeit»:

> Doch einen gab es
> Unter ebendiesen Schwachen – Sophokles –,
> Der nur zu deutlich schaute, auch wenn
> Er den Willen «die Götter» nannte.
> Wie wahr sind seine Worte:
> «So unrecht ihrer eigenen Kreatur zu tun
> Erfüllt mit Trauer uns für lange Zeit
> Und sie mit Scham...»

Die Furien des Weltkriegs

Wie auf vielen anderen Gebieten tendierten im 19. Jahrhundert auch die Imitationen – oft genug am Rand der Beweihräucherung – zu lebloser Pedanterie, der dann gegen Ende des Jahrhunderts der Kampf angesagt wird. Aber noch während diese neue «Moderne» die Griechen ablehnt, benutzt sie sie für ihre eigenen, teilweise gegenläufigen Zwecke. In den zurückliegenden neunzig Jahren wurde eine enorme Anzahl von Stücken geschrieben, denen in irgendeiner Weise die griechische Tragödie Vorbild oder Inspiration war. Jedoch enthalten sie oft ein parodistisches Element oder bedienen sich ironisierender Versatzstücke.

Dabei denkt man als erstes an Frankreich, wo Neubearbeitungen griechischer

Dramen zu den wichtigsten Traditionen des Theaterhandwerks gehören. Eine führende Rolle spielte André Gide, Wegbereiter einiger bedeutender Dramatiker aus den Jahren um den Zweiten Weltkrieg – Cocteau, Giraudoux, Anouilh und Sartre. In Sartres erstem Bühnenstück *Les Mouches* (1942) werden die Furien, die Orest verfolgen, durch blutsaugende Fliegen symbolisiert. Anouilhs *Antigone* wurde in Paris 1944 während der deutschen Besatzungszeit uraufgeführt. Um zu verstehen, daß Antigone und Kreon einem vorbestimmten Schicksal folgen, muß man Sophokles' Stück kennen; solch feinsinniger Fatalismus aber kommt uns heute schon wieder altmodisch vor, was man von Sophokles und seinen unlösbaren Fragen nicht behaupten kann.

In Deutschland wurde Hugo von Hofmannsthals *Elektra* zuerst 1903 von Max Reinhardt auf die Bühne gebracht und 1909 von Richard Strauss vertont – eine Oper, die seinerzeit einen Skandal hervorrief. Am Ende seines langen Lebens wandte sich Gerhart Hauptmann der griechischen Tragödie zu, um seiner Verzweiflung über den Zweiten Weltkrieg Herr zu werden, und schrieb das Versepos *Die Atriden-Tetralogie*. Sogar Brecht, der sich als dezidierter Feind des griechischen Trauerspiels betrachtete und speziell einer – wie er meinte – aristotelischen Mitleidigkeit (in Wirklichkeit war der Vorwurf gegen Stanislawski gerichtet), brachte 1948 eine Neubearbeitung der *Antigone* in Hölderlins Übersetzung zur Aufführung. Es beweist nur die Unverwüstlichkeit der griechischen Tragödie, daß Brechts

Anouilhs *Antigone* im Old Vic in London 1949, mit Vivien Leigh als Antigone.

wichtigster Nachfolger Heiner Müller wiederholt auf sie zurückgreift, vom *Philoktet* (1965) zur *Medea* von 1974 und 1982 bis zu einem *Prometheus*, den er erst jüngst auf die Bühne brachte.

W. B. Yeats und Ezra Pound schufen grundverschiedene Versionen des Sophokles (Pounds *Electra* wurde erst 1988 wiederentdeckt und aufgeführt); beide aber benutzten die Vorlage weniger zu einer Stellungnahme als vielmehr zum Vehikel für ihre eigenen Einfälle. Eugene O'Neills Trilogie *Mourning Becomes Electra* (1931), die die *Orestie* nach Neuengland verlegt, ist eine wichtigere und tiefgründigere Bearbeitung. T. S. Eliots langwährendes und erfolgloses Bemühen, die griechische Tragödie für seine Theaterstücke nutzbar zu machen, ist allein schon ein faszinierendes Schauspiel. In den überaus christlichen Rahmen von *Murder in the Cathedral* passen Chor und dichterische Sprache sehr gut; doch der Versuch, die Furien aus den *Eumeniden* in *The Family Reunion* (1939) einzubauen, erwies sich als vielbelästerter Fehlschlag. «Wir haben alles versucht, um sie auf die Bühne zu bringen...», gestand Eliot. «Sie wirkten wie ungeladene Gäste, die von einem Kostümfest hereingeschneit kamen... Es waren aus ihnen weder griechische Götter noch moderne Gespenster zu machen.» Eliot selbst mußte erst darauf hinweisen, daß *The Cocktail Party* (1949) auf Euripides' *Alkestis* basierte, aber danach waren die Kritiker ge-

Eddy und seine Familie in Steve Berkoffs *Greek*.

Deborah Warners Inszenierung von Sophokles' *Elektra* im Barbican 1988/89. Fiona Shaw als Elektra war überwältigend.

schult genug, um von sich aus in *The Elder Statesman* (1958) Sophokles' *Ödipus auf Kolonos* wiederzuerkennen. Eliot änderte nie seinen naturalistischen, gesprächsbetonten Stil, der der griechischen Tragödie so fern ist; noch stärker fällt ins Gewicht, daß ihn sein Erlöserglaube hinderte, nach Art der Griechen dem Schrecken ins Gesicht zu schauen.

«Und durch die Kunst – das Leben»

Vielleicht ist das kältere Klima in unserer weitgehend entchristlichten Zeit für die explosionsartige Zunahme von Inszenierungen und Neubearbeitungen griechischen Materials verantwortlich, die ich zu Beginn dieses Kapitels erwähnte. Falls dem so ist, sind die Reaktionen jedenfalls sehr unterschiedlich ausgefallen. Das Stück, das vielleicht am stärksten der Desillusionierung und Verneinung seelischer Faktoren Ausdruck gibt, ist Steve Berkoffs *Greek*, 1980 uraufgeführt und 1988 mit postmoderner Musik von Mark-Anthony Turnage in eine erfolgreiche Oper verwandelt. Diese höchst profane Metamorphose des *König Ödipus* spielt in Tufnell Park in London, und die Hauptfigur heißt Eddy. Als Eddy entdeckt, daß er mit der eigenen Mutter geschlafen hat, reagiert er mit den Worten:

Declan Donnellan inszeniert mit dem Ensemble «Cheek by Jowl» Sophokles' *Philoktet* (1988). Keith Bartlett spielt den ausgesetzten Philoktet mit dem magischen Bogen des Herakles; dahinter der Chor der Seeleute.

> Warum sollte ich mir die Augen ausreißen wie die Griechen?
> Warum sollst du dich erhängen?
> Ist es wirklich so schlimm, daß du meine Mutter bist?

Er begegnet dem uralten Tabu, indem er quer zu Freud meint: «Klar, ich will zurück in meine Mutter kriechen.»

Lee Breuers *Gospel at Colonus* basiert auf Sophokles' postumem *Ödipus auf Kolonos* und ist von Berkoffs Stück so verschieden wie nur denkbar. Ort der Handlung ist eine von der dort üblichen Inbrunst und Lebensfreude erfüllte pentekostische Kirche der Schwarzen, wo der Prediger die Geschichte von Ödipus' wunderbarem Tod nach Jahren des blinden Wanderns als Gleichnis für eine Erlösung durch Leiden benutzt. Das Stück ist in Amerika seit seiner Erstaufführung am Broadway 1983 ein großer Erfolg, und zwar teilweise wegen des Einsatzes von Chören und weil es eindringlich das Zusammengehörigkeitsgefühl der Gemeinde vermittelt; in diesen Punkten steht es dem griechischen Original recht nahe. Lee Breuer selbst sagte dazu: «Wenn man Mitleid und Furcht weit genug treibt, verwandeln sie sich auf geheimnisvolle Weise in Freude.» An Freude fehlt es sehr in unserer Zeit; aber ist es die Absicht der griechischen Tragödie, Freude zu vermitteln? In mehr als einer Hinsicht verstößt *Gospel at Colonus* gegen den Geist des Sophokleischen Trauerspiels, das in einem Hain der urweltlichen, furchtbaren Furien stattfindet und nicht in einer mit Hallelujas dröhnenden Kirche. Auch fährt Ödipus nicht gen Himmel, sondern lebt als mächtiger Einfluß auf Kolonos weiter, und seine Söhne finden das grausame Ende, zu dem er sie verfluchte.

Von den zeitgenössischen Dramatikern hat der 1937 geborene Tony Harrison sich meiner Meinung nach am erfolgreichsten vom griechischen Trauerspiel unmittelbar inspirieren lassen; ihm geht es nicht um Freude, sondern um die Kraft zu überleben. Er gibt an, das griechische Theater und insbesondere der Chor hätten alle seine Bühnenstücke beeinflußt, so etwa auch *The Mysteries*, und nicht nur jene, die offenkundig an griechisches Erbe anknüpften. Diese reichen von seiner bereits erwähnten *Orestie* zu *Medes: a sex-war opera* (1985), die, obwohl sie wörtliche Euripides-Zitate auf griechisch enthält, keineswegs eine Übersetzung ist. Sein neues Stück, *Trojan Women*, ist ein Mittelding. Es spielt am Drahtzaun von Greenham Common in England, wo die amerikanische Armee Nuklearsprengköpfe stationiert hat; die Frauen, die sich außerhalb der Umzäunung versammelt haben, führen es für die Wachsoldaten auf der anderen Seite auf. Obwohl es weitgehend Euripides folgt, wird der Text oft von anachronistischen Anspielungen und Details unterbrochen und verändert. Bei Euripides brennt Troja lichterloh; bei Harrison verläßt die Lastwagenkolonne, die die Sprengköpfe transportiert, das Lager mit aufgeblendeten Scheinwerfern. In der letzten Regieanweisung symbolisiert sich die Fähigkeit des griechischen Trauerspiels, noch die härtesten Schicksalsschläge zu überleben: «Hekuba erhebt sich langsam und mit Mühe, aber ohne fremde Hilfe.» Dabei spricht sie die Worte:

> Komm schon, mein Mädchen, steh auf. Humple zu den Schiffen
> Und einem Leben als Sklavin. Immerhin zu einem Leben.

Friedrich Nietzsche veröffentlichte sein erstes Werk, *Die Geburt der Tragödie*, im Jahr 1872, als er noch keine dreißig Jahre alt war, aber bereits Professor für klassische Philologie in Basel. Voll von wilden Verallgemeinerungen und sogar Irrtümern, enthält es auch Erkenntnisse und Prophezeiungen. Nietzsche war der Ansicht, daß die alten Griechen durch den dionysischen Rausch die Fähigkeit erhielten, dem elementaren Schrecken und der Absurdität des Lebens standzuhalten; das hätte seiner Meinung nach zu einer angeekelten Lethargie, einer Negation des Willens führen können, wenn nicht die Kunst ein Gegengewicht geliefert hätte, insbesondere die Tragödie als Struktur und Festigkeit gebende Kunstform. «Mit diesem Chore tröstet sich der tiefsinnige und zum zartesten und schwersten Leiden einzig befähigte Hellene, der mit schneidigem Blicke mitten in das furchtbare Vernichtungstreiben der sogenannten Weltgeschichte, ebenso wie in die Grausamkeit der Natur geschaut hat... Ihn rettet die Kunst, und durch die Kunst rettet ihn sich – das Leben.»

Ästhetik

Kalte Schönheit, die ewig wärmt

> Oh diese Griechen! Sie verstanden sich darauf, *zu leben*: daz thut Noth, tapfer bei der Oberfläche, der Falte, der Haut stehen zu bleiben, den Schein anzubeten, an Formen, an Töne, an Worte, an den ganzen Olymp des Scheins zu glauben! Diese Griechen waren oberflächlich – aus *Tiefe*!
>
> Nietzsche

Schönheit ist wahr, Wahrheit schön» – mit diesen Worten endet Keats' Gedicht an eine griechische Urne. Vermutlich aber *muß* wahre Kunst nicht schön sein. In der primitiven ebenso wie in der zeitgenössischen Kunst ist vieles sicher nicht schön und will es auch gar nicht sein. Die alte und immer noch weitverbreitete Erwartung, daß ein Kunstwerk, insbesondere die Darstellung des menschlichen Körpers, schön und wohlproportioniert zu sein habe, ist direkt vom antiken Griechenland übernommen. Die Griechen bemühten sich mit bis dahin unbekannter schöpferischer Energie um Techniken, wie man den Körper gleichzeitig idealisiert und naturalistisch darstellen könnte. Ihre Welt war voll von solchen Darstellungen, für die viel Arbeit und Geld aufgewendet wurden. Für uns stellt sich heute angesichts dieser Werke beständig die Frage, wozu Kunst da ist und was sie mit dem Leben zu tun hat.

Für die Griechen war die Kunst fraglos ein Teil des Lebens. Dabei wurde sie stark idealisiert, von aller lebensechten Unvollkommenheit freigehalten. Hier begegnet uns ein tiefgründiges Paradox. Einerseits soll Kunst vollkommen, rein, unberührbar sein; andererseits möchten wir perfekte Schönheit berühren, umfangen, gar im Liebeseifer besitzen. Wir wollen sie sofort erleben, so schnell wie möglich, denn Schönheit ist flüchtig wie die Rose, wie das Erröten junger Mädchenwangen. Dann aber ist es paradox, Schönheit mittels Kunst festhalten, das Vergängliche – einmalig und bewegt – verewigen zu wollen. Die griechische Kunst ist nun auf seltsame Weise sowohl kalter Stein und trockene Farbe als auch lebensfrisch und warm, greifbar, doch unantastbar – was Keats die «noch unberührte Geliebte» nennt. Dieses Paradox wird noch deutlicher durch den Umstand, daß ein Großteil der griechischen Kunst heute fragmentarisch oder verblichen ist. An den attischen Keramiken mit ihren weißgrundigen Malereien begeistert uns die flüchtige Zartheit; und die Venus von Milo gewinnt an Reiz gerade deswegen, weil ihre Unvollständigkeit sie über die Normen der Wirklichkeit hinaushebt.

Die Geschichte von Pygmalion, König von Zypern, versinnbildlicht diese Spannung zwischen Kunst und Leben, Ideal und Realität. Er verliebte sich so sehr in eine Statue (nach mancher Überlieferung hatte er sie selbst geschaffen), daß Aphrodite der herrlichen Skulptur Leben gab. Die Schwierigkeit bei dieser Geschichte liegt darin, daß die zum Leben erweckte Statue, wenn Pygmalion sie ins Bett genommen hätte, nicht länger ein Kunstwerk, ideal und unberührt, gewesen wäre. Außer in Mythen werden Statuen normalerweise nachts in kalten Museumsräumen weggeschlossen, wo sie ihre Jugend und Jungfräulichkeit bewahren und Schilder warnen: «Bitte nicht berühren.» Museen dienen der «Erhaltung des Schönen». Aber Schönheit ist vergänglich; und so können auch Museen dem Paradox von Kunst und Kunstgeschmack nicht entkommen.

Die Entführung Europas nach Kalifornien

Der Louvre, das British Museum, das Metropolitan Museum, die Eremitage, das Museo Vaticano, die Staatlichen Museen in Berlin – alle diese Museen räumen der griechischen Kunst einen wichtigen, wenn nicht sogar einen zentralen Platz ein. Das neueste Museum, das in die Weltrangliste aufgenommen zu werden versucht, ist das 1974 eröffnete J. Paul Getty Museum in Malibu (dem Surfer-Paradies in

The Soul Attains (Beseelt), viertes Gemälde in der Pygmalion-Serie von Burne-Jones (1869–1879 entstanden).

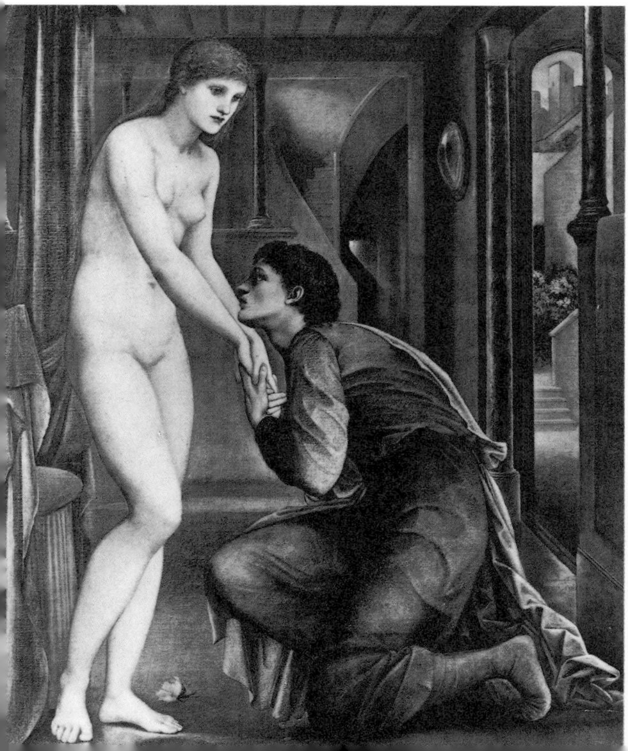

Pygmalion and Galatea von Ernest Normand (1886).

Asteas von Paestum malte seine Europa mit der fliegenden «Sehnsucht» darüber um das Jahr 340 v. Chr.

Steinrelief einer Europa aus einem Tempel in Selinounta auf Sizilien aus dem frühen 6. Jahrhundert.

Ein dynamischerer Stier auf einer Federzeichnung von Henry Fuseli.

Kalifornien). Man hat dort die Ausstellungsobjekte mit Spezialmontierungen versehen, damit die zerbrechlichen Gegenstände auch Erdbeben überstehen. Welch treffendes Symbol für die Aufgabe eines Museums: inmitten menschlicher Unrast und Zerstörung etwas unversehrt zu erhalten. Mag Los Angeles auch verwüstet werden, den Objekten im Getty Museum wird nichts geschehen. Marion True, die Kuratorin der Antikensammlung, verfügt über ein enormes Budget, und das Museum vergrößert fortlaufend seine Bestände an alter griechischer Kunst. Das 1979 erworbene Standbild eines Athleten gehört zu den ganz wenigen erhaltenen lebensgroßen Bronzen und muß Millionen gekostet haben. Sie kauft auch bemalte Keramiken, obwohl es in den großen, internationalen Sammlungen davon schon Tausende gibt, allein im British Museum fünf- bis sechstausend. Immer noch tauchen auf dem Kunstmarkt regelmäßig Vasen hervorragender Qualität in gutem Erhaltungszustand auf, die aus Raubgrabungen antiker Friedhöfe in Italien stammen. Dieses Millionengeschäft befindet sich angeblich in den Händen der Mafia. Gute Stücke erzielen über 200 000 Dollar; das Metropolitan Museum in New York zahlte 1972 bei dem (heftig umstrittenen) Ankauf des Euphronios-Kraters eine Million Dollar.

Das Getty Museum, dessen Ankäufe oft Kontroversen ausgelöst haben, besitzt

Eine matronenhafte Europa aus dem frühen 18. Jahrhundert von Pierre Gobert.

einige bemalte Vasen, die zweifellos wesentlich besser sind als viele tausend andere. Zu seiner Sammlung gehören so verschiedene Stücke wie jene in Athen um 500 v. Chr. hergestellte Schale mit kräftigen, lebendigen Szenen von der Zerstörung Trojas und die reichverzierte Europa aus Paestum in Süditalien, die etwa 150 Jahre jünger ist und von dem führenden Künstler Asteas signiert wurde (1981 erworben). Während die trojanischen Szenen eine grausame Schönheit besitzen, wirkt die etwas spätere Malerei wie ein hübsches Bildchen, das in der Mitte Europa in graziöser Positur zeigt, obwohl sie gerade von Zeus in Gestalt eines Stiers entführt wird. Dieses Thema findet sich in zahllosen Versionen, von einer archaischen Skulptur des 6. Jahrhunderts in Sizilien und einer römischen Wandmalerei in einer Villa im ländlichen Kent bis zu Arbeiten von Dürer, Tizian, Veronese und Stephen McKenna sowie einer 1984 anläßlich der europäischen Parlamentswahlen ausgegebenen Briefmarke. Die Art der Darstellung reicht von der Vergewalti-

Trotz ihres fragmentarischen Erhaltungszustands ist diese mit Szenen von der Zerstörung Trojas geschmückte Schale immer noch sehr eindrucksvoll (um 500 v. Chr. in Athen bemalt). Unten schwebt Eros zwischen Helena und Menelaos, der sein Schwert fallen läßt. (Mit freundlicher Genehmigung des Getty Museums; dieses ist die Erstveröffentlichung dieser bemalten Vase.)

Skulpturen des Parthenon, die nicht zu den «Elgin Marbles» gehörten, kann man in Athen noch *in situ* zwischen den Säulen hindurch sehen.

gung durch eine Bestie bis zu einem beschaulichen Ritt auf einem Esel. Steht hinter allen Versionen vielleicht die Vorstellung, daß Europa eine Verbindung von animalischem Mann und sensibler Frau ist, also ein sexistischer Mythos einem Kontinent zugrunde liegt?

Das Parthenon landet in Park Lane

Obwohl es im Getty Museum viel zu sehen gibt, ist doch deutlich zu merken, daß die Besucher häufig an Gettys Privatleben und den mutmaßlichen Fälschungen und Skandalen eines ehemaligen Kurators mehr interessiert sind als an den ausgestellten Objekten. Ich muß gestehen, daß mir Museen nicht immer ein Vergnügen sind; sie können manchmal auf ausgesprochen deprimierende Weise ermüden und langweilen. Wenn man reihenweise mit Objekten konfrontiert wird, die man bewundern soll, wird der Blick rasch glasig. Ich habe sogar in den wichtigsten Räumen des British Museum bei vielen Besuchern diesen stieren Blick festgestellt und konnte es ihnen gut nachfühlen.

In der Duveen Gallery sind die Marmorfriese ausgestellt, die um 430 v. Chr. unter Aufsicht des großen Phidias als Außenschmuck für das Parthenon in Athen geschaffen wurden und die seit langem unverdienterweise das Andenken an Thomas Bruce wachhalten, den siebenten Earl of Elgin. Die trübe, an Amtsräume gemahnende Galerie wurde 1938 fertiggestellt, 1940 zerbombt – die Elgin Marbles lagerten sicher in einer Londoner Untergrundstation – und schließlich 1961 eröffnet. Das fahle Londoner Licht fällt durch Deckenfenster auf die an den Längsseiten angebrachten Skulpturen. Ursprünglich verlief das Friesband entlang der vier Seiten des Athene-Tempels und war nur zu sehen, wenn man zwischen den umstehenden dorischen Säulen emporblickte. Mein Kollege Robin Osborne machte mich darauf aufmerksam, daß es hier verkehrt aufgestellt ist, denn ursprünglich schaute es nach außen. Außerdem waren diese Skulpturen für das Tageslicht Athens gedacht – wo sie auch wieder erglänzen und von viel mehr Menschen als in London besucht werden könnten, wenn man sie zurückgäbe. Irgendwie sind diese Skulpturen schon zu lange in London. Sie sind leblos geworden. In mancher Hinsicht wirken die Kopien lebendiger, die an Hyde Park Corner zu sehen sind, am Athenaeum in Pall Mall und am Royal College of Surgeons in Lincoln's Inn Fields.

Als sie zuerst nach London kamen, lebten die Marmorbildwerke. Byron verfluchte zwar Elgins «verhaßten Namen», viele andere aber waren froh, sie anschauen zu können, ohne die Gefahren einer langen Reise auf sich nehmen zu müssen. Seit 1807 waren sie in einem großen Schuppen im Garten von Lord Elgins Haus an der Ecke von Park Lane und Piccadilly zu besichtigen, wo man sie ohne Hinweis auf Thematik und ursprünglichen Standort aufgestellt hatte. Der Maler Benjamin Haydon war überwältigt, vor allem von der sorgfältigen Behandlung der Anatomie zur Verdeutlichung von Ruhe und Bewegung. Ihm fiel unter anderem ein Ellbogen auf, «dessen äußerer Gelenkknochen deutlich zur Formgebung beitrug... der Arm in Ruhestellung, die Muskulatur entspannt». Er begab sich umgehend zu Henry Fuseli, der aus Zürich stammte, in Rom studiert hatte und jetzt Kurator der Royal Academy war, um ihm die Stücke zu zeigen. «Mein Gott! Die Griechen waren Götter!» war dessen Reaktion. Und Antonio Canova, der führende italienische Bildhauer, der in den 1780er Jahren einen neuen, strengen griechischen Stil geschaffen hatte, stellte nach einem Besuch bedauernd fest: «Was gäbe ich dafür, noch einmal von vorne anfangen zu können und alles zu vergessen, was ich gelernt habe! Jetzt sehe ich zum erstenmal die wahren Grundlagen der griechischen Bildhauerei.»

Der Staat kaufte Elgin die gestohlenen Marmorskulpturen für 35000 Pfund ab (er hatte 75000 Pfund verlangt), und 1817 wurden sie in dem behelfsmäßigen Elgin Room im British Museum aufgestellt. Haydon, der auch Keats zu seinen Freunden zählte, nahm den jungen Dichter in die Ausstellung mit. Keats schaute sich die Skulpturen mehrmals an und schickte Haydon das Sonett *On Seeing the Elgin Marbles*. Bekanntlich aber findet Keats' Kunstauffassung ihren prägnantesten Ausdruck in der 1819 verfaßten *Ode on a Grecian Urn*, wo das von mir eingangs erwähnte Paradox feinsinnig mit «bewegter Ruhe» umschrieben ist. Die Vase ist mit einer Schäferidylle in nüchterner Manier bemalt, und doch wirkt die Liebesszene «mit ewigem Feuer, das uns jetzt noch wärmt».

Der Parthenon-Fries, in Wedgwood Blauweiß reproduziert, am Athenaeum in London.

> Nie wird dir Liebender der Kuß zu teil,
> Laß dich's nicht reun, bist du auch nah dem Ziel,
> Sie welkt dir nie – und wird dir nie dein Heil,
> So liebst du ewig, sie bleibt ewig schön!

Keats hatte keine bestimmte Vase vor Augen, sondern schuf eine aus der Phantasie. Sein «Stier, der zum Himmel brüllt» mag von des Phidias' Skulpturen inspiriert worden sein.

Der nach München verschleppte Diskuswerfer

Der Parlamentsausschuß, der über die Ankaufsumme der Elgin Marbles zu entscheiden hatte, fragte die Sachverständigen unter anderem: «Sind sie von ähnlich anerkannter Qualität wie der *Apollo*, der *Torso vom Belvedere* und der *Laokoon*?» Diese drei Skulpturen befinden sich seit spätestens 1511 im Belvedere des Vatikan, mit Ausnahme einer kurzen Unterbrechung von 1797 bis 1816, als Napoleon sie in Paris aufstellen ließ. Der «Laokoon» stand im Mittelpunkt der großen Debatte über die Grenzen der Ausdrucksfähigkeit in Literatur und bildender Kunst, die in der zweiten Hälfte des 18. Jahrhunderts geführt wurde und heute hauptsächlich

Teil des Südfrieses in der Duveen Gallery – war das eine Inspiration zu dem «Stier, der zum Himmel brüllt»?

wegen Lessings *Laokoon* von 1766 noch bekannt ist. Das Standbild war so berühmt, daß Dickens 1843 in *A Christmas Carol* im Zusammenhang mit Scrooges innerer Wandlung darauf anspielen konnte: «‹Ich weiß nicht, was ich machen soll!› rief Scrooge und weinte und lachte zugleich; und glich dabei aufs Haar einem Laokoon in Strümpfen.»

In ihrem äußerst lesenswerten Buch *Taste and the Antique* verfolgen Francis Haskell und Nicholas Penny das Schicksal von ungefähr neunzig antiken Skulpturen, die fast sämtlich in Rom stehen und vom 16. bis ins 19. Jahrhundert viel bewundert und oft kopiert wurden. Im Verlauf des 19. Jahrhunderts verloren die meisten dieser «Klassiker» der antiken Bildhauerkunst die Gunst des Publikums; aber es gibt noch drei Skulpturen, die so berühmt sind, daß sie in *Asterix and the Laurel Wreath* in lebendiger Gestalt auf dem Sklavenmarkt auftauchen und in der Werbung der englischen Staatsbahn und des Kurierdienstes TNT. Es handelt sich um den *Laokoon* und um den *Denker*, der gar kein griechisches Werk ist, sondern von Rodin stammt (der natürlich griechisch beeinflußt war). Die dritte weltberühmte Plastik ist der *Diskuswerfer* oder *Discobolus*, den man am 14. März 1781 wiederentdeckte. Walter Pater erinnerte die Figur an Oxforder Studenten, und sie verkörperte für ihn «alles, was man vom alten Griechenland und am Themse-Ufer an unverdorbenen jungen Körpern erhascht oder erahnt hatte». Leni Riefenstahls atemberaubender Film von der Berliner Olympiade 1936 – an dem hundert Kameramänner mitarbeiteten, der gut 400 000 Meter Film verschlang und zwei Jahre zur Fertigstellung brauchte – beginnt mit einem Diskuswerfer aus Fleisch und Blut, von einem Prachtexemplar arischer Männlichkeit dargestellt. Hitler war von der Skulptur fasziniert, ließ sie 1938 für fünf Millionen Lire kaufen und in München ausstellen; 1948 kam sie nach Rom zurück.

Der *Discobolus* ist die römische Marmorkopie einer Bronzestatue des griechischen Bildhauers Myron aus dem 5. Jahrhundert, der ein älterer Zeitgenosse von Phidias war. Die antiken Statuen, die dreihundert Jahre lang höchste Bewunderung erregten, waren fast ausnahmslos römische Kopien – und noch dazu schlechte, ungenaue Kopien – griechischer Originale, die teils aus klassischer Zeit datierten, teils aus der hellenistischen Periode – hier ist der *Laokoon* das Glanzstück – mit ihren verstärkt dramatischen Effekten. Niemand hat mehr zur Erforschung der griechischen Kunstgeschichte beigetragen und zugleich die Unterschiede zwischen griechischen Originalen und römischen Kopien deutlicher herausgearbeitet als Johann Joachim Winckelmann (1717–1768), eine Schlüsselfigur der klassizistischen Bewegung des späten 18. Jahrhunderts, auf die wir im Verlauf unserer Darstellung öfter zurückkommen werden. Goethe erklärte 1805 im Rückblick das gesamte Zeitalter zu «Winckelmanns Jahrhundert».

Winckelmann, Sohn eines Schuhmachers aus Preußen, verbrachte die letzten zehn Jahre seines Lebens in Rom, wo er ähnliches Ansehen genoß wie der lokale Kunstpapst Piranesi. Er befand sich unterwegs in das Gebiet, das wir heute Griechenland nennen, als er nach einem Raubüberfall in einer Taverne in Triest seinen frühen Tod fand. So kam er nie weiter als bis zu den griechischen Tempeln von Paestum, einer der zahlreichen alten griechischen Siedlungen in Süditalien. Seine *Gedanken über die Nachahmung der griechischen Werke in der Malerei und Bilderhauerkunst* erschienen 1755, noch bevor er in den Süden aufbrach, und wurden von dem jungen Fuseli 1765 ins Englische übersetzt. In diesem Buch begeistert er sich an der Entdeckung einer idealisierten heidnischen Seele in der griechischen Kunst, die ein Gegengewicht zu den Beschränktheiten Nordeuropas bereithält, und an seiner Vision einer makellosen Darstellung körperlicher Schönheit. Von ihm stammt das geflügelte Wort von der «edlen Einfalt und stillen Größe», die er auch in Raffaels Werk fand. Nur überrascht uns heute, daß er diese Wesenszüge am *Laokoon* exemplifizierte.

«Allein die Griechen scheinen Schönheit in derselben Weise geschaffen zu haben, wie der Töpfer Schalen macht», schrieb Winckelmann voller Sympathie und Leidenschaft. Er erlebte die griechische Kunst mit Leib und Seele; kaum verhüllt zeigen sich hinter seiner sinnlichen Aufnahmefähigkeit homosexuelle Neigungen, wie beispielsweise bei der leidenschaftlichen Bewunderung für den *Apollo vom Belve-*

dere, über den er in der *Geschichte der Kunst des Altertums* (1764) schreibt: «Ein ewiger Frühling... bekleidet die vollkommene Männlichkeit dieses Körpers, und der Reiz entzückender Zärtlichkeit gefälliger Jahre spielt mit dem stolzen Gebäude seiner Glieder... Mit Verehrung schien sich meine Brust zu erweitern und aufzuschwellen... Eine mit Bestürzung vermischte Bewunderung wird dich außer dich setzen, wie dort den Pygmalion, unter dessen Händen sein Bild Leben und Bewegung bekam.»

In sachlichen Fragen zur Datierung und Zuordnung lag Winckelmann oft verkehrt. Er glaubte, die griechischen Plastiken seien glänzend weiß gewesen, wohingegen sie leuchtend bemalt waren; sie wirken bei ihm viel zu kühl und ruhig. Aber wenn wir aus Winckelmanns Schriften auch nichts lernen können – meinte Goethe zu Recht –, so verändern sie uns doch. Diese «Gräkomanie», wie Schiller das Phänomen nannte, zu dem er maßgeblich beitrug, war keineswegs bloße Nachahmung; sie war eine befreiende Kraft. Was man von den Griechen lernen könnte, meinte Hölderlin in einem Brief 1801, sei «der freie Gebrauch des Eigenen».

Die Apotheose des Hellenismus

Kennzeichen des Klassizismus in der Malerei und Bildhauerkunst in der Zeit von etwa 1770 bis 1820 waren nüchterne Ornamente, friesartige Kompositionen, Plastizität der Oberflächen, insbesondere bei nackten Körpern, und blendendweißer Stein – kurz gesagt also «edle Einfalt und stille Größe». Zu den wichtigsten Künstlern gehörte Antonio Canova (1757–1822), der in ganz Europa sehr geschätzt wurde, vor allem auch von Napoleon (und den Mario Praz unlängst als «erotischen Eisschrank» bezeichnete). Angelika Kauffmann, die mit Canova und Winckelmann befreundet war, malte hübsche Bilder in der neuen griechischen Manier. Als Goethe sie 1787 in Rom sah, beschrieb er sie als «sehr für alles Schöne, Wahre, Zarte empfindlich und unglaublich bescheiden». In demselben Jahr kam der Engländer John Flaxman (1755–1828) nach Rom und sollte dort stark von Canova beeinflußt werden. Als er 1794 nach England zurückkehrte, dauerte es nicht lange, bis er der gefragteste Bildhauer seiner Zeit wurde (Abgüsse seiner Arbeiten sind heute noch in der Eingangshalle des University College in London zu sehen). Er war mehr als jeder andere auf griechische Vorbilder eingeschworen, und seine Werke sind von höchster Schlichtheit. Selbst das reichverzierte vergoldete *Schild des Apollo* aus Silber, das eine Beschreibung aus dem 18. Gesang der *Ilias* illustriert, ist von konzentrierter Ruhe. Besonders knapp und nüchtern wirken seine Federzeichnungen für Illustrationen des Homer und anderer Dichtung (die spitzen, harten Linien waren, nebenbei bemerkt, nur mittels der erst kurz zuvor entwickelten Stahlfeder möglich). Dem modernen Betrachter kommen sie oft recht leblos vor.

Doch zu seiner Zeit hatte Flaxman viele Bewunderer, und keiner war eifriger als

Der *Laokoon* in Rom, eine der berühmtesten Plastiken aller Zeiten.

Der *Discobolus*. Endlose Debatten hat es über die authentische Position des Kopfes gegeben.

der überaus schöpferische William Blake, der verschiedene Arbeiten Flaxmans neu gravierte, vor allem seine *Ilias*-Illustrationen. In jungen Jahren war Blake ein Anhänger des griechischen Klassizismus, und 1799 nahm er sich vor, «die verlorene Kunst der Griechen wiederzuentdecken»; später fesselten ihn allerdings zunehmend visionäre und biblische Themen, und er entwickelte eine heftige Abneigung gegen den Rationalismus jener unhebräischen Kultur. Eine weitere seltsame Figur aus diesem Personenkreis ist Johann Heinrich Fuessli (oder Füßli oder Fueßli, 1741–1825; in England als Henry Fuseli bekannt), der sich vorübergehend in Angelika Kauffmann verliebte. Bei Blake heißt es:

> Nur einen gab's, den ich mir ins Gedächtnis rief,
> Bei dem mir nicht sogleich die Galle überlief:
> Fuseli war's...

Heute ist er hauptsächlich wegen seiner phantastischen Arbeiten wie *The Nightmare* bekannt, aber er selbst fühlte sich zeit seines Lebens stark zur griechischen Antike hingezogen, und seine Gemälde sind, auch wo sie deutlich dem griechischen Vorbild folgen, doch im Vergleich zu jenen Flaxmans voller Kraft und Ausdruck.

Man sieht, daß die Renaissance des griechischen Altertums keineswegs einheit-

Die «Spitzenkopie» der Königin von Flaxmans «Schild des Achilles». In der Mitte die Sonne und Himmelskörper, umgeben von verschiedenen Szenen aus dem Leben der Menschen, wie Homer sie bei der Beschreibung des vom Gott Hephaistos geschmiedeten Schildes erwähnt.

lich oder sklavisch imitierend war. Sie stand in schöpferischer Beziehung zur Romantik, zum Sturm und Drang und zur politischen Allegorie des Revolutionszeitalters. Nirgends tritt dies deutlicher zutage als in Frankreich, wo sie mindestens zwei der bedeutendsten Maler nachhaltig beeinflußte. Jacques-Louis David war Rom und der klassizistischen Tradition eines Poussin stärker verpflichtet; das zeigt sich auch in seinem bekanntesten griechischen Gemälde, dem *Tod des Sokrates* (1787). Um die Jahrhundertwende machte er unter dem Einfluß Flaxmans und des neuerwachten Interesses an griechischer Vasenmalerei eine Art stilistischen Reinigungsprozesses durch. 1799 schrieb er: «Ich möchte etwas vollkommen Griechisches schaffen, ich labe meine Augen an antiken Statuen.» Dafür ist *Leonidas an den Thermopylen* (1814) ein Beispiel. Eine Generation später machte Jean-Auguste Ingres (1780–1867) mit *Die Gesandten des Agamemnon am Zelt des Achilles* (1801) erstmals von sich reden. Für sein *Napoleon auf dem Kaiserthron* (1806) stand zweifellos die archäologische Rekonstruktion des großen Zeus-Monuments des Phidias aus Olympia Pate. Für die gewaltige, halbnackte Statue George Washingtons, die der Kongreß 1833 in Auftrag gab, lieferte wiederum Zeus das Vorbild – «nicht *unser* Washington», wie ein Senator bemerkte. Ingres' *Apotheose des Homer* (1827) ist besonders aufschlußreich, denn es ehrt nicht allein Homer als die große Leitfigur der griechischen Renaissance, sondern zollt auch dem großen Meister Raffael Anerkennung, indem es dessen *Schule von Athen* imitiert. Doch während Raffael Plato und Aristoteles unter einem römischen Triumphbogen wandeln ließ, verlegt Ingres die Szenen vor einen ionischen Tempel. Auf dem Gemälde ist Raffael, den der griechische Maler Apelles an der Hand hält, als einziger Vertreter der Neuzeit in voller Größe dargestellt. 1840 trug sich Ingres mit dem Plan für eine weitere Version, in der er unter anderem Winckelmann, Flaxman, David und sich selber auftreten lassen wollte.

Heuchlerei und *le Passéisme*

Als Griechenland in den 1830er Jahren befreit wurde, hatte der Hellenismus, der griechisch inspirierte Klassizismus, seinen Höhepunkt bereits überschritten. Dennoch war es im späteren Verlauf des Jahrhunderts vielen Malern in verschiedenen Ländern möglich, sich ihren Lebensunterhalt mit der Anfertigung von Frauendarstellungen zu verdienen, die in das antike Griechenland verlegt waren. Jean-Léon Gerôme (1824–1904) unterrichtete Schüler aus Amerika, Rußland und Japan. In England waren besonders in den siebziger und achtziger Jahren des 19. Jahrhunderts Bildhauer und Künstler populär, die in der griechischen Manier arbeiteten, lange nachdem die klassizistische Architektur aus der Mode gekommen war. Diese Arbeiten wirken im Vergleich mit den Präraffaeliten und Impressionisten aus derselben Zeit auf mich zweitklassig und kitschig, doch erzielen sie auf Auktionen seit einigen Jahren hohe Preise – Pointers *Cave of the Storm Nymphs* wechselte im November 1988 für 440000 Pfund den Besitzer. Diese sentimentalen, auch schlüpfrigen Werke spielen zumeist nicht im strengen, marmornen Griechenland Winckelmanns, sondern benutzen helle, kräftige Farben. Inzwischen war nachgewiesen worden, daß die griechischen Skulpturen ursprünglich bemalt waren – eine Entdeckung, die Alma-Tademas *Phidias at Work on the Parthenon* dekorativ nutzt. Als 1854 der Kristallpalast seine Tore wieder öffnete, konnte man dort im Griechischen Hof sogar einen kräftig bemalten Abguß des Parthenon-Frieses bewundern.

Das pornographische Element läßt sich nicht leugnen, mag es auch noch so

Ingres' *Apotheose des Homer*. Raffael zur Linken ist der einzige «Moderne» unter den aufrecht stehenden Gestalten. Man vergleiche Raffaels *Schule von Athen* auf S. 192 / 193.

Schlafende Nymphe von Canova, dem «erotischen Eisschrank».

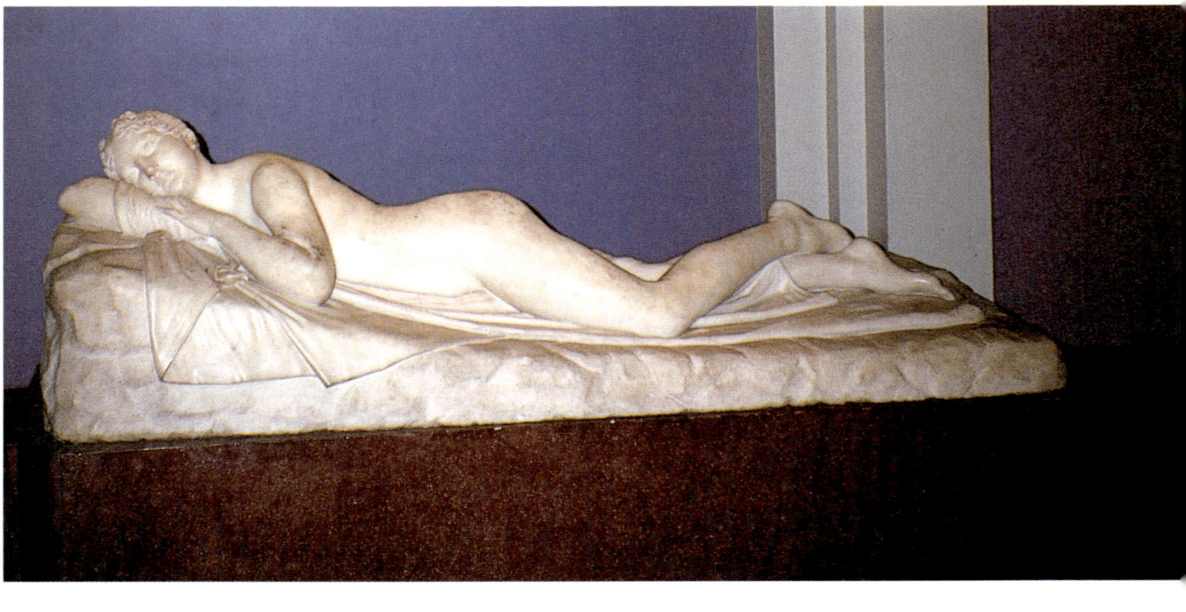

Ingres' Napoleon in der Pose eines Olympiers. Zeus war weniger dick angezogen!

Ulysses and the Sirens von Herbert Draper (1864–1920). Die Ruderer haben sich die Ohren mit Wachs verstopft, um nicht dem Gesang der Sirenen zu verfallen. Bei Homer sitzen die Sirenen auf einem Felsen; Draper hat sie nicht ohne Hintergedanken an Bord gebracht!

zahm sein. Erotische Anklänge im griechischen Klassizismus lassen sich direkt auf Winckelmann zurückverfolgen. Enganliegende Kleidung und Nacktheit in der Privatsphäre wurden durch klassische Vorbilder legitimiert. Elizabeth Barrett Browning konnte sich einreden, daß *The Greek Slave* des amerikanischen Bildhauers Hiram Power, eine vielbewunderte Plastik der Great Exhibition von 1851, tatsächlich «leidenschaftslose Vollkommenheit» ausdrückte und nichts weiter; hingegen sieht T. S. R. Boase in ihr «sadistische Elemente». Frederic Leighton, Präsident der Royal Academy und seit 1895 Lord, vermag vielleicht gerade noch eine aufreizende, schwüle Stimmung aus seiner Malerei fernzuhalten; Lawrence Alma-Tadema gelang das offenkundig nicht, wenn er seine sogenannten «griechischen Modelle aus West Kensington» abkonterfeite. Auch Watts, Richmond, Albert Moore und viele andere Künstler arbeiteten mit durchsichtigen Gewändern und köstlichen jungen Brüsten. Ruskin meinte: «Wir scheinen sogar das griechische Altertum mit unserer Heuchelei angesteckt zu haben.»

In der akademischen Malerei, wie sie an der Royal Academy of Arts oder der Ecole des Beaux-Arts gelehrt wurde, dominierten klassische Vorbilder und Themen noch für lange Zeit, nachdem der kreative Impuls der griechischen Antike auf Malerei und Bildhauerei längst versiegt war. Insofern war es auch nicht überraschend, daß schließlich die Moderne, als sie sich gegen das 19. Jahrhundert wandte, auch die griechische Kunst verwarf. In jenem Manifest vom 20. Februar 1909, wo das Ende von *le Passéisme* und der Beginn von *le Futurisme* verkündet wurde, griff Marinetti jene griechische Statue heraus, die an prominenter Stelle an einem Aufgang im Louvre steht, um mit ihr die Kunst zu symbolisieren, die von dem neuen heroischen Zeitalter beiseite gefegt würde. «Ein aufheulender Rennwagen, der wie ein Maschinengewehr ratternd vorüberjagt, ist schöner als die Nike von Samothrake.» Die 1865 entdeckte *Nike* gehört zu den zwei wirklich berühmten antiken Skulpturen, die man im 19. Jahrhundert auffand; die andere – ebenfalls im Louvre zu sehen – ist eine 1820 auf Melos ausgegrabene Aphrodite, die *Venus von Milo*. Beide scheinen mir passé zu sein.

Mögen auch klassische Motive bei de Chirico Symbolfunktion übernehmen, mythologische Motive bei Braque, bei Dalí, sogar bei Picasso auf dunkle Kräfte hinweisen, so hatte die moderne Kunst, jedenfalls noch bis vor fünfzehn Jahren, im großen und ganzen doch wenig «griechisches Feuer» in sich. Das Etikett «Postmoderne» ist gemeinhin der Architektur vorbehalten, doch findet man den gleichen eklektischen Rückgriff auch in der Kunst. Zitieren wir noch einmal Eco: «Die Vergangenheit darf nicht zerstört werden, weil sonst alles verstummen würde; man muß sich ihr wieder zuwenden, aber mit Ironie und keineswegs naiv.»

Ein hervorragendes Beispiel aus der plastischen Kunst ist der Olympische Bogen, den Robert Graham für die Olympiade in Los Angeles 1984 schuf. Die Sorgfalt, die auf die Anatomie und den letzten Schliff verwandt wurde, entspricht ganz der griechischen Tradition, und die Verstümmelung der Hände und Füße versinn-

Powers *Greek Slave* (1843), eine von respektablen Viktorianern sehr geschätzte Knechtschaft.

The New Perfume von J. W. Goddard (1861–1922); durchsichtige Altertümelei.

bildlicht eindringlich den fragmentarischen Charakter des klassischen Erbes, trotz ihrer symmetrischen Anordnung. In den siebziger Jahren dieses Jahrhunderts träumte Carlo Maria Mariani in Rom von einer Kunstakademie mit Angelika Kauffmann, Goethe und – denn Mariani verheimlicht nicht, daß er selbst homosexuell ist – Winckelmann an der Spitze. Ian Hamilton Finlay huldigt in Schottland seinem «Little Sparta», einem anderen Pantheon, in welchem David und Flaxman eine Hauptrolle spielen. «Apollo hat sich weit von seiner griechischen Heimat entfernt, und nun ist der blasse hyperboräische Apollo unterwegs durch die Gefilde des Nordens... Sein neuer Bogenschütze ist der französische Revolutionär Saint-Just.» Der irische Maler Stephen McKenna sucht eklektisch in Griechenland nach Mythen, in Museen nach Fragmenten. Sein *O Ilium* (siehe S. 270) versucht den Krieg aus einer Nach-45-Perspektive zu sehen (Picassos *Guernica* entstand 1936).

Erneut bezieht man sich, um schönen Körpern und freimütiger Nacktheit ein seriöses Mäntelchen umzuhängen, auf die griechische Antike, vor allem in den Vereinigten Staaten. Bruno Criticos *Danae* (1980) verlegt Zeus' Goldregen nach Neuengland; Thomas Cornell und Milet Andrejivic setzen griechische Mythen in einen sexuell aufgeladenen amerikanischen Kontext. In Cornells *The Birth of Dionysus II* übergibt Hermes den göttlichen Säugling einer Gruppe von Amerikanern, die teils als Zeitgenossen, teils als frühe Kolonisten dargestellt sind. Die russischen Emigranten Vitaly Komer und Aleksander Melano malen amüsante Pastichen wie beispielsweise *President Reagan as a Centaur*. Mit *The Origin of Socialism* (1982–1983) spielen sie auf die bei Plinius überlieferte Legende vom Ursprung der Malerei an: Vor dem Abschied ihres Freundes soll die Tochter eines Töpfers aus Korinth seinen Schatten an der Wand nachgezeichnet haben, um sein Andenken zu bewahren. Offenkundig ist das Vermächtnis der russischen Muse wertvoller als Stalins.

«So wie der Töpfer Schönheit erschaffen»

Die Griechen verwandelten so vieles in Kunst, daß sie viele spätere Kunstformen vorweggenommen und beeinflußt haben. Obwohl beispielsweise ihre Textilien und Möbel als solche nicht erhalten sind, waren ihre Abbildungen einflußreich. Auch Münzen, Schmuck, Siegel und Gemmen – oftmals Meisterwerke im Miniaturformat – haben der Nachwelt Anregungen gegeben. Gleiches gilt für Statuetten und Gebrauchsgegenstände aus Bronze, Elfenbein, Terrakotta und Glas. Leider hat man die meisten kunsthandwerklichen Produkte aus Edelmetallen, insbesondere Silber- und Goldwaren, eingeschmolzen, als schlechtere Zeiten kamen. Eine reichdekorierte Bronzeurne mit Silber- und Goldauflagen aus dem 4. Jahrhundert, die man in Derveni in Mazedonien im Jahr 1962 entdeckte, läßt ahnen, was uns verlorengegangen ist. Eine zweihundert Jahre ältere Bronzeurne von knapp zwei Metern Höhe, Grabbeigabe einer adligen Gallierin und in Vix im nördlichen Bur-

Wandmalerei mit dem Raub der Persephone, um 340 v. Chr. gemalt und 1977 in Vergina freigelegt. Die Pferde von Plutos Wagen sind ebenfalls noch gut erhalten.

gund entdeckt, ist ein phantastischer Fund, besonders auch wegen des Kontrastes mit der Umgebung in Châtillon-sur-Seine.

Wandmalereien sind ebenfalls der Zeit zum Opfer gefallen (und Tafelmalerei selbstverständlich noch stärker), doch was sich in Pompeji und Herkulaneum erhalten hat, ist den griechischen Vorbildern sehr ähnlich. Die besten griechischen Wandmalereien, die uns erhalten sind, fand man vor gar nicht langer Zeit, im Jahr 1977. In seinem Buch *Vergina* beschreibt Professor Manolis Andronikos, wie er den gewaltigen künstlichen Erdhügel bei Vergina nahe Thessalonike abtrug und auf die Grabanlage Philipp von Mazedoniens stieß, des Vaters von Alexander dem Großen. Erstaunlicherweise war die Grabanlage vollkommen unversehrt und nicht beraubt und enthielt zahllose herrliche Objekte. In einem kleineren Grab seitlich unterhalb des Tumulus ist eine ungeheuer schwungvolle Malerei von etwa 340 v. Chr. noch *in situ* erhalten; mit langen, flüssigen Pinselstrichen ist ein zerzauster Pluto dargestellt, der mit seiner Braut Persephone im Wagen davonfährt, wobei die karmesinroten Gewänder von ihrem ausgestreckten Körper gleiten. Andronikos legte 1987/88 in einem etwa anderthalb Kilometer entfernten Grab aus ungefähr der gleichen Zeit ein weiteres vorzügliches Wandgemälde frei. Das Grab war beraubt und enthielt nur mehr einen schweren Thronsitz aus Marmor, auf dessen Rückenlehne ebenfalls Pluto und Persephone dargestellt sind. Doch der Kontrast könnte kaum stärker sein: Hier sieht man die beiden als würdevolles Königspaar vereint, und die Malerei wirkt sehr förmlich, distanziert und fast wie eine Miniatur.

Nur eine Art von griechischer Malerei ist in großem Umfang erhalten: die Malerei auf Keramik. Im Vergleich zur Bildhauerei oder zur Anfertigung kostbarer Metallobjekte war dies ein eher gewöhnliches Handwerk, das allerdings auch begabte Maler und Töpfer hervorbrachte, die selbstbewußt ihre Stücke signierten. Mehrere Jahrhunderte lang bewahrte die Vasenmalerei ein hohes Niveau, wobei die Blütezeit sich beachtlicherweise von den ersten ausdrucksstarken, figurativen Malereien im 7. Jahrhundert bis zu den verspielten Extravaganzen der süditalienischen Künstler des 4. Jahrhunderts erstreckte.

Athen spielte für annähernd zweihundert Jahre die führende Rolle, und hier fand um 520 v. Chr. der Übergang von der schwarzfigurigen Malerei – schwarzer Dekor auf dem orangeroten Ton – zur rotfigurigen statt, die umgekehrt den Dekor in rot auf schwarzem Grund ausspart. Im 5. Jahrhundert entwickelte man in Athen auch die attraktive, aber anfällige Technik farbiger Malerei auf weißem Grund. Winckelmann war maßgeblich an der Erstellung einer Chronologie für diesen Kunstzweig beteiligt und sah in der attischen Vasenmalerei des 5. Jahrhunderts jene Schlichtheit und Größe, die er in der griechischen Kunst so sehr verehrte. Eine seltsame Geistesverwandtschaft verband ihn mit dem österreichischen

Titelblatt der Erstveröffentlichung von Hamiltons Sammlung.

Entdeckung eines Grabes mit griechischen Vasen; rechts Emma Hamilton. Kupferstich von Tischbein (1791).

Architekten Adolf Loos, der alles Ornamentale verbannen wollte und schrieb: «Griechische Vasen sind so schön wie eine Maschine, so schön wie ein Fahrrad!» Ein schöpferischer Funke aber war von der griechischen Vasenmalerei bereits ein Jahrhundert zuvor übergesprungen.

Griechische Vasen waren in Italien seit der Renaissance aufgetaucht, aber weder in großer Zahl noch mit viel Widerhall. Weil man sie in der Toskana entdeckte, hielt man sie für Erzeugnisse der alten Etrusker; in Wirklichkeit hatten diese sie aus Griechenland importiert. Eine wichtige Rolle spielt in dieser Geschichte ein leidenschaftlicher Antiquitätensammler aus England. Sir William Hamilton wirkte seit 1764 als Gesandter am Hof von Neapel; während seiner 36jährigen Amtszeit empfing er zahllose kunstinteressierte Besucher. Er baute in kurzer Zeit eine riesige Sammlung «etruskischer» Vasen auf und hatte gehofft, daß Winckelmann, der ihn 1766 aufsuchte, ihm bei der Bearbeitung und Veröffentlichung der Sammlung helfen würde. Hamilton engagierte dann aber einen vertrauenerweckenden französischen Abenteurer namens Pierre d'Hancarville, der vielleicht ein guter Altertumsforscher hätte werden können, wenn er nicht zugleich ein verschwenderischer und unehrlicher Lebemann gewesen wäre. D'Hancarville und Winckelmann verstanden sich gut. Der erste Band erschien mit hervorragenden Kupferstichen im Jahr 1768 und war König George III. gewidmet. Der zweite Band (1770) enthält eine Phantasiedarstellung vom Grab des kürzlich ermordeten Winckelmann – leider ist es eher römisch als griechisch geraten. Aufgrund dieser üppig ausgestatteten Bände wurde diese erste Sammlung 1772 vom British Museum für 8000 Guineen gekauft – eine beträchtliche Summe.

Sir William baute noch eine zweite Sammlung auf, die auf der Heimreise großenteils verlorenging, als die *Colossus* bei den Scilly-Inseln Schiffbruch erlitt. Sechzehn Kisten konnten geborgen werden, der Rest blieb verloren bis auf einige Fragmente, die in den siebziger Jahren von Tauchern entdeckt wurden. Diese Sammlung war glücklicherweise bereits publiziert worden mit Kupferstichen von Tischbein, von dessen Hand auch das berühmte Gemälde *Goethe in der Campagna* stammt. Goethe hatte Hamilton 1787 einen Besuch abgestattet und sich dabei weniger für die Vasen als für dessen Geliebte Emma Hart interessiert, die Tochter eines Hufschmieds, die weithin dafür bekannt war, daß sie sich «à la grecque» kleidete und gerne in antiken Posen zeigte. Im Jahr 1791, als Hamilton und Emma heirateten, produzierte Tischbein einen Kupferstich von einem in Nola entdeckten Grab mit griechischen Vasen; die elegante Frau rechts im Bild ist sicher Emma.

Für Sir William war der Augapfel seiner Sammlung wohl eine Vase mit der Signatur des Meisters Meidias, die in Athen gegen Ende des 5. Jahrhunderts hergestellt worden war. Es ist wirklich ein hübsches Stück, das zahlreiche Figuren in verschiedenen Posen zeigt, in dekorativ drapierte Gewänder gekleidet. Es war seinerzeit so berühmt, daß der Karikaturist Gillray es 1801 für eine Rückansicht Nelsons benutzen konnte.

«Etruskische Urnen» von Wedgwood; die Figuren sind Vorlagen aus Hamiltons Sammlungen entnommen.

Wedgwoods etruskischer Verkaufsschlager

Die ungeheure Zahl griechischer Vasen, die in den letzten vierzig Jahren des 18. Jahrhunderts ausgegraben wurden, hatte deutlichen Einfluß auf die zeitgenössische Inneneinrichtung, ganz besonders aber auf die Porzellanfabrikation. Ein außergewöhnliches Beispiel liefert die Sammlung von Sèvres-Porzellanen in Marie-Antoinettes «Molkerei» in Rambouillet (1785). Richtungweisend für den französischen Geschmack war aber der geschäftstüchtige Josiah Wedgwood, dessen kommerzielle Verwertung alter und antiker Entwürfe heute noch imponiert. Wedgwood schrieb 1769 seinem Partner Bentley in einer recht hektischen Art von innerem Monolog:

> Und glaubt Ihr wahrhaftig, wir könnten Frankreich völlig erobern? Frankreich von Burslem aus erobern? ... Helft mir, guter Freund, und der Sieg wird unser

«Erkenne dich selbst»: *Ödipus und die Sphinx* von Ingres.
Des Rätsels Lösung lautet: «Der Mensch».

sein. Wir werden ihnen unser Porzellan ganz nach ihrem Geschmack machen und sie mit der Eleganz und Schlichtheit der Antike überwältigen. Aber wird ihnen diese Schlichtheit gefallen? Fransen und Franzosen haben sich in meinem Kopf schon so lange gereimt, daß ich sie kaum auseinanderzuhalten vermag.

Zu dem Zeitpunkt, als die neue Fabrik in Etruria in Staffordshire eröffnet wurde, war noch nicht bekannt, daß die antiken Vasen in Wirklichkeit aus Griechenland stammten. Wedgwood hatte Korrekturfahnen der Kupferstiche von d'Hancarvilles erstem Band der Hamilton-Sammlung gesehen, und nun, bei der Eröffnung am 13. Juni 1769, drehte er eigenhändig sechs «etruskische Vasen», während Bentley die Töpferscheibe bediente. Diese wurden auf enkaustische Art bemalt, um ihnen den Effekt der attischen schwarzfigurigen Waren zu geben; Figuren und Posituren waren der Hydria des Meidias aus Hamiltons Sammlung abgeschaut. (Dieselbe Anleihe findet man unvermuteterweise in Ödipus' Pose auf Ingres' Gemälde der Sphinx; siehe S. 105.)

Es war eine kleine Welt. Der junge John Flaxman hatte von 1775 bis 1787 für Wedgwood gearbeitet, bevor er nach Rom ging. Er entwarf unter anderem eine Jaspisplakette der *Apotheose des Homer*, von der Wedgwood eine Kopie 1778 an Hamilton in Neapel schickte, um die für beide Seiten vorteilhafte Zusammenarbeit zu symbolisieren. Flaxman sollte später Wedgwoods Porträt für den Grabstein in Stoke-on-Trent in Stein meißeln.

Als Keats 1819 der Kalauer «O attische Form! Zierliche Attitüde!» einfiel, war allgemein anerkannt, daß diese «Urnen» griechischen und nicht etruskischen Ursprungs waren. Der Geschmack ändert sich, und heute gefallen den meisten Leuten der kräftigere Stil der späten schwarzfigurigen und frühen rotfigurigen Waren von etwa 580 bis 480 v. Chr. sowie Maler wie Exekias und Euphronios besser als die süßlicheren Produkte aus der Zeit von Hamiltons Meidias. Seit Keats' Tagen ist von der griechischen Vasenmalerei wohl kein neuer schöpferischer Impuls mehr ausgegangen, obwohl es verwunderlich wäre, wenn die Postmoderne des späten 20. Jahrhunderts all diese Museumsstücke gänzlich unbeachtet ließe. Die feine Zeichentechnik, deren fragmentarischer Charakter eher den Reiz verstärkt als mindert, scheint einer Neuentdeckung würdig.

Die Moderne brachte einen «Schock des Neuen». Als die Marmorskulpturen des Parthenon zum erstenmal in Park Lane der Öffentlichkeit vorgestellt wurden, wirkten sie wie ein Schock des Alten. Die Postmoderne arbeitet jedoch weniger mit der Schockwirkung des Alten als mit dessen gekonnter Fragmentierung. Selbst solche herrlichen Exemplare wie der Krater des Euphronios in New York oder die Wandmalereien von Vergina bleiben weitgehend von akademischem Interesse und erreichen kein breiteres Publikum. Nur eine griechische Kunstform scheint im 20. Jahrhundert von musealen Assoziationen verschont geblieben zu sein: das Bronzestandbild. Der «Wagenlenker», den man 1896 in Delphi fand, und der wesentlich bessere «Zeus» (wohl nicht Poseidon), den man 1928 vor dem Kap Artemisium hob und der heute in Athen steht – dies sind wahrscheinlich die beiden berühmtesten griechischen Kunstwerke, die in den letzten hundert Jahren entdeckt wurden und die am ehesten fähig sind, die moderne Phantasie zu beflügeln. Das war zumindest noch bis vor kurzem der Fall.

Hamiltons Vase des Meidias.

Gillrays *Nelson*.

Eisenharte Männlichkeit

An einem Wochenende im August des Jahres 1972 tauchte Stefano Mariottini, ein Chemiker aus Rom, etwa 300 Meter vor der Küste von Riace am italienischen Stiefel, als er plötzlich in acht Meter Tiefe die Gliedmaßen einer Statue aus dem Sand ragen sah. Er meldete den Fund sofort den Behörden; der Gedanke, daß inzwischen Schatzräuber auftauchen könnten, stiftete einige Panik, doch dann wurden ohne jede archäologische Spurensicherung die zwei Statuen am 21. August von Tauchern der Karabiniere aus Messina gehoben. Zunächst hieß es, die beiden Figuren stellten die Ortsheiligen Kosmas und Damian dar. Erste Restaurierungen unternahm man in der nahe gelegenen Provinzhauptstadt Reggio di Calabria, dann wurden sie 1975 nach Florenz transportiert, wo sie Ende 1980 vollständig gesäubert und restauriert erstmals öffentlich zu sehen waren. Danach stellte man sie vorübergehend im Quirinalspalast in Rom aus, bevor sie im August 1981 eine neue Heimat in dem eigens für sie erweiterten und renovierten Museum in Reggio fanden. Reggio zählt nicht zu den reizvollsten Städten Italiens – 1986 gab es 120 Bandenmorde –, doch reisen Jahr für Jahr Zehntausende von Besuchern an, um die Bronzen von Riace zu sehen.

Von den Bronzen geht eine Schockwirkung des Alten aus. Sie sind inzwischen

Bestandteil der Volkskultur geworden, tauchen auf Briefmarken auf und in Werbeanzeigen für Parfüms, für Autos von Renault und anderes. Meines Wissens bestreitet nur ein einziger Experte auf der Welt, daß es sich um Meisterwerke aus dem 5. Jahrhundert v. Chr. handelt, die zum Schönsten gehören, was von der griechischen Kunst erhalten ist. Vermutlich waren sie aus Griechenland gestohlen und befanden sich unterwegs zur Villa eines reichen Römers, als das Schiff unterging, wahrscheinlich im 1. Jahrhundert vor oder nach Christus. Verschiedene angesehene Fachleute glauben, daß die Bronzen von Riace Teil jener dreizehn Statuen in Delphi waren, welche die Athener zur Feier ihres großen Sieges über die Perser bei Marathon gestiftet hatten. Falls das stimmt, stammen sie von der Hand des Phidias selbst, des großen Athener Bildhauers.

In dem von der Universität Kalabrien herausgebrachten Sammelwerk *Heroes from the Sea* lautet eine Kapitelüberschrift «Die Popularität der Bronzen». Darin

Die zwei Bronzestandbilder von Riace.

wird der Wirkung der Bronzen auf die breite Öffentlichkeit nachgegangen und auch der außerordentlichen sexuellen Attraktion der beiden Bronzeplastiken. Frauen scheinen die recht selbstbewußte, schlankere Statue A (Seite 108) mit dem beinahe überheblichen Lächeln und den schimmernden Zähnen besonders erregend zu finden, während auf Homosexuelle die zurückhaltendere Statue B (Seite 109) reizvoller wirkt. Eine ungewöhnliche Folgeerscheinung ihrer greifbaren sexuellen Kraft war das Porno-Comicheft *Sukia*, das 1981 in Mailand erschien. Dort wird erzählt, wie Sukia, die schicke, mannstolle Hauptfigur, mit einem männlichen Freund die Bronzen raubt und nach New York verschifft. Während der Überfahrt klopft es an Sukias Kabinentür, Bronzemann A tritt ein und spielt bald mit ihr das Tier mit den zwei Rücken, wobei sich ein Teil seiner Anatomie unglaublich verändert. Unterdessen hat Statue B mit ihrem homosexuellen Begleiter Analverkehr. Wir haben es hier mit einer bizarren Vulgarisierung der Begeiste-

Kostprobe aus
Sukias Abenteuern.

rung zu tun, die Winckelmann angesichts des *Apollo vom Belvedere* erfüllte – und mit einer kuriosen modernen Version des Pygmalion-Motivs. So ordinär *Sukia* auch ist, die Geschichte zeigt immerhin, welche Wirkung die Bronzen von Riace jenseits der engen Museumswelt auf die volkstümliche Phantasie ausüben.

Bei seinem Aufenthalt in Rom schrieb Goethe in den *Römischen Elegien* über seine Geliebte:

> Und belehr' ich mich nicht, indem ich des lieblichen Busens
> Formen spähe, die Hand leite die Hüften hinab?
> Dann versteh' ich den Marmor erst recht...
> Sehe mit fühlendem Aug', fühle mit sehender Hand.

Liegt es an ihrer Fähigkeit, vom Auge «gefühlt» zu werden, daß die griechische Kunst weiterhin lebendig ist? Haydon spürte 1807 bei Betrachtung der Elgin Marbles das Leben, das den Skulpturen innewohnt. 1887 richtete der Schriftsteller und Naturfreund Richard Jeffries sein Auge, das zuvor intensiv die Naturschönheiten von Wiltshire betrachtet hatte, auf eine Venus im Louvre (nicht die *Venus von Milo*): «Unter den Falten dieses Gewands atmet es, rauscht das Blut; sie sprechen von blühendem Leben.» Erneut wird das Wechselspiel von Berührung und Beseelung angesprochen, von Ruhe und Bewegung, Objekten und dem Leben – sogar in einer Museumsgruft. Die Bronzen von Riace oder die *Venus von Milo* werden (Gott sei Dank) nie zum Leben erwachen; sie werden kalt und sicher verwahrt bleiben. Vielleicht können wir nachempfinden, was Keats meinte, als er jenes Kunstwerk mit «nüchterne Idylle» und «Freund des Menschen» anredete.

BRVEGHEL

Mythos

Ein Hinweis aus dem Dunkel

Der Mythos ... ist nichts weiter als eine Methode, um das gewaltige Schauspiel vergeblicher Mühen und anarchischer Verhältnisse, das wir Zeitgeschichte nennen, in den Griff zu bekommen, in eine Ordnung zu bringen, ihm Gestalt und Sinn zu geben.

T. S. Eliot

Man ist im Westen heute gewöhnlich der Ansicht, daß eine klare, objektive Sprache das einzig richtige Mittel sei, um über alles zu reden. Das Primat einer einfachen Sprache, insbesondere im wissenschaftlichen Bereich, gehört in der Tat auch zum griechischen Erbe; doch ist dies nicht die einzige gültige Ausdrucksform und es läßt sich mit ihr nicht alles ausdrücken, was des Sagens wert ist. So vermag beispielsweise die Metapher Zusammenhänge zwischen Ideen und Begriffen herzustellen, die sich auf keine andere Weise erreichen lassen.

Es waren griechische Denker, in erster Linie Plato, die den Unterschied zwischen der Mythe *(mythos)* und einer rationaleren, objektiveren Art des Diskurses *(logos)* betonten. *Logos* mag im 20. Jahrhundert vorrangige Bedeutung haben, doch ist *mythos* keineswegs ausgestorben – obgleich er manchmal in ungewöhnlicher Gestalt wiedererscheint, etwa in Science-fiction, Computerspielen oder psychologischen Typologien. Möglicherweise verschafft der Mythos Denkvorstellungen über die Welt Ausdruck, die sich nicht anders formulieren lassen. «Mit Mythen läßt sich gut denken», erklärt mir Geoffrey Lloyd. «Jeder Mensch lebt in irgendeiner Weise mit Mythen», meint Bernard Knox. «Die Wirklichkeit ist zu kompliziert, ist überwältigend ... man muß Muster finden, um für sich selbst das Wichtige vom Unwichtigen zu unterscheiden. Diese Art von Auswahlprozeß wurde für lange Zeit von Mythen gelenkt ... Das Muster mag nicht sonderlich erfreulich sein, ist vielleicht sogar beunruhigend, doch wirkt es befriedigend, weil es besser ist als das Chaos.»

Eine Mythe ist eine gute Geschichte und noch etwas mehr – wobei jedoch so gut wie keine Übereinstimmung darin besteht, was dieses «Mehr» eigentlich ausmacht. Die Menschen erfreuen sich an Mythen und brauchen sie sogar. Jedes «wechselwirkende Informationssystem», seien es Computer oder Menschen, benötigt Mythen, heißt es in *The Creative Computer*, einer neueren Veröffentlichung über künstliche Intelligenz. Fast jeder bekommt sie als Kind zu hören; und Dichter, Schriftsteller, Dramatiker, Maler und Komponisten bedienen sich ihrer auch im Erwachsenenalter. Die Verwendung von Mythen mag im 20. Jahrhundert zugenommen haben, obwohl gleichzeitig die Moderne alles Alte verwarf, einschließlich des klassischen Erbes, um einen Neuanfang zu machen. Die griechischen Mythen allerdings haben dieses Schicksal nicht geteilt; sie spielen im schöpferischen Bereich seit 1900 vielleicht eine gewichtigere Rolle als je zuvor seit dem 1. Jahrhundert v. Chr.

Die Mythen der Griechen, die zumeist in römischen Fassungen auf uns gekommen sind – vor allem die *Metamorphosen* des Ovid –, sind *die* Mythen der westlichen Welt. Was ist denn seither dazugekommen? Die Artus-Legenden, Don Juan, Faust? Diese drei besitzen etwas von derselben Dauerhaftigkeit und Anschaulichkeit, die Dutzende von griechischen Mythen kennzeichnet; aber ich möchte bezweifeln, daß außer diesen noch weitere einflußreiche Mythen im Westen hinzugekommen sind. Man könnte höchstens noch die Bibel und Shakespeare anführen. Aber die Bibel unterscheidet sich – ganz abgesehen von theologischen Kontroversen – wesentlich dadurch, daß sie in abgeschlossener, allgemein anerkannter Gestalt vorliegt – handelt es sich doch um eine heilige Schrift –, die zu verändern oder zu bearbeiten einer Mutprobe gleichkommt oder gar Blasphemie (denken wir nur an *The Man Who Died* von D. H. Lawrence oder Kazantzakis' *Griechische Passion*, auf dem der «blasphemische» Film *Die letzte Versuchung* basiert). Auch Shakespeare liegt in einer endgültigen, nahezu geheiligten Fassung vor; doch hat niemand etwas einzuwenden, wenn Künstler wie Verdi und sein Librettist Piave ihn sich schöpferisch aneignen.

Es ist jedenfalls ein entscheidendes Charakteristikum der griechischen Mythen, daß es weder früher noch heute eine endgültige Version gibt, daß nie eine autorisierte Fassung existierte. Im Altertum waren sie ständig Veränderungen, Fortführungen und Erneuerungen unterworfen, in der Literatur, in der Kunst und vermutlich auch in der mündlichen Weitergabe. Sogar die *Ilias* wurde verändert und neu erzählt, von Äschylus in einer dreiteiligen Tragödie (die leider verschollen ist); sogar Sophokles' *Ödipus* erfuhr durch Euripides eine recht veränderte Neubearbeitung. Man würde annehmen, zu den «harten» Fakten der griechischen Mythologie gehöre Helenas Flucht mit Paris nach Troja und der anschließende Ausbruch des Trojanischen Kriegs. Doch Euripides und vor ihm der Dichter Stesichoros folgten einer Version (die Seferis mit bitteren Worten in seinem großartigen Gedicht *Helena* erwähnt), derzufolge die echte Helena in Ägypten war und in Troja nur ein Phantom.

Gewisse Elemente können natürlich nicht verändert werden: So muß es in Troja eine Helena geben, und sei es nur als Phantom. Ödipus muß seinen Vater ermorden und mit der Mutter schlafen; aber es gibt Versionen, wo er sich nicht blendete, wo er nicht ins Exil ging, wo Iokaste nicht Selbstmord beging. Vielleicht war Sophokles der erste, dem die Idee kam, Antigone für die Bestattung des Bruders sterben zu lassen; und möglicherweise war es Euripides' origineller Beitrag, daß Medea ihre Kinder tötete – ältere Versionen scheinen die Tat den Korinthern zuzuschreiben.

Die moderne Welt wird für die Kunst faßbar

Die Mythen sind bis heute flexibel und für Neubearbeitungen offen geblieben, sowohl was Einzelheiten des Handlungsablaufs betrifft als auch in der interpretativen Sinngebung. Ihre Funktion hat sich im Lauf der Zeit immer wieder geändert. Im 18. Jahrhundert, als Vertrautheit mit den Mythen (in lateinischer Sprache) bei den gebildeten Schichten vorausgesetzt werden konnte, dienten sie vornehmlich als Schmuckwerk, mit dem der Autor seinen Lesern schmeichelte. Darauf zielt Wordsworth ab, wenn er 1819 in einer Anmerkung zur *Ode to Lycoris* schreibt: «Zweifellos hat die abgedroschene, sterile Form, in der die Mythen am Ausgang des 17. Jahrhunderts und das gesamte 18. Jahrhundert hindurch dargebracht wurden, beim Leser einen Widerwillen gegen derartige Anspielungen in der heutigen Dichtung hervorgerufen; und obwohl ich aus Rücksicht gegenüber diesem Widerwillen in meinen bisherigen Werken heidnische Fabeln miteinzubeziehen vermieden habe, kann man doch nicht bestreiten, daß ihnen selbst in ihrer bescheidensten Form echtes Gefühl innewohnt.» Während der Romantik benutzte man die heidnischen Fabeln erneut als Rohmaterial anstatt als konventionelle Ausschmückung, und dieser Zugang wirkte sich auf Dichter wie Shelley, Hölderlin und Mallarmé eher befreiend als beengend aus. Im weiteren Verlauf des 19. Jahrhunderts beeinflußten die griechischen Mythen so verschiedene Autoren wie Edgar Allan Poe und John Ruskin; doch machte sich auch eine Tendenz zur Erstarrung bemerkbar. Vielleicht wurde dem Vorschub geleistet durch das Erscheinen volkstümlicher, vielgelesener Bücher wie Charles Kingsleys *The Heroes* und Nathaniel Hawthornes *Tanglewood Tales* (1852–1853), die ich selber noch als kleiner Junge begeistert verschlang.

Am Übergang von jener Epoche zu unserer wurden wichtige Entdeckungen in der Anthropologie und Psychologie gemacht, die zur Entdeckung neuer, verborgener Sinnzusammenhänge in den Mythen führten. Von daher erklärt sich das «modernistische» Verständnis des Mythos, den T. S. Eliot im Zusammenhang mit Joyces *Ulysses* definierte als «eine Methode, um das gewaltige Schauspiel vergeblicher Mühen und anarchischer Verhältnisse, das wir Zeitgeschichte nennen, in den Griff zu bekommen, in eine Ordnung zu bringen, ihm Gestalt und Sinn zu geben». Er fuhr fort: «Die Psychologie (wie sie nun einmal existiert und ob sie uns albern oder tiefgründig vorkommt), die Ethnologie und Frazers *The Golden Bough* haben gemeinsam etwas möglich gemacht, was noch vor einigen Jahren unmöglich

Illustration
zu Hawthornes
Tanglewood Tales.

war. Wir können heute statt der Erzählform auch eine mythologische Darstellungsweise verwenden. Ich bin zutiefst davon überzeugt, daß damit ein Schritt getan ist, um die moderne Welt künstlerisch faßbar zu machen.» Joyce selbst betrachtete die Geschichte von Odysseus als «das wunderbarste, allumfassende Thema, größer und menschlicher als Hamlet, Don Quijote, Dante, Faust». In jüngerer Zeit war sie die Inspiration für einen der besten Zukunftsromane überhaupt, für Arthur C. Clarkes *2001: A Space Odyssey*, den Stanley Kubrick eindrucksvoll verfilmte.

Im 20. Jahrhundert machten die Mythen eine neue Phase der Wiederverwertung durch. Wenn wir allein schon an die englische Literatur denken, können wir die wichtige, unterschiedliche und keineswegs nur ornamentale Funktion der griechischen Mythen bei Yeats, Pound, Graves und Auden wie auch bei Eliot selbst feststellen. Auch Conrad Aitken, George Barker, Robert Frost, Robert Lowell, Louis MacNeice, Edwin Muir und John Crowe Ransom sind ihnen nicht wenig verpflichtet. Philip Larkin andererseits meinte: «Mir bedeuten die gesamte antike Welt, die gesamte klassische und biblische Mythologie sehr wenig, und ich bin

Mondszene aus Kubricks *2001: A Space Odyssey*.

der Auffassung, wer sich ihrer heute bedient, bestückt seine Gedichte nur mit totem Ballast und entzieht sich außerdem der Verpflichtung des Dichters zur Originalität.» Wenn Larkin recht hätte (im allgemeinen und nicht nur im Persönlichen), wäre die griechische Mythe endgültig gestorben: der springende Punkt ist doch, daß das griechische Erbe stets wieder auf *neue* Art benutzt und bearbeitet wurde. Douglas Dunn und Seamus Heaney haben in jüngster Zeit für die griechische Mythe eine ganz eigene, originelle Verwendung gefunden. Diese Dichter gehen hinunter zu den Toten und kehren mit neuen Anregungen zurück.

Rückblick auf Eurydike

Viele Mythen handeln vom Abstieg in dunkle Tiefen, in ein Labyrinth oder eine Unterwelt. Am bekanntesten ist wahrscheinlich die Geschichte von Orpheus.

> Orpheus' Laute hieß die Wipfel,
> Wüster Berge kalte Gipfel,
> Niedersteigen, wenn er sang.
> ...Solche Macht ward süßen Tönen;
> Herzensweh und tödlich Sehnen
> Wiegten sie in Schlaf und Grab,

Byzantinische Malerei des psalmodierenden David, nach dem Vorbild des von Tieren umstandenen Orpheus; hinter David sitzt die «Melodie».

heißt es in dem Lied in Shakespeares *Heinrich VIII.* Wie immer fehlt eine verbindliche Version, aber die vertraute Geschichte berichtet von Orpheus, einem Sänger aus Thrakien, der mit seiner Kunst auch die Tiere und sogar die unbelebte Welt in Bann hält. Seine Frau Eurydike wird getötet, und Orpheus steigt in die Unterwelt hinab, um sie zurückzuholen. Sein Gesang überwältigt sogar die Mächte der Finsternis, und der König des Totenreichs gewährt Orpheus seinen Wunsch unter einer Bedingung: daß er sich unterwegs nicht nach Eurydike umdreht. Doch er blickt zurück und verliert sie für immer. Am Ende, heißt es, wurde er von den Mänaden zerrissen; aber sein Haupt trieb, immer noch singend, übers Meer zur Dichterinsel Lesbos, Heimat von Sappho und Alkäus.

Inszenierung von Offenbachs *Orpheus in der Unterwelt* der English National Opera.

Was bedeutet eine Mythe? Verschiedene Dinge zu verschiedenen Zeiten. Sogar im Mittelalter war die Mythe in veränderter Gestalt lebendig. Im byzantinischen Osten findet man die alte Ikonographie des Orpheus im Kreis der Tiere auf einem Psalter von etwa 900 n. Chr. – aber da schlägt David die Leier. Im Westen gibt es aus dem 14. Jahrhundert die reizvolle Liebesdichtung *Sir Orfeo* auf mittelenglisch, in der Orfeo seine Königin Heurodys aus dem Märchenland zurückbringen kann, ohne sie zu verlieren.

Orpheus' zauberhafte Musik vermag die Kluft zwischen Mensch und Tier und sogar der unbelebten Materie zu überbrücken. Sie kann den Bruch zwischen Leben und Tod heilen: Liebe mit Musik verbunden überwindet den Tod. Es ist kaum verwunderlich, daß diese Mythe bei Dichtern und Musikern beliebt war. Polizianos *Orfeo*, in den 1470er Jahren entstanden und auf italienischen, nicht lateinischen Versionen von Ovid und Vergil basierend, war möglicherweise die allererste Bühnenbearbeitung eines profanen Stoffs in der Renaissance. Die *Euridice* des Jacopo Peri war wahrscheinlich das erste zur Aufführung gelangte Bühnenwerk, das man als Oper bezeichnen kann; einige Jahre später komponierte Claudio Monteverdi mit *Orfeo* (1607) die erste berühmte Oper im heutigen Sinn. Die Arie, wo

G. F. Watts hält den Moment fest, als Orpheus sich umdreht.

Orpheus die Geister der Unterwelt bezaubert und die Orchestrierung von Stanze zu Stanze herrlicher wird, ist unvergeßlich. Purcell erhielt den Beinamen «Orpheus Britannicus», und John Gay war wegen *The Beggars' Opera* als «Orpheus der Wegelagerer» bekannt. Glucks *Orpheus und Eurydike* von 1762 ist eine wichtige Wegmarke, weil sie mit vielen überkommenen Konventionen aufräumte und eine Ära einleitete, die mit Mozart ihren Höhepunkt erreichte. Dem Zeitgeschmack entsprechend aber wird Eurydike gerettet, und die Oper endet mit arkadischen Lustbarkeiten. Einige Melodien aus dieser Oper sind sehr bekannt, wozu teilweise die Aufnahmen mit Kathleen Ferrier beigetragen haben. Diese Popularität machte sich Jacques Offenbach zunutze, als er *Orpheus in der Unterwelt* (1858) schrieb, eine höchst unterhaltsame Parodie auf klassische Klischees.

Im 20. Jahrhundert finden wir drei ganz verschiedene Männer, die von ihrer jeweiligen Interpretation des Orpheus-Mythos fast wie besessen waren. Rainer Maria Rilke (1875–1926) nahm das sehr starke Gedicht *Orpheus. Eurydike. Hermes* in seine Sammlung *Neue Gedichte* auf, die er mit 32 Jahren veröffentlichte. Trotz Orpheus' Schmerz, Liebe und Entschlossenheit ist Eurydike tot und kann dem Leben nicht zurückgewonnen werden:

Sie war schon aufgelöst wie langes Haar
und hingegeben wie gefallner Regen ...
Sie war schon Wurzel.
Und als plötzlich jäh
der Gott sie anhielt und mit Schmerz im Ausruf
die Worte sprach: Er hat sich umgewendet –,
begriff sie nichts und sagte leise: *Wer?*

Im Angesicht des Ersten Weltkriegs und des Zerfalls der Wirklichkeit suchte dieser sensible Dichter nach einer Kraft, einer geistigen Existenz jenseits des Todes, mit der er die unterweltlichen Zustände um sich herum überwinden könnte. In den *Sonetten an Orpheus* (1923) setzte Rilke dieser Suche und ihrer mutmaßlichen Erfüllung ein Denkmal.

Jean Cocteau (1889–1963), Schriftsteller, Dramatiker und Filmemacher, arbeitete mit den meisten großen Künstlern seiner Zeit zusammen; er wollte sich aber in erster Linie als Dichter verstanden wissen. Er betrachtete sich als einen wiedererstandenen Orpheus und kehrte wiederholt zu dieser Mythe zurück: am Anfang stand das Theaterstück *Orphée* von 1924 (sein erstes Bühnenstück war die *Antigone* von 1922), 1950 erschien der gleichnamige Film und 1960 *Le Testament d'Orphée*, sein letzter Film. Bei dem bekannten Motiv vom Eintritt in die Unterwelt tauchen schwarzgekleidete Motorradfahrer auf und die erotische Figur des Todes in einem Rolls-Royce. Der Dichter begreift Zusammenhänge, die dem Wissenschaftler verschlossen bleiben; er ist ein Botengänger der Menschheit und steigt hinab, um sich den Schreckensträumen und finsteren Gestalten dieser brutalen Zeit zu stellen. Orpheus kehrt mit Erfahrungen zurück, die er nirgendwo anders hätte machen können. (Es gibt, nebenbei gesagt, eine weitere sehenswerte Verfilmung dieser Mythe, Marcel Camus' *Orfeu Negro* von 1958, die in Rio de Janeiro zur Karnevalszeit spielt.)

Als dritten Künstler möchte ich Harrison Birtwistle (geboren 1934) erwähnen. Er hatte sich mit dem Mythos bereits in *Nenia on the Death of Orpheus* (1970) beschäftigt. An der Oper *The Mask of Orpheus* arbeitete er zehn Jahre, bevor sie 1986 uraufgeführt wurde. Die Geschichte wird mehrmals in verschiedenen Versionen erzählt, und alle Hauptdarsteller treten in drei verschiedenen Gestalten auf. «Sie begann als *Faust*, aber Orpheus schien für eine musikalische Bearbeitung besser geeignet», soll Birtwistle gesagt haben.

Bei der Arbeit an *Feuer vom Olymp* ertappte ich mich dabei, wie ich selbst eine zu diesem Thema passende Interpretation des Mythos entwickelte und damit einen neuen Beweis für das Argument lieferte, daß die griechischen Mythen schier unerschöpflich Neuinterpretationen zuzulassen scheinen. Orpheus' Gesang entspräche demnach den Kräften der griechischen Kultur – der Kunst, des Geistes und der Literatur –, Kräfte, welche noch immer unser Denken anzuregen und vielleicht

Eine der unvergeßlichen Szenen aus Cocteaus Film *Orphée*.

Birtwistles *The Mask of Orpheus* (English National Opera, 1986) mit Kostümen von Jocelyn Herbert.

auch der kreatürlichen und unbelebten Welt Sinn zu geben vermögen. Diese orphische Kraft kann den Tod überwinden – ist doch das antike Griechenland, obwohl es längst versunken ist, noch stets gegenwärtig, stets lebendig. Aber wir können nicht die Zeiger der Uhr zurückdrehen, das alte Griechenland als solches wiedererstehen lassen. Und wir sollten das auch gar nicht als erstrebenswert empfinden. Wir müssen beim Licht einer Taschenlampe – oder des Fernsehgeräts – in die griechische Antike hinabsteigen; nachdem wir dort im Reich der Toten gewandelt sind, kehren wir in die heutige Welt zurück. Es wird sich nicht vermeiden lassen, daß wir uns zurückwenden und dabei Eurydike verlieren. Wir haben sie gesehen, doch in unser Leben können wir sie nicht mitnehmen.

Der goldene Zweig im finsteren Dickicht

Dieses ist nur eine, und vielleicht eine recht banale, Interpretation des Orpheus-Mythos, eine Sinngebung aufgrund bestimmter Anforderungen. Sie setzt eine Reihe von Annahmen über die Beziehung der mythologischen zur wirklichen Welt voraus, das heißt über die «Mythographie». Mythographische Theorien haben auch weit außerhalb des akademischen Bereichs viele Leute fasziniert. George Eliot gab ein Warnzeichen in Gestalt des Mr. Casaubon in *Middlemarch*, jenes blutleeren alten Pedanten, der sich einbildet, kurz vor der Entdeckung eines «Schlüssels zu sämtlichen Mythologien» zu stehen. Das entmutigte aber den Deutschen Max Müller (1823–1900) nicht, der die längste Zeit seines Lebens als Professor für Sanskrit in Oxford wirkte. Er vertrat die Auffassung, daß alle indogermanischen Mythen sich auf eine sehr frühe «arische» Rasse zurückverfolgen ließen und irgend etwas mit der Sonne zu tun hätten. Mit all ihrer «diskreten Leuchtkraft» (wie Frank Turner es formuliert) gelang es der Müllerschen Sonnentheorie, alle sexuellen oder monströsen Elemente in den griechischen Mythen zu unterwandern und zu neutralisieren und so mit dem viktorianischen Moralempfinden vereinbar zu machen. In einem für Kinder geschriebenen *Manual of Mythology* des Müller-Schülers George Cox heißt es: «Du kannst getrost sein, daß in diesen Geschichten nichts vorkommt, dessen wir uns zu schämen brauchen, und daß du, wenn du den verhüllenden Schleier gelüftet hast, dahinter nur wahre und schöne Gedanken finden wirst...»

Gegen Ende des 19. Jahrhunderts enthüllte eine Lüftung des Schleiers noch ganz andere Dinge. Gladstone wurde in Cambridge einmal Jane Harrison

Jane Harrison, von Augustus John gemalt.

(1850–1928) vorgestellt, die viele Jahre als Fellow am Newnham College lehrte, und fragte sie, welchen klassischen Dichter sie am meisten bewundere. Die erwartete Antwort war «Homer», dann hätte Gladstone ihr seinen Standardvortrag über Homer und das Christentum halten können. Sie aber konnte sich nicht verkneifen, Euripides zu nennen, der damals als dekadenter Ikonoklast galt. Ende der Unterhaltung. Jane Harrison gehörte – wie Gilbert Murray, mit dem sie eine heftige platonische Freundschaft verband – zu einer Gruppe von Leuten, die die griechischen Mythen und überhaupt die griechische Altertumswissenschaft mit neuem Leben erfüllte. Rückblickend meinte sie 1925: «Wir Gräzisten waren damals um 1880 wie ein ‹Volk in Finsternis›, sollten aber bald Erleuchtung empfangen oder vielmehr zwei Erleuchtungen: von der Archäologie und von der Anthropologie. Die Klassiker erwachten aus ihrem langen Schlaf... Einer meiner Zeitgenossen war J. G. Frazer, der bald mit dem erhellenden *Golden Bough* Licht in das finstere Dickicht frühzeitlichen Aberglaubens brachte.» Frazer, Harrison und andere entkleideten die Mythen ihrer Wohlanständigkeit und erlösten sie aus ihrer bisherigen Existenz als harmlose Dekoration. Für sie waren die Mythen Widerspiegelungen der elementaren Substrukturen der Gesellschaft und ihrer Rituale; und sie betonten die irrationalen, dunklen Elemente des Mythos (im Einklang mit dem Zeitalter Nietzsches). Ihrem Verständnis nach war Dionysos nicht nur der vergnügte Weingott, sondern auch ein Gott, dessen Jünger im Rausch lebendige Wesen blutig in Stücke rissen.

Die zwölf Bände des *Golden Bough* erschienen zwischen 1890 und 1915. Frazer betonte besonders die grundlegende Mythe des dem Untergang bzw. dem Ritualopfer geweihten Königs, der sterben muß und neu geboren oder auferstanden wiederkehren wird. Frazer sah in ihm die Verkörperung der alljährlich sterbenden Vegetation, die, wie wir hoffen, im nächsten Frühling wieder erwacht. Während die Fachwelt heute für Frazer nicht mehr viel übrig hat, übten seine Belesenheit, sein lebendiger Stil und seine Vorstellungsgabe nachhaltigen Einfluß aus auf solche Größen wie W. B. Yeats und T. S. Eliot. In der einleitenden Anmerkung zu *The Waste Land* (1922) schreibt Eliot: «Und einem weiteren anthropologischen Werk, das meine Generation zutiefst beeinflußt hat, bin ich ganz generell verpflichtet, nämlich *The Golden Bough*.»

Nach Frazer hat es weitere Mythographien gegeben, und sie sind wieder verschwunden; aber die Problemstellung spricht weiterhin einen großen Personenkreis an. Zu den populärsten Arbeiten gehört *The Greek Myths* von Robert Graves, obwohl die dort vertretene exzentrische Interpretation der Mythen als entstellte Versionen historischer Ereignisse sie aller Geheimnisse beraubt. Claude Lévi-Strauss, Anthropologe und Vaterfigur des Strukturalismus, stellt den Mythos in den Mittelpunkt seiner Analyse der Tiefenstrukturen des menschlichen Denkens. Ich vermute, es ist nicht bloßer Zufall, daß die beiden meistgelesenen und -übersetzten Altertumswissenschaftler unserer Tage dem Mythos große Bedeutung beimessen. Jean-Pierre Vernant, Hauptwortführer der Pariser Schule, sieht in den Mythen eine Widerspiegelung der äußeren und inneren Organisation der gesamten Gesellschaft, einen Schlüssel zu ihren Denkstrukturen; und Professor Walter Burkert aus Zürich betont die Verwurzelung der Mythen im Ritual und verfolgt einige zurück bis zu den Beschäftigungen der frühen Steinzeitmenschen.

Wird Ödipus verständlich?

The Golden Bough war nicht die einzige Neuinterpretation der griechischen Mythen zu ihrer Zeit. Noch wesentlich einflußreicher war natürlich Sigmund Freud (1856–1939), der die Erkenntnisse des 19. Jahrhunderts in den physiologischen Wissenschaften zu einem neuen Entwurf über das menschliche Denken zusammenfaßte. Seither spielen die griechischen Mythen in der Psychologie eine besondere Rolle. James Hillman schreibt beispielsweise: «Die griechische Mythe erfüllt... in einem weiteren Sinn die Funktion einer Psychologie, die auf die Seele stimulierend wirkt und gleichzeitig die ungeheure psychische Fülle der griechischen Antike in gestaltungsmächtiger Form enthält... ‹Griechenland› gibt uns die Möglichkeit, unsere Seele und Psychologie anhand von halbwirklichen Stätten und Gestalten neu zu erforschen.» George Steiner hat wiederholt auf das griechische Erbe innerhalb der modernen Psychologie hingewiesen, vor allem im Bereich der Sexualität – Narzißmus, Homoerotik und so weiter. «Ein sehr großer Teil des griechischen Denkens ist uns durch die Art und Weise, wie es sich mit derartigen Problemen auseinandersetzt, sowohl sehr fremd als auch sehr nahe.»

Für Freud waren Mythen ähnlich wie Träume verschlüsselte Botschaften des Unbewußten; im Unterschied zu Träumen sind sie jedoch öffentlicher Besitz. Wenn wir sie richtig verstehen, meint er, erhalten wir Zugang zu jener Schicht des menschlichen Denkens, die über die geistige Gesundheit entscheidet. Mythen liefern Hinweise auf unsere persönliche psychologische Entwicklung. Er führte die Geschichte der Elektra an, die ihren Vater so sehr liebte, daß sie die Mutter tötete; und von Narziß, der in sich selbst so verliebt war, daß er der Gesellschaft den Rücken kehrte. In seinen späteren Schriften tauchen die griechischen Wörter für Liebe und Tod, *Eros* und *Thanatos*, als Schlüsselbegriffe auf.

Freud hatte Sophokles' *König Ödipus* (alias *Tyrannos* alias *Rex*) auf der Schule gelesen; und als Student in Paris sah er eine Aufführung mit dem großen Schauspieler Mounet-Sully in der Hauptrolle. Die Begeisterung für das Theaterstück fand ihren Niederschlag im weiteren Verlauf seiner psychoanalytischen Theoriebildung. 1897 schrieb er in einem Brief: «...so versteht man die packende Macht des Königs Ödipus... Jeder der Hörer war einmal im Keime und in der Phantasie ein solcher Ödipus...» Später gibt er in der *Traumdeutung* (1900) praktisch als «Beweis» jene Stelle bei Sophokles an, wo Iokaste Ödipus beruhigt:

Laurence Olivier als Ödipus und Sybil Thorndike als seine Ehefrau / Mutter Iokaste in der Londoner Aufführung von Sophokles' Tragödie von 1945/46.

Der geblendete Ödipus in Pasolinis eindrucksvollem Film *Edipo re*.

Carl Orffs Oper *Oedipus der Tyrann*, aufgeführt in Athen 1967.

Denn viele Menschen sahen auch in Träumen schon
Sich zugesellt der Mutter: Doch wer alles dies
Für nichtig achtet, trägt die Last des Lebens leicht.

Ödipus verfolgte Freud. Es wird berichtet, wie er zu seinem 50. Geburtstag von seinen Anhängern eine Medaille überreicht bekam, die auf der einen Seite sein Porträt und auf der anderen eine Sphinx zeigte samt dem griechischen Zitat der letzten Zeile des *König Ödipus*: «Der das berühmte Rätsel löste und ein gar mächtiger Mann war.» Freud wurde blaß und unruhig, denn als Student hatte er einmal davon geträumt, daß in den Arkaden der Wiener Universität auch einmal seine Büste stehen würde mit eben derselben Inschrift.

Wie immer man zu Freuds Psychologie steht, «ob sie uns albern oder tiefgründig vorkommt» – jedenfalls wurde sie ernst genommen, nicht zuletzt in der Kunst und Literatur und gar bei Interpretationen des Sophokles. Laurence Oliviers Inszenierung des *Ödipus* in London 1946 muß sehr eindrucksvoll gewesen sein: er gab Ödipus einen Ödipuskomplex, wie er es kurz zuvor schon mit Hamlet gemacht hatte. Pier Paolo Pasolini gelang es in dem Film *Edipo re*, mit Hilfe von Freuds Lesart des menschlichen Geistes die Mythe neu zu gestalten.

Vor dem 20. Jahrhundert hatte man Ödipus relativ wenig Aufmerksamkeit geschenkt, jedenfalls trotz eines Trauerspiels von Kleist und eines Gemäldes von Ingres viel weniger als etwa Orpheus oder Odysseus. In unserem Jahrhundert hingegen ist dies möglicherweise die griechische Mythe, die am ausführlichsten erforscht und auf die am häufigsten angespielt wird. Das ist sicherlich großenteils auf die zentrale Rolle zurückzuführen, die Freud ihr in der *Traumdeutung* gab; doch inzwischen sind recht verschiedene Interpretationen des Mythos und des Sophokleischen Trauerspiels aufgetaucht, die gleichfalls überzeugend und eindringlich zeitgenössische Fragestellungen aufgreifen – ein Beispiel für die unerschöpfliche Bedeutungsfülle der griechischen Mythen.

Manche sehen die Größe dieses Mythos in seiner Auffassung vom Schicksal, von den Kräften, welche das Geschehen zu seinem vorbestimmten Ende führen, ohne daß die Menschen etwas dagegen vermögen. Die «Stimme» zu Beginn von Cocteaus *La Machine infernale* (1934) schließt mit den Worten: «Zuschauer, die Maschine, die du hier siehst und deren Feder voll aufgezogen ist, damit sie sich entsprechend der Länge eines Menschenlebens langsam entspannen wird, ist eines der vollkommensten Geräte, die die Götter der Unterwelt für die mathematische Vernichtung eines Sterblichen gebaut haben.» Andere verstehen wie Bernard Knox den Mythos in dem Theaterstück als Symbol für den menschlichen Drang – oder gar Zwang –, die Suche fortzusetzen, ungeachtet der Konsequenzen. Hier macht sich existentialistisches Gedankengut bemerkbar, wie man es etwa bei Sartre findet: Der Wille zur Selbsterkenntnis ist die Voraussetzung des wahren Lebens und erlaubt keine Kompromisse. Deshalb setzt Ödipus die Suche nach seinem Selbst fort und läßt sich durch nichts aufhalten. Jean-Pierre Vernant interpretiert Sophokles' Ödipus, der von einem Extrem des Glücks, des Wohlstands und der Macht in das andere stürzt, als Widerspiegelung der tieferen Strukturen jenes Rituals vom Sündenbock, den man aus der Stadt treibt, um mit ihm alle Schrecken und Geißeln der Menschheit zu vertreiben. Karl Reinhardt weist unter dem Einfluß Heideggers auf die Kluft zwischen Schein und Wirklichkeit hin: Ödipus, der der glücklichste aller Menschen zu sein scheint, muß zu erkennen lernen, daß er in Wahrheit der unglücklichste ist. Ich bin geneigt, diese Interpretation weiterzuverfolgen, wobei ich vielleicht von Kuhns Theorie wissenschaftlicher Revolutionen beeinflußt bin. Ödipus vermag bis zu einem bestimmten Punkt in seinem Leben alle – auch möglicherweise widersprüchliche – Hinweise auf seine Vergangenheit einer bestimmten Version seiner Lebensgeschichte anzupassen, die er für authentisch hält. Dann kommt der schreckliche Augenblick, wo er feststellen muß, daß noch eine völlig andere und auf entsetzliche Weise triftige Erklärung der Ereignisse existiert, daß er sich auf seiner Lebensbahn in einem großen Kreis gedreht hat und in den Schoß als Ehemann eindrang, in dem er gezeugt worden war.

Im Angesicht des Minotauros

Freud versuchte letztlich nichts anderes, als die Mythen ihrer Rätselhaftigkeit zu entkleiden. Sobald man sie einmal als eine Geschichte des Unbewußten entschlüsselt hatte, war damit alles erklärt. Anthony Storr meint dazu: «Er war erst zufrieden, wenn er alles auf den kleinsten gemeinsamen Nenner reduziert hatte; und er betrachtete das Unbewußte tatsächlich in erster Linie als ein Sammelbecken der Dinge, die man nicht akzeptieren konnte.» Grundverschieden war die Art und Weise, wie Freuds zeitweiliger Freund und Kollege Carl Gustav Jung (1875–1961) eine Psychologie der Mythen entwickelte. Der fundamentale Unterschied wird sofort deutlich, wenn man Jungs Ansicht kennt, daß der moderne Mensch «das seelische Leben wiederentdecken muß». Jung, der sich sehr für Archäologie interessierte und sich selbst als Archäologe des Geistes begriff, verstand die Mythen als Ausdruck der innersten Gedanken und Gefühle der Menschheit, als Muster, die das Produkt erblicher Gehirnstrukturen waren. Er nannte sie «Archetypen des kollektiven Unbewußten» und bestand darauf, daß man sie nicht vertuschen oder wegdeuteln dürfe, sondern mit ihnen fertig zu werden habe. In gewisser Weise muß sich der Mensch seine eigenen Mythen schaffen, um sein Leben zu bereichern. Der Vater, der im Ödipus-Mythos getötet wird, ist nicht ein sexueller Rivale aus der Kindheit, sondern symbolisiert das Gefühl seelischer Unterdrückung, von dem wir uns irgendwann einmal befreien müssen. «Das Rätsel der Sphinx», sagte Jung, «war sie selber, nämlich das furchtbare Mutterbild, von dem sich Ödipus nicht warnen ließ.»

Tatsächlich war die Mythologie eine der wesentlichen Ursachen, weshalb es zwischen Freud und Jung zum Bruch kam. Auf Freuds Seite mag dabei sogar in gewisser Weise ein eigener Ödipuskomplex mitgespielt haben. Er schrieb Jung 1911: «Ich weiß nicht, warum Sie meine Kritik in Mythologicis so sehr fürchten» und nannte ihn einen gefährlichen Rivalen, falls es zu Rivalitäten zwischen ihnen kommen würde. Jungs Ehefrau schrieb an Freud: «Und denken Sie an Carl nicht mit dem Gefühl des Vaters: ‹Er wird wachsen, ich aber muß abnehmen.›» Zum endgültigen Bruch kam es im Januar 1913.

Für Freud verkörpern Mythen dunkle, irrationale Dinge, die, sobald man sie erklären kann, ihre Bedrohlichkeit verlieren; sie verschwinden einfach. Jung hält diese dunklen Wesen für einen Teil unseres Lebens, den wir erkennen und beherrschen müssen. Es überrascht, daß Jung sich nicht intensiver mit der Mythe des Minotauros beschäftigte, paßt sie doch trefflich zu seiner Vorstellung, daß jeder

Umschlag von Picasso für die erste Nummer des *Minotaure* (1933).

von uns eine Schattenseite besitzt. Er erwähnt Theseus lediglich im Zusammenhang mit anderen Heroen, denen auf dem Weg zur Reife Ungeheuer begegneten.

Theseus betrat das Labyrinth mit einem Knäuel, das Ariadne ihm gegeben hatte, tötete das Ungeheuer mit Menschenleib und Stierkopf und fand mit Hilfe des Fadens zum Ausgang zurück. In ähnlicher Weise, könnte ein Jungianer sagen, müssen wir hinabsteigen und den Irrgarten unseres Unterbewußten erforschen, dem dort befindlichen Animalischen gegenübertreten und den Rückweg mit Hilfe des Wohlwollens derer finden, die uns lieben. Freud hingegen meinte, es lasse «sich z. B. die Labyrinthsage als Darstellung einer analen Geburt erkennen; die verschlungenen Gänge sind der Darm, der Ariadnefaden die Nabelschnur». In diesem Fall wirkt Freuds Reduktionismus «albern»: wo bleibt der Minotauros? Was bedeutet die Ariadne-Figur? Und wie erklärt er den Umstand, daß Theseus den Faden benutzt, um den Weg *zurück* zu finden? Manche vergleichen das Laby-

G. F. Watts malte diesen Minotauros in einem Anfall selbstgerechter Empörung – und anderer gemischter Gefühle?

Das Labyrinth auf einer Münze
aus Knossos (um 200 v. Chr.).

Theseus tötet den Minotauros
auf einer bemalten attischen
Amphora (Mitte 6. Jh. v. Chr.).

rinth mit der Situation, wenn man sich im Dickicht der Gedanken verloren hat und nach einer Idee sucht, die einen Ausweg bietet; für andere symbolisiert es den schöpferischen Akt, bei dem man zunächst in dunkle Tiefen schaut, bevor sich neue Wege eröffnen.

Dieses sind anregende, starke Gedankenbilder. W. H. Auden wandte sich ihnen zu, als er seinen auf den 1. Januar 1940 datierten «Neujahrsbrief» schrieb. Er fragte sich angesichts der Schrecken der vergangenen zehn Jahre:

> wem nicht, von blindem Zorn benommen,
> Gedanken an den Minotauros kommen?

Der Minotauros und die damit verbundenen Mythen um den Erfinder und Künstler Dädalus, der für sich und seinen dem Untergang geweihten Sohn Ikarus Flügel anfertigte, waren Themen, die den Künstler Michael Ayrton sein Leben lang beschäftigten. Der Mann mit dem Stierkopf reizte auch Picassos Phantasie. Er taucht in seinem Werk erstmals 1927 auf, und 1933 entwarf der Künstler das erste Titelbild für Albert Skiras Zeitschrift *Minotaure*. In den folgenden zwei Jahren kehrt die Figur häufiger wieder und erreicht ihre eindringlichste und rätselhafteste Wirkung in der Radierung *Minotauromachie* aus dem Jahr 1937. Ist es als Sinnbild des Faschismus optimistisch oder pessimistisch? Kann das Mädchen mit der Kerze und den Blumen das Ungeheuer besänftigen? Geht die Theseus-/Christusfigur die Leiter hinauf oder hinab? Ist der Minotauros Bestie oder Mensch?

Gegen Ende des 19. Jahrhunderts malte G. F. Watts, der normalerweise auf seine sorgfältig detaillierten Gemälde Monate verwandte, *The Minotaur* innerhalb von drei Stunden in einem Anfall von Ärger und Abscheu über die gewerbliche Prostitution. Dieser Minotauros, der unter der Hand einen Vogel zerdrückt, hält von den Zinnen Ausschau nach dem Schiff, das ihm junge Athener zur Befriedigung seiner grausamen Lüste bringen wird. Doch entbehrt die Darstellung jedes Schreckens. Die meisten Betrachter empfinden beim Anblick Mitleid mit diesem Geschöpf, das wehmütig in seinem monströsen Leib gefangen wirkt. Es scheint sich nach Menschlichkeit und Güte zu sehnen.

Falls wir alle in uns ein dunkles Untier bewahren, das Unschuld und Vernunft zu verschlingen droht, dann müssen wir hinab in das Labyrinth steigen können, uns dieser Seite unseres Menschseins bewußt werden und zurückkehren. Sollen wir dieses halbmenschliche Wesen töten, oder läßt es sich zähmen? – Oder ist das sentimental gedacht? Wie die Antwort auch ausfallen mag, die Dauerhaftigkeit der griechischen Mythen hat damit vielleicht etwas zu tun, wo Menschliches und Monströses, Heldenhaftes und Erniedrigendes, Reines und Erotisches zusammenkommen. Um uns zwischen diesen in uns nebeneinander existierenden Elementen zurechtzufinden, brauchen wir einen Schlüssel, einen Leitfaden, und den mag die Mythe liefern, die auf ihre Weise Ordnung in das Chaos bringt und manchen Aspekten des menschlichen Daseins Sinn gibt, die mit objektiven, wissenschaftlichen Methoden nicht zu erfassen sind.

Aphrodite

Kein Verkehr ist der sicherste Verkehr

Wieder läßt Eros, der die Glieder löst, mich erzittern,
Das süß-bittere, unwiderstehliche, anschleichende
Geschöpf. Sappho

Die Griechen haben den Sex nicht erfunden. Auch waren sie weder die ersten noch die letzten, die ihn als bitter-süß empfanden – oder allzuoft zunächst als süß und dann als bitter. Ihr Verhältnis zum Sex war dem unseren außergewöhnlich ähnlich und doch verschieden, modern und fremd zugleich; und eine Kenntnis ihrer Einstellung mag einiges zum Verständnis der modernen Sexualität beitragen. Eines der Probleme unserer Zeit sind zweifellos die Geschlechtskrankheiten. Die Weltgesundheitsorganisation WHO rechnet mit nicht weniger als acht Millionen Aids-Kranken im Jahr 1994, demselben Jahr, in dem Louise Brown, das erste Retortenbaby, ihr 18. Lebensjahr erreicht. Soweit ich weiß, gibt es keinen Hinweis auf Geschlechtskrankheiten im alten Griechenland – Sex war «sicher».

War es deshalb ein sexuelles Utopia, wie Byron bei seiner Beschreibung von Don Juans Beischlaf mit der entzückenden Haydée andeutet?

Ein Paar, ganz im antiken Stil,
Halbnackt, verliebt, sehr griechisch und zivil.

Als Thomas Morus 1516 das Wort «Utopia» prägte, war ihm klar, daß es auf griechisch sowohl *Eutopia*, «wo alles schön ist», als auch *Outopia*, «nirgendwo», bedeuten kann. Nirgendwo ist der Geschlechtsverkehr frei von Gefahren, schon gar nicht im antiken Griechenland, wo er als köstlich, herzzerreißend, lächerlich, verrückt und sehnsüchtig machend galt – alles andere als sicher.

Michel Foucaults Untersuchungen zufolge ist im Westen jene schuldbesessene Zeit vorbei, da Sex außer zur Fortpflanzung moralisch mißbilligt wurde; dafür sind wir heute von sexuellen Ängsten besessen. Außer Neurosen, die mit Leistung und Ansteckungsgefahren zusammenhängen, und Schuldgefühlen (die keineswegs verschwunden sind) gibt es Betrug, Eifersucht, zerbrochene Ehen, unerwünschte Geburten, Vergewaltigung, Pornographie, Unzucht mit Kindern, Streit um die

Vase aus Athen, 5. Jahrhundert v. Chr.

Homosexualität. Trotz der Vermarktung problemloser sexueller Befriedigung frage ich mich, wie viele Leute über 21 nicht irgendwann einmal den ganzen Sex zum Teufel gewünscht haben, weil er zuviel Aufwand erforderte. Angesichts von Retortenbabys ist die Frage berechtigt, ob sich der Aufwand wirklich lohnt. Wenn er zur Fortpflanzung nicht mehr unerläßlich ist, kämen wir nicht besser ohne Sex aus? Genau diese Frage stellte Euripides 428 v. Chr. In seinem gleichnamigen Bühnenstück wünscht sich Hippolytos, die Götter hätten eine sauberere, weniger mühsame Methode zur Fortpflanzung des Menschengeschlechts erfunden. Er selbst jedenfalls will nichts damit zu tun haben – er verschmäht Aphrodite.

Das Land der Nymphen und Satyrn

In der allgemeinen Vorstellung verbinden sich mit dem alten Griechenland wahrscheinlich vage erotische Assoziationen. Darauf zielt oft auch die Werbung ab, die den Urlaubern aus dem kalten, verklemmten Norden die griechischen Badestrände schmackhaft zu machen versucht. Einige klettern auf den Ruinenstätten herum, aber viele Urlauber ziehen es offensichtlich vor, dem Liebesleben der Antike einen Besuch abzustatten. «Fahre nach Griechenland, um Aphrodite wieder-

Typischer Kiosk in Athen (1988) mit «schmutzigen» Postkarten.

zufinden und ihren Sohn Eros, den Urheber der Liebeslust», lautet die Botschaft. Sonne und Meer, Wein und Tanz inspirieren zu Sex ohne Schranken und Probleme – obgleich am Flughafen auf Plakaten vor Aids gewarnt wird. Griechenland war die Heimat der Nymphen und Satyrn, und von dort kommen die Begriffe «Satyriasis» für permanente Erektion und «Nymphomanie» für andauernde weibliche Erregung (im *Oxford English Dictionary* wird nur letzteres als «krankhaft» bezeichnet!). Im heutigen Griechenland findet man in den Touristenläden Dias und Postkarten von antiken griechischen Vasen, auf denen alle möglichen Liebesspiele in allen möglichen Stellungen dargestellt sind. Aus irgendeinem Grund ist die unbedeutende Statuette eines Satyrs mit übergroßem Glied der Bestseller des Nationalmuseums.

Zweifellos gab es im antiken Griechenland viel Erotisches zu sehen, zumindest auf Abbildungen. Erst seit kurzem kann man über derartige Dinge reden und schreiben, ohne ständig umschreiben und sich entschuldigen zu müssen. Das hohe wissenschaftliche Niveau von Sir Kenneth Dovers Kommentar zu Aristophanes' Komödie *Die Wolken* (1968) und sein Buch *Greek Homosexuality* (1978) haben viel dazu beigetragen. Ich besprach 1976 ein Buch über «Obszönität» bei Aristophanes, das neben anderen Großtaten auch eine Zusammenstellung von 106 Ausdrükken für das männliche und 91 für das weibliche Geschlechtsteil enthielt. Ein ehrwürdiger Philosophieprofessor gratulierte mir herzlich dazu, daß ich «sicherlich als erster Fellow von Magdalen College das Wort ‹ficken› gedruckt verwendet» hätte. So geschah es, daß Aristophanes, der ausgelassene und phantasievolle Athener Komödiendichter des späten 5. Jahrhunderts v. Chr., im ausgehenden 20. Jahrhundert n. Chr. die Prüderie aus Oxford verbannte.

Im heutigen England wird die Grenze ungefähr bei der öffentlichen Darstellung des Ithyphallus, des erigierten Phallus, gezogen – mit einigen Ausnahmen wie dem Riesen von Cerne Abbas (in Arthur Mees *Children's Guide to Dorset* heißt es, daß «wir nur wissen, daß er sehr alt und sehr häßlich ist»). In Athen wurde zu bestimmten religiösen Festen ein riesiger Phallus durch die Stadt getragen (wie es noch heute in Japan geschieht), und man sang dazu Hymnen auf Phales, den Gott. Hermen standen an den Straßen: Köpfe des Gottes Hermes auf einem rechteckigen Sockel, mit hervorragendem Phallus. Die Athener Bürger pflegten im Anschluß an eine Tragödie ein Satyrspiel anzuschauen, dessen Chor mit permanent erigiertem Glied auftrat. Das gehört auch zu den beliebtesten Motiven auf Trinkschalen. In den Komödien ging es womöglich noch obszöner zu. So läßt in Aristophanes' *Lysistrata* Myrrhene ihren ithyphallischen Gemahl beinahe in sich eindringen, bevor sie ihn zurückweist. Vasenmalereien aus verschiedenen Zeiten und Gegenden, vor allem aber jene aus dem Athen des 5. Jahrhunderts, zeigen eine Vielzahl unverblümter Szenen. «Keine Sparte und keine Epoche der griechischen Kunst liefert eine ähnliche Fülle von Darstellungen des Menschen als Liebhaber; wie es überhaupt in der gesamten Kunst kaum etwas Vergleichbares gibt, von der japanischen Kunst abgesehen», schreibt John Boardman über die attische Vasen-

Das Griechenland der Ferienträume.

Dieser Satyr, eine kleine Bronze aus dem 5. Jahrhundert v. Chr., ist der Verkaufsschlager.

malerei des 5. Jahrhunderts. «Mensch» in diesem Satz bezieht sich auf Mann und Frau, Hetero- und Homosexualität; und «Liebhaber» meint den Menschen beim Geschlechtsverkehr. Sogar auf uns, die wir in einem Zeitalter der Freizügigkeit und sexuell eindeutiger Fotografien und Filme leben, wirkt das Material aus dem antiken Griechenland teilweise recht stark.

Eros wird begrüßt und abgewiesen

Was an Sex im alten Griechenland zu sehen war, gehörte nicht immer zu dieser harten Sorte. Man denke nur an die zahllosen männlichen und weiblichen Statuen ohne Feigenblatt. Weil sie den Status von quasi geheiligten, moralisch unantastbaren Kulturgütern besaßen, wurden sie von vielen Künstlern des 19. Jahrhunderts als Vorwand für gehobene, zahme Pornographie benutzt. In Frankreich verbrämte Gérard seine Gemälde *Phryne vor den Geschworenen* mit der klassischen Mythe von Phryne, die für Praxiteles' Statue der Aphrodite Modell stand (sie heißt *Aphrodite von Knidos* nach der gleichnamigen Insel), die ihre Reize vor Gericht enthüllen mußte. Diese berühmte Statue galt als so schön, daß man sie im Unterschied zu den meisten anderen Kultfiguren von allen Seiten sichtbar aufstellte. Auf Knidos wurde Besuchern auch der Fleck gezeigt, wo jemand eines Nachts heimlich an ihr ejakuliert hatte. Vielleicht erinnerte sich W. B. Yeats an diese Episode, als er in einem seiner letzten Gedichte von den Jungen und Mädchen schrieb, die

> um Mitternacht an einem öffentlichen Ort
> Volle Lippen auf ein fein gemeißeltes Antlitz preßten.

Die Statue spielt die Titelrolle in dem pseudohellenischen Film *Aphrodite, Göttin der Liebe* (1958), dessen Held Praxiteles ist.

Die Götter des Olymp legten den Menschen nicht nur keine Beschränkungen auf (außerhalb ihrer Heiligtümer), sondern lieferten darüber hinaus Anregungen für sexuelle Lustbarkeiten. Ares und Aphrodite begingen sogar Ehebruch, bevor sie der *Odyssee* zufolge vom gehörnten Hephaistos mit einer Art riesigem Spinnennetz in flagranti gefangen wurden. Zeus war ausgesprochen lüstern und einfallsreich bei der Auswahl von Gestalten, die er zum Erreichen seines Ziels annahm. In der *Ilias* sagt er, als er mit seiner Frau Helena ins Bett gehen will:

> Denn so sehr hat keine der Göttinnen, oder der Weiber,
> Je mein Herz im Busen mit mächtiger Glut mir bewältigt:
> Auch nicht, als ich, entflammt von Ixions Ehegenossin,
> Einst den Peirithoos zeugt'...
> Noch da ich Danae liebt'...
> Noch auch Phönix Tochter, des ferngepriesenen Königs,...

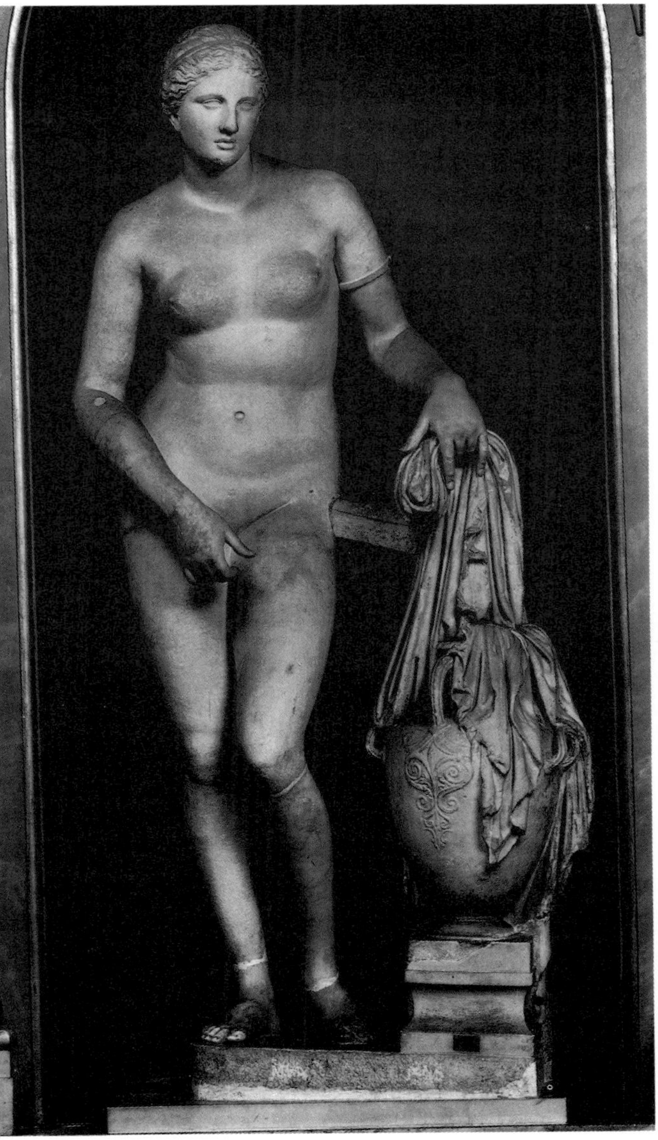

Die Aphrodite von Knidos, eine römische Kopie des Originals, das Phidias um 340 v. Chr. schuf.

The Sculptor's Model: Sir Laurence Alma-Tadema nutzt die Respektabilität griechischer Bildhauerei.

Noch als ich Semele liebt', auch nicht Alkmene...
Noch da ich einst die erhab'ne, die schöngelockte Demeter,
Oder die herrliche Leto umarmete, oder dich selber...

Die Liebschaften der griechischen Götter, die größtenteils aus Ovids lateinischen *Metamorphosen* bekannt waren, lieferten vornehmlich im 16. und 17. Jahrhundert

Die Geschichte der Danaë, in Tiepolos Version aus dem 18. Jahrhundert. Ist Zeus ein Goldregen oder ein Münzenberg?

Rechts: Anonyme Darstellung aus einer *Histoire Universelle* (1740). Zeus nutzt den Augenblick, da Leda durch den Schwan abgelenkt wird, in den er sich verwandelt hat.

zahllosen Malern aufreizende Themen, die aufgrund ihrer klassischen Herkunft überaus ehrbar zu sein vorgeben konnten. So malte beispielsweise Correggio für Friedrich II. von Mantua drei Geliebte des Zeus, Danae, Leda und Io und obendrein seinen Geliebten Ganymed.

Es gab auch Göttinnen, die sich in Sterbliche verliebten, so etwas Thetis, die Mutter des Achilles, in Peleus. Solche Beziehungen pflegten jedoch meist mehr als ein einmaliges Gastspiel zu sein. Über die Vereinigung der Aphrodite mit dem trojanischen Prinzen Anchises, dem Vater des Äneas, heißt es in einer Hymne:

> Mit ihr kamen graue Wölfe, die sie umspielten,
> und Löwen mit grimmigem Auge, und Bären und geschmeidige Panther.
> Der Anblick erfreute ihr Herz,
> und sie weckte Lüsternheit in ihnen.
> So paarten sich alle allüberall auf dem schattigen Grund.

Nicht nur Göttinnen, auch sterbliche Frauen genossen offenbar geschlechtliche Liebe; und sie lagen dabei nicht still und dachten ans Vaterland. Die Vasenmale-

reien zeigen deutlich, daß sie aktiv am Liebesspiel beteiligt waren und auch mit einem künstlichen Phallus umzugehen wußten (falls das nicht der männlichen Phantasie entsprungen ist). Bei Aristophanes unterhalten sich die Frauen oft über Seitensprünge, Variationen des Geschlechtsakts und ähnliche Dinge. In der *Lysistrata* unterbreitet die Heldin ihren Plan zur Beendigung des Krieges ihren Mitverschwörerinnen:

Lys. Wollt ihr also wirklich mitmachen?
A. Aber sicher, bestimmt, und wenn wir dabei sterben.
Lys. Nun gut, so laßt uns auf die Schwänze verzichten. – Weshalb wendet ihr euch ab? Warum beißt ihr euch auf die Lippen und schüttelt den Kopf?
A. Nein, ich kann's nicht. Soll doch der Krieg weitergehen.
B. Alles, nur das nicht. Laß mich durchs Feuer gehen, aber nimm uns nicht die geliebten Schwänze. Was gibt es denn Schöneres, liebe Lysistrata?

Einer alten Überlieferung zufolge war Tiresias im Lauf seines Lebens sowohl männlich als auch weiblich gewesen (Eliot nennt ihn in *The Waste Land* «den Alten mit den verschrumpelten Zitzen»). Zeus fragte ihn, wer mehr Genuß beim Liebesakt empfinde, und Tiresias antwortete, die Frauen neunmal mehr als die Männer. Hera war über den Verrat dieses Geheimnisses derart erbost, daß sie ihn blendete.

Daneben gibt es noch eine Fülle von griechischen Liebesgedichten aus archaischer Zeit bis zum Ende des Altertums, homosexuelle und heterosexuelle, sentimentale und realistische, leidenschaftliche und frivole. Die besten datieren aus der großen Zeit der lyrischen Dichtung des 7. und 6. Jahrhunderts. Mimnermus beteuerte:

Was wäre das für ein Leben, was wären die Freuden
ohne die goldene Aphrodite?
Ich wünsch' mir den Tod, sobald heimliche Liebe,
süße Gaben und das Bett
Mir nichts mehr bedeuten. Das ist die Krönung
unserer besten Jahre,
Freude der Männer und Frauen.

Sophokles besingt Eros in einer berühmten Ode in der *Antigone*:

Die Liebe, nie auf dem Schlachtfeld bezwungen...
Die Liebe, die nachts über die
sanften Mädchenwangen wacht...
Nicht einmal die unsterblichen Götter
vermögen ihr zu entfliehen,
Kein Mensch, und lebt er nur einen Tag...

Londoner Frisiersalon.

Paris und Helena von David. Sie scheinen ihr Schlafzimmer mit einer Karyatiden-Vorhalle ausgestattet zu haben!

Eines der erotischsten griechischen Gedichte war mehr als 1500 Jahre verschollen, bevor es 1974 auf einem Papyrus der Universität Köln entziffert wurde. Ich war dabei, als es vor der Oxford Philological Society erstmals der Öffentlichkeit vorgestellt wurde. Angekündigt war ein Vortrag von Professor Martin West mit dem rätselhaften Titel «Letzter Tango auf Paros». Wie sich herausstellte, handelte es sich um etwa dreißig Zeilen des Dichters Archilochos aus Paros, der um 700 bis 650 v. Chr. lebte. In diesem neuentdeckten Gedicht verführt er ein heranreifendes Mädchen, die jüngere Schwester einer ehemaligen Freundin. Er verspricht ihr, nicht «bis zum Äußersten» zu gehen – «Ich werde auf dem Rasenstück bleiben und nicht die Tür aufbrechen». Die Schlußzeilen lauten:

Doch hatte ich genug geredet. Ich legte das Mädchen
Nieder auf die Blumen. Eine weiche Decke ausgebreitet,
Ihren Hals umschlungen, beruhigte ich
Ihre Angst. Das Kitz gab die Flucht bald auf.
Sanft glitten meine Hände über ihre Brüste,
Über ihre reifende Fraulichkeit, die sie mir enthüllte,
Und über ihren Leib, die entblößte junge Haut;
Ich verströmte meine weiße Kraft, als ich ihr blondes Haar berührte.

Genug dieser Utopien, dieser Phantasien. Der junge Paris mußte sich zwischen Hera, Athene und Aphrodite entscheiden, und er wählte Aphrodite, weil sie ihm die Erfüllung seiner sexuellen Träume versprach. In der Welt, die ich bisher geschildert habe, hätte er dann glücklich und befriedigt bis ans Ende seiner Tage gelebt. Doch die Geschichte geht noch weiter: Paris erhielt Helena, «deren Antlitz tausend Schiffe aussandte und die ungedeckten Türme von Ilion in Brand setzte», und die die fatalste Femme fatale aller Zeiten war. Das antike Griechenland war nicht die Spielwiese, die in den Reisebroschüren versprochen wird. George Steiner traf den Kern der Sache besser, als er überraschenderweise auch von Sexualität sprach: «Man muß etwas über jene Welt [der griechischen Antike] wissen, über ihre gewaltige Bedeutung für uns und über die Probleme, die sie uns vererbt hat. Denn ich glaube, sie hat uns einige sehr hartnäckige politische und menschliche, soziale und sexuelle Probleme hinterlassen, und wenn wir das ignorieren, wären wir zu einer armseligen Existenz verdammt, deren Gedächtnis nicht weiter reicht als bis gestern.»

Aphrodite versprach keine ungetrübten Freuden. Die Stanze aus Sophokles' Ode endet mit den Worten:

Nicht einmal die unsterblichen Götter vermögen ihr zu entfliehen,
  Kein Mensch, und lebt er nur einen Tag –
Jeder in ihren Fängen wird in den Wahnsinn getrieben.

Maria Callas in Cherubinis *Médée* (Royal Opera House, 1958).

Und am Schluß der Hymne heißt es:

> Unwiderstehliche Aphrodite, niemals bezwungen –
> Liebe, du neckst uns zu deinem Vergnügen.

Aphrodite und Eros sind grausame Gottheiten: sie zerstören den Menschen, schütteln ihn wie der Sturmwind, machen ihn verrückt. Am Anfang von Platos *Staat* wird der alte Sokrates nach Aphrodite gefragt. «Schweigt!» meint er. «Ich bin froh, davon losgekommen zu sein, als wäre ich von einem tollen und wilden Herrn losgekommen.» In Platos *Gastmahl* erfahren wir, wie Sokrates eine Nacht im Bett mit Alkibiades verbringt, dem Herzensbrecher aller Frauen – und Männer – von Athen; und es spielt sich zwischen ihnen nichts Erotischeres ab als eine Unterhaltung über philosophische Fragen. Sokrates setzt hier seine (oder Platos) Lehre in die Tat um, daß für den Weisen geschlechtliche Liebe nur einen Anreiz darstellt für die Liebe zum wahren Schönen. Daher kommt der Ausdruck «platonische Liebe», den der florentinische Philosoph Marsilio Ficino im 15. Jahrhundert prägte.

Im *Hippolytos* des Euripides weist der junge Fürst Aphrodite wesentlich heftiger zurück. Eine bewußte Entscheidung für das Zölibat ist auch in der christlichen Welt nicht völlig unbekannt. Zwar war zugegebenermaßen Hippolytos' Einstellung im alten Griechenland nicht sehr weit verbreitet; doch hat Euripides sie immerhin eines Schauspiels wert befunden. Hippolytos verschreibt sich der jungfräulichen Göttin Artemis und verbringt seine Zeit mit Jagen in den Bergen und Wagenrennen an flachen Sandstränden. Als man ihn drängt, Aphrodite zu huldigen, antwortet er: «Mir gefallen Gottheiten nicht, die im Dunkel verehrt werden.» Auf die Beschuldigung seines Vaters, seine Stiefmutter Phädra verführt zu haben, entgegnet er:

> Bis heute hat mein Körper das Bett der Liebe nicht berührt.
> Ich weiß von solchem Tun nur vom Hörensagen
> Und von Bildern, will dergleichen auch nicht sehen.
> Ich habe eine jungfräuliche Seele.

Ungeachtet seiner Verehrung für Artemis wird er von Aphrodite zerstört. Niemand verschmäht die Göttin der Genitalien ungestraft. Dabei ist Hippolytos keineswegs nur negativ eingestellt: er bemüht sich aktiv um Reinheit (ein Vorgriff auf Christus, meinte Keble), um Erlösung von allen diesen feuchten, heimlichen Dingen.

Die unterdrückte Stammutter

Während sie Hippolytos zerstört, zerstört Aphrodite auch Phädra. Sie läßt Phädra sich in den attraktiven, aber unerreichbaren Stiefsohn verlieben. Bevor diese Schande zwangsläufig ihrem Ehemann Theseus bekannt wird, bringt sie sich um und hinterläßt einen Abschiedsbrief, in dem sie Hippolytos anklagt. Euripides ist darum bemüht, sie nicht lediglich als eine von ihrer Leidenschaft besessene Frau wirken zu lassen; sie ist eine charaktervolle, glaubhafte Gestalt – Racine ließ sich von ihr inspirieren –, eine Frau, deren Sexualität stärker ist als alle Bedenken mit Rücksicht auf Vernunft und Anstand. Ihr guter Ruf ist Phädra wichtiger als alles andere, und sie ist bereit, dafür zu sterben. Dies stimmt mit der Geisteshaltung überein, die Thukydides dem Perikles in der berühmten «Leichenrede» zuschreibt: daß über die höchste Tugend der Frau «am seltensten, im Guten wie im Bösen, unter Männern geredet werden soll». Hier wird – wie auch bei uns nicht selten – deutlich mit zweierlei Maß gemessen: Männer dürfen den Geschlechtspartner wechseln, Frauen haben monogam zu bleiben.

Das antike Griechenland war bestimmt kein Utopia für die meisten Frauen, schon gar nicht während des großen «aufgeklärten» Zeitalters Athens. Der Redner Apollodoros aus Athen erklärte: «Prostituierte dienen unserem Vergnügen, Mätressen [ohne Bürgerrechte] dienen der täglichen Erfrischung unseres Leibes, aber Ehefrauen sind dafür da, uns eheliche Kinder zu gebären und den Haushalt zu führen.» Frauen nahmen demnach entweder den niedrigen Rang von Sexualobjekten ein oder führten ein anständiges Leben, das sich auf Kindergebären und Tuchweberei beschränkte. Die Vasenmalereien reflektieren generell die scharfe Abgrenzung dieser beiden Sphären.

Die Frauen in Athen hatten keine von ihren Männern unabhängige rechtliche oder politische Stellung. Sie durften kein öffentliches Amt bekleiden (abgesehen von gewissen religiösen Funktionen), hatte im Rat und bei Gericht weder Sitz noch Stimme und konnten keinen Besitz erben (hingegen konnten Männer über ihre Frauen erben). Ihr Leben lang waren sie einem «Herrn» untertan, und wenn sie heirateten, gingen sie mitsamt dem Brautgut von der Hand des Vaters (oder des nächsten männlichen Verwandten) direkt in die Hand des Ehemanns über, und die gesamte Prozedur wurde von Männern geregelt. Falls sie geschieden oder Witwe wurden, kehrten sie zu den Männern ihrer blutsverwandten Familie zurück. Sie wurden nicht nur in formeller Hinsicht systematisch als zweitrangig behandelt, sondern lebten auch räumlich beschränkt. Sie sollten sich so wenig wie möglich in der Öffentlichkeit zeigen, vielmehr zu Hause bei den Kindern und am Webstuhl bleiben. Wichtige Ausnahme waren die religiösen Feiern.

Zu Beginn von Platos *Phaidon* läßt Sokrates seine Frau Xanthippe nach Hause bringen; an seinem letzten Tag des Philosophierens waren Frauen unerwünscht. In den Häusern waren die Räume, die am weitesten von der Straße entfernt lagen, das Revier der Frauen. Frauen betraten den Raum nicht, wo die Männer ihre «Gastmähler» abhielten, zu denen gerne auch weibliche oder männliche Prostituierte eingeladen wurden. Die Athener Männer schienen in einer Stadt, wo das Bürgerrecht eng beschränkt war, von der Vorstellung besessen, daß ihre Frauen und Töchter, wenn man sie nur einige Minuten unbeaufsichtigt herumlaufen ließe, augenblicklich uneheliche Kinder in die Welt setzen würden. Die Männer waren überzeugt von ihrer eigenen Stärke und Selbstdisziplin und rechneten die Frauen dem anderen Extrem der Unvernunft und Zügellosigkeit zu.

Es wird manchmal behauptet, diese Situation unterscheide sich nicht wesentlich von jener, in der sich heute ein Großteil der 200 Millionen Moslem-Frauen befinden. Der Umstand, daß die Frauen in Athen so eingeschränkt waren, bedeutet nicht notwendigerweise, daß sie sich unglücklich fühlten; offensichtlich konnte sich zwischen Ehepartnern Liebe und Respekt entwickeln, wie man aus den rührenden Gedenkinschriften und Grabmonumenten ersieht. Dasselbe wird auch vom Islam gesagt. Aber das Athen des 5. Jahrhunderts läßt sich nicht mit der islamischen Welt vergleichen; es ist eine Stadt und eine Zeit, die wie kaum eine andere der westlichen Welt erforscht und nachgeahmt wurde. War sie wirklich so gänzlich eine Männergesellschaft, der Inbegriff des Patriarchats? Schließlich war die gleichnamige Schutzgottheit Athens weiblichen Geschlechts; es gab mächtige weibliche Götter auf dem Olymp (beispielsweise Aphrodite); und starke, eigenwillige Frauengestalten findet man auch in den griechischen Mythen, insbesondere im Trauerspiel, das gerade um diese Zeit in Athen entstand.

In den *Eumeniden*, dem dritten Teil von Äschylus' *Orestie* (458 v. Chr.), werden die alten weiblichen Gottheiten, die Furien, vom männlichen Apollo und den neuen olympischen Göttern besiegt, die Zeus zeugte; und sie lassen sich dazu bewegen, in der Stadt Athen eine neue, sanftere Existenz zu führen. Darüber hinaus versichert die Göttin Athene, daß sie keine Mutter hatte, sondern von Zeus selbst geboren war; so wurde also die Stadt von dem Tempel einer Göttin beherrscht, deren Legitimation väterlicherseits über jeden Zweifel erhaben war. *Die Eumeniden* waren ein Schlüsseltext des Schweizer Altertumsforschers Johann Jakob Bachofen, der 1861 *Das Mutterrecht* veröffentlichte. Bachofen vertrat die Auffassung, daß es einst ein Zeitalter gegeben habe, in dem die Frauen herrschten und die Männer damit beschäftigt waren, den Idealvorstellungen ihrer weiblichen Herrscher gerecht zu werden. Dieses Zeitalter wurde gewaltsam durch das Patriarchat beendet, dessen Inbegriff Zeus war und das wir noch heute mit den Griechen gemein haben. Friedrich Engels war stark von Bachofen beeinflußt, wenngleich er den Umschwung mehr nach materialistischen Gesichtspunkten interpretierte. Engels hat mit seiner Analyse zur Stellung der Frau und ihres potentiellen Beitrags zur Gesellschaft, so sie erst einmal befreit ist, die kommunistischen Länder beeinflußt, wo die Befreiung der Frau in mancher Hinsicht weiter vorangeschritten ist als im Westen.

Obwohl heutzutage der Übergang vom Matriarchat zum Patriarchat eher symbolisch als historisch gesehen wird, ist die *Orestie* nach wie vor ein wichtiger Text der feministischen Literatur, etwa bei Simone de Beauvoir und Kate Millet. Ich möchte so weit gehen und behaupten, daß die größte gesellschaftliche Veränderung im Westen zu meiner Zeit von der «Frauenbewegung» herbeigeführt wurde. Griechenland hat dazu beigetragen, und zwar nicht nur in einer unbedeutenden Nebenrolle. In der «Frauenforschung» in den vergangenen zwanzig Jahren haben besonders in Amerika Untersuchungen zu den *Eumeniden* und der Stellung der Frau im antiken Griechenland eine wichtige Rolle gespielt. Die Herausarbeitung von Parallelen und Unterschieden zwischen der Situation der Frau damals und heute erwies sich schon früh als sinnvoller Einstieg in dieses vielschichtige, stark bewegte Problemfeld, und ist es bis heute geblieben. Mary Beard formuliert das so: «Die zweite Welle des Feminismus reagiert auf die antike Welt nicht mehr mit einem ‹Mein Gott, wie war das fürchterlich!›, sondern versucht zu hinterfragen: ‹Inwiefern war es fürchterlich? Wie wurde die Frau gesehen? Wie funktionierte das Rollenspiel der Geschlechter? Und welche Bedeutung kam bei alldem Bildwerken und der Literatur zu?›»

Die tragische Verwandlung der Frau

Die faszinierendsten Fragen werden dabei von der Darstellung der Frau im griechischen Trauerspiel aufgeworfen. Es wird noch darüber gestritten, ob Frauen überhaupt zu den Aufführungen Zutritt hatten. Beide Seiten können stichhaltige Argumente vorbringen; ich selbst bin der Ansicht, daß es zwar nicht ausdrücklich verboten war, aber nur relativ wenige kamen – entscheidend ist, daß die Tragödien von Männern für Männer geschrieben wurden. Dennoch spielen in vielen Stücken Frauen die Hauptrolle, und das sind einige der eindringlichsten Frauengestalten, die jemals geschaffen wurden, unvergeßliche, furchtbare und unbeugsame Wesen: Hekuba, die gedemütigte Königin von Troja; Klytämnestra, die ihren Mann tötet, als er hilflos im Bad sitzt; die rächende Elektra und Antigone, die ihren Bruder bestattet und dafür lebendig begraben wird. Das gibt es nicht im Islam; an solchen Frauen werden Männer kein Interesse haben, die den eigenen Frauen selbstgefällig oder gleichgültig begegnen. Die männlichen Zuschauer in Athen müssen auf irgendeiner Bewußtseinsebene deutlich gespürt haben, daß die Frauen, die sie zu Hause einschlossen, über Kraft und Intelligenz verfügten und es in ihrer Macht lag, die Ehemänner und den Hausstand zu vernichten. Diese Frauengestalten, die aus ihrer untergeordneten Position ausbrechen, sind die bühnenmäßige Verkörperung tiefliegender Ängste.

Pasolinis *Medea*, die einzige Filmrolle, zu der sich Maria Callas bereit erklärte.

Als Jason in Euripides' *Medea* (421 v. Chr.) Medea, seine orientalische Eroberung, wegen einer jüngeren, reicheren Königstochter aus Korinth verläßt, straft sie ihn auf die fürchterlichste Weise, die ihr möglich ist, indem sie ihre gemeinsamen Söhne tötet. «War Untreue im Bett Grund genug, sie zu töten?» fragt Jason am Schluß; worauf sie antwortet: «Meinst du, das sei nur eine kleine Kränkung für eine Frau?» Dahinter steckt eine beunruhigende Warnung an die Männer, die etwa lautet: «Wenn ihr eure Kinder euren Frauen überlaßt und dann euren Frauen Unrecht tut, dürft ihr euch nicht wundern, wenn die Kinder euch entfremdet, weggenommen oder gar getötet werden.» Dabei wird Medea, zumindest in der ersten Hälfte des Bühnenstücks, keineswegs unsympathisch dargestellt. Man kann ihren großen Monolog nicht einfach abtun, in dem es unter anderem heißt:

> Von aller Kreatur, die fühlt und denkt,
> ist unser Frauenlos das denkbar trübste.
> Zunächst einmal bezahlen wir die große Mitgift
> an einen Ehemann, einen Tyrannen unserer Körper...
> Wird der Mann überdrüssig der Gesellschaft seiner Frau,
> so geht er aus dem Haus, um seines Herzens
> Bürde zu erleichtern...
> Man sagt, wir Frauen lebten wohlgeschützt im Haus,
> derweilen Männer in den Krieg ziehen müssen. Unsinn!
> Mir wäre lieber, an der Front dreimal zu kämpfen,
> als einmal zu gebären.

Es sind Gefühle dieser Art, weshalb die *Medea* in den Romanen von George Eliot so oft dicht unter der Oberfläche zu entdecken ist, vor allem in *Felix Holt*. Gesänge und Texte aus dieser Tragödie wurden 1913 bei Veranstaltungen der Suffragetten vorgetragen. Dabei benutzten die Frauen die neue Übersetzung von Gilbert Murray, der von 1908 bis 1936 Professor in Oxford war und zu den großen Vorkämpfern der Frauenbewegung zählte (wobei er mit den militanten Suffragetten aber nichts zu tun haben wollte und ihre gemäßigten Schwestern vorzog). Das Trauerspiel ist nach wie vor modern. In London kamen allein im Jahr 1986 drei verschiedene Inszenierungen der *Medea* zur Aufführung, von denen allerdings keine so gut war die die japanische Aufführung des Ninagawa-Ensembles, die in aller Welt gezeigt wurde.

Ein ungewöhnlicher Fall von Synchronismus ereignete sich innerhalb eines kurzen Zeitraums um das Jahr 1890 herum: Euripides, der lange Zeit ignoriert worden war, erfuhr von dem großen deutschen Gelehrten Wilamowitz-Moellendorff eine Neubewertung; der junge Gilbert Murray widmete ihm eine monographische Studie; Ibsen brachte *Nora, oder ein Puppenheim* auf die Bühne, das bemerkenswerte Analogien zur *Medea* aufweist, und George Bernard Shaw veröffentlichte *The Quintessence of Ibsensism*. Euripides gehörte zu den gemeinsamen Interessen, die Murray

Melina Mercouri in
A Dream of Passion (1978).

Eine New Yorker Inszenierung
von Euripides' *Medea* von 1910.

und Shaw in lebenslanger Freundschaft verbanden, obwohl Shaw in *Major Barbara* (1912) unverkennbar Murrays Familie karikierte und wo Murray selbst als Adolphus Cusins erscheint. Ein weiterer Dramatiker, dessen Frauengestalten von den Frauen des griechischen Trauerspiels beeinflußt wurden, war Eugene O'Neill, insbesondere mit *Mourning Becomes Electra*. (O'Neills Sohn wurde Griechisch-Professor.)

Medeas Inspiration zu Opernwerken reicht von Cherubini (1797) bis zu Tony Harrisons *Medea: a sex-war opera* (1985 veröffentlicht, aber bisher nicht aufgeführt), die unter Verwendung zahlreicher Zitate früherer Bearbeitungen, darunter auch jenes von Cherubini und Euripides, Kritik übt an der Rolle der Eltern und dem Mißbrauch der Frau in der modernen Gesellschaft. Maria Callas hat oft die Medea in Cherubinis Oper gesungen, mindestens einmal auch in Epidauros, doch hat sie sich nur einmal im Leben zur Übernahme einer Filmrolle bereit erklärt, und zwar in Pasolinis *Medea*. Ebenfalls von Euripides' Schauspiel inspiriert war *A Dream of Passion* (1978) des Regisseurs Jules Dassin, dessen Frau Melina Mercouri eine Schauspielerin spielte, die in dem Theaterstück auftritt und gleichzeitig und daneben eine Frau zu verstehen versucht, die wegen der Ermordung ihrer Kinder im Gefängnis sitzt. Mercouri war bereits früher einmal in dem Film *Never on Sunday* (1960) der Medea begegnet. Da hatte sie eine Hure mit goldenem Herzen gespielt, die bei einer Kinovorstellung von Euripides' Tragödie ununterbrochen weint und am Schluß sich zu ihrem Freund wendet und strahlend meint: «Und dann sind sie alle an den Strand gegangen!»

Mutter und Tochter in Cacoyannis' feinfühliger Verfilmung von Euripides' *Iphigenie*; Irene Papas als Klytämnestra und die vierzehnjährige Tatiana Papamoschou als Iphigenie.

Eine wunderbare Episode aus einer griechischen Tragödie ist mir ebenfalls aufgrund einer Filmbearbeitung unvergeßlich geblieben. Es handelt sich um einen ganz banalen Satz aus Euripides' *Iphigenie auf Aulis* in dem hervorragenden Film von Michael Cacoyannis aus dem Jahr 1977. Der Manager des New Yorker Kinos, wo die Erstaufführung stattfand, nannte ihn einen «Film für vier Taschentücher». Klytämnestra, von Irene Papas gespielt, versucht ihren Ehemann Agamemnon davon abzubringen, die Tochter Iphigenie zu töten; sie soll als Weiheopfer für eine günstige Überfahrt der Schiffe nach Troja dargebracht werden, in einem Krieg, der durch die Begierde von Männern nach der promiskuitiven Helena ausgelöst wurde, die von Paris entführt worden war. «Denke an mich daheim», fleht sie ihn an, «umgeben von den Erinnerungen an unsere Tochter. Ich bitte dich bei den

Göttern, laß mich nicht deinetwegen zur Verbrecherin werden.» Diese Worte aus Irene Papas' Mund wurden zum Aufschrei von Frauen jeden Alters, die durch das mangelnde Mitgefühl der Männer gezwungen waren, Unrecht mit Unrecht zu vergelten.

Wir haben einen großen Bogen beschrieben von dem lustvollen Utopia bis zu dieser Situation, die eher einem beängstigenden Krieg der Geschlechter gleicht. Wie steht es mit Aristophanes, der Obszönitäten in Wort und Bild so unverblümt und heiter auf die Bühne brachte? In den *Weibern am Fest der Demeter Thesmophoros* hecken die Frauen von Athen einen Plan gegen Euripides aus, weil er sie in seinen Tragödien als hinterlistig, wollüstig und schlau dargestellt hat. Der Witz liegt darin, daß die Charakterisierung zwar zutrifft, den Ehemännern damit aber ein Geheimnis verraten wird. Aristophanes gibt den Frauen auch Gelegenheit, selbst zu Wort zu kommen und Widersprüche im Verhalten der Männer ihnen gegenüber aufzuzeigen. Wenn sie tatsächlich so lästig sind, wie die Männer behaupten, warum hält man sie dann zu Hause fest? Und wenn ein Mann einmal eine dieser unglücklichen Frauen am Fenster sieht, warum treibt er sich in der Nähe herum und will sie wiedersehen?

Die größte aller Komödien über den Kampf der Geschlechter ist natürlich *Lysistrata*. Die Athenerinnen bringen die Akropolis und damit den Staatsschatz in ihre Gewalt, so daß die Männer zur Fortsetzung des Peloponnesischen Kriegs kein Geld mehr haben. In ganz Griechenland verbünden sich die Frauen, um sich ihren

Eine recht altmodische *Lysistrata* in Epidauros.

Männern so lange zu verweigern, bis diese gezwungenermaßen Frieden schließen. Schließlich kommen Vertreter beider Lager zusammen – mit unangenehm konstanten Erektionen (Satyriasis ist ungesund!) –, und Lysistrata gelingt die Einigung. Das Theaterstück endet mit einem Fest auf der Akropolis, anschließend gehen alle Ehepaare nach Hause ins Bett. Als in den frühen achtziger Jahren außerhalb der Militärstützpunkte Comiso auf Sizilien, Seneca Falls in Amerika und Greenham Common in England Frauen sich zu Protestaktionen niederließen, war es naheliegend, daß sich eine feministische Anti-Kriegszeitschrift *Lysistrata* nannte. Noch größere Geistesverwandtschaft besteht vielleicht bei den finnischen Frauen, die, angeführt von Mago Liukkonen, die Schwangerschaft verweigern, bis die Regierung alle Atomkraftwerke schließt.

In dreierlei Hinsicht korrigiert *Lysistrata* das bisher entworfene Bild. Zum einen wird die Verschwörung von einer Frau begonnen und durchgeführt, die Entschlossenheit und diplomatisches Geschick besitzt. Die reale Existenz einer solchen Gestalt war also nicht unvorstellbar. Zum anderen ist die Befriedigung, nach der die Männer so verzweifelt verlangen, der Geschlechtsverkehr mit ihren Ehefrauen. Alternativen wie Prostituierte oder Sklavenmädchen werden nirgends erwähnt; das läßt darauf schließen, daß Ehefrauen auch als Sexualpartner interessant waren und nicht allein als Mittel zur Fortpflanzung. Und drittens werden auch Knaben nicht als Alternative genannt. Aristophanes zeigt sich generell der Homosexualität nicht gewogen. Sie wird meist im Zusammenhang mit schwächlichen, in der Stadt lebenden Politikern erwähnt, wohingegen gestandene Mannsbilder vom Land nur Frauen lieben. «Schlaffes Arschloch» ist Aristophanes' Lieblingsschimpfwort.

Liebesblüten durchwirken die Gedanken

Die Einstellung des Aristophanes mag überraschen, ist doch die Homosexualität (*amore greco* auf italienisch) wohl das bekannteste Feuer, das Aphrodite entzündete und für das Zeus mit gutem Beispiel voranging, als er den trojanischen Prinzen Ganymed entführte und zu seinem «Mundschenk» auf dem Olymp bestimmte. Hier sollte angemerkt werden, daß *homo* auf griechisch «dasselbe» bedeutet (und nicht wie im Lateinischen «Mann») und *hetero* «das andere». In unmittelbarem Zusammenhang steht damit «Päderastie», vom griechischen Ausdruck für einen «Knaben Liebenden». Aristophanes zum Trotz ist erwiesen, daß das alte Griechenland Päderastie im allgemeinen nicht verdammte. In klassischer Zeit galt sie als durchaus akzeptabel, besonders im Athen des 5. Jahrhunderts und noch deutlicher in Sparta, wo sie zu den normalen Initiationsritualen der jungen Männer gehörte. Angeblich ist die Maya-Kultur in Yukatan im 15. Jahrhundert die einzige weitere Gesellschaft gewesen, wo männliche Homosexualität voll akzeptiert wurde.

Bei der berühmten Demonstration am Greenham Common vom 12. Dezember 1982 bilden Frauen eine Solidarität symbolisierende Kette.

Beispiele für Homoerotik finden wir in der Dichtung, in Komödien, in der Bildhauerei und auf bemalten Vasen. Vor allem aber findet sie in Platos Dialogen Erwähnung. Plato (und Sokrates) bewegten sich in wohlhabenden Bürgerkreisen, wo die Umwerbung gutaussehender Jungen offenbar als feinste Spielart sexueller Betätigung angesehen wurde. Die Knaben konnten sie – im Gegensatz zu den Frauen, ob Ehefrauen oder Prostituierte – um ihrer selbst willen lieben und hatten die Wahl, abzulehnen oder mitzumachen. Am klarsten tritt dies im *Gastmahl* und im *Phaidros* zutage, wo Plato zwar einer das Physische transzendierenden höheren Liebe das Wort redet, gleichzeitig aber ein anschauliches Bild der fleischlichen Freuden entwirft und sich dabei ausdrücklich auf Männer bezieht, nicht auf Frauen. Diese beiden Werke haben mehr als alle anderen zur Ausbreitung des Feuers beigetragen. George Steiner erklärt: «Sie zählen zu den wichtigen Quellen des westlichen Denkens und Verstehens. Wenn wir uns heute des Reichtums und der kulturellen Weiterungen des homoerotischen Gefühlsbereichs stärker bewußt werden, kommt ihnen sicherlich weiterhin höchste Bedeutung zu.»

Nicht zufällig war Winckelmann Päderast. Arbeit und Leben waren bei ihm untrennbar verbunden. So schrieb er beispielsweise einmal von einer Landvilla aus: «Hier pflege ich allein im August zu wohnen, und dieses Jahr gedenke ich es in einer schönen Gesellschaft eines *individui* zu thun, weil ich von der Schönheit schreiben will nach einer lebendigen Schönheit.» In seine kritischen Betrachtungen antiker Plastiken fließt häufig ein unübersehbares sexuelles Element mit ein, ob er nun vom *Apollo vom Belvedere* schwärmt oder von dem sichtlich aufreizenden *Barberinischen Faun*. Walter Pater bemerkte an ihm die eigenen Neigungen: «Daß seine enge Beziehung zum Hellenismus nicht allein geistiger Natur war, daß feinere Fäden seiner Seele damit verwoben waren, beweist sich an seinen romantischen, leidenschaftlichen Freundschaften mit jungen Männern. Diese Freundschaften, die ihn mit der Krönung menschlichen Ebenmaßes in Berührung brachten und mit ihrer erblühenden Schönheit seine Gedanken durchwirkten, gaben seiner Einstimmung in die Seele der griechischen Plastik ihre perfekte Harmonie.»

Im 19. Jahrhundert verschaffte Plato den Homosexuellen ein gewisses Maß an Legitimation. Einigen half er dabei, mit ihrer latenten Homosexualität zurechtzukommen, und diese setzten, eingedenk der hehren Worte des Sokrates, ihre niedrigen Gelüste nicht in die Praxis um. Anderen diente er als klassischer Beleg für ihre verbotenen Handlungen. Und wer Homosexualität verabscheute, dem gab er Probleme auf. Für Benjamin Jowett, Rektor des Balliol College, war dies ein Makel seines geliebten Plato, «eine große Kluft zwischen uns und ihnen, die wir bei aller Bereitschaft, die Sitten anderer Zeiten und Länder zu berücksichtigen, unmöglich überbrücken können». Jowett dachte eine Zeitlang daran, Platos Bemerkungen zur Homosexualität in einem Artikel als «Metaphern» zu erklären, wurde aber von seinem Schüler John Addington Symonds davon abgebracht. Symonds selbst hatte im Alter von siebzehn Jahren die Homosexualität entdeckt, als er eines Abends ein Exemplar des *Phaidros* fand. Er begann unverzüglich darin zu lesen, und nachdem er auch noch das *Gastmahl* durchgelesen hatte, dämmerte der Morgen herauf.

Oscar Wilde bediente sich der Kulturen, die ihm gefielen, ohne Rücksicht auf Ort und Zeit. Doch hat er viel vom typischen Hellenisten des späten 19. Jahrhunderts an sich, was vielleicht am deutlichsten in *The Picture of Dorian Gray* (1891) zum Ausdruck kommt. Wotton rät Dorian Gray, den er verführen möchte, «alle die Phantasmen über das Mittelalter zu vergessen und sich dem hellenistischen Vorbild zuzuwenden – das möglicherweise feiner und beglückender ist als das geistige Hellenentum». André Gide (dem 1947 schließlich der Literatur-Nobelpreis verliehen wurde) lernte 1891, mit 22 Jahren, Oscar Wilde kennen. Ihn bezauberten seine Stimme, sein Witz und seine Liebe zum sinnlich Schönen. Wilde ermutigte Gide, seine Sexualität in seine Bücher einzubringen, von denen viele im antiken Griechenland spielen. Zu den modernen homosexuellen Literaten, die aus der griechischen Antike Mut und Inspiration schöpften, gehören auch der visionäre deutsche Dichter Stefan George und der Grieche Konstantin Kavafis aus Alexandria (sie starben beide 1933). Kavafis und E. M. Forster wurden nach einer Begegnung in Ägypten 1917 lebenslange Freunde. Forster schrieb *Maurice*, das Buch, das

Oscar Wilde.

André Gide.

Peter Pears als Aschenbach in einer Aufführung der English Opera Group von Benjamin Brittens *Death in Venice* (1978).

am deutlichsten von seiner Homosexualität spricht, im Jahr 1913, als er 34 Jahre alt war, und brachte es privat in Umlauf; es wurde aber erst 1971 veröffentlicht, ein Jahr nach seinem Tod. Es enthält mehrere Anspielungen auf Griechenland; am aufschlußreichsten ist vielleicht die Passage, wo der «autobiographische» Held Clive Durham Platos *Phaidros* in der Schule liest. «Dort fand er sein Leiden beschrieben... besonnen, als eine Leidenschaft, die wir zum Guten oder Bösen wenden können... Zunächst vermochte er sein Glück nicht zu fassen... Dann erkannte er, daß der maßvolle heidnische Philosoph ihn wirklich verstand und... ihm einen neuen Lebensweg aufzeigte.»

Thomas Manns *Der Tod in Venedig* erschien 1912, ein Jahr früher. Gustav von Aschenbach hat beständig Griechenland vor Augen und Mythen wie jene von Ganymed, die seiner Verliebtheit in den schönen, unerreichbaren Knaben Tadzio eine Art von höheren Weihen geben soll. Von ihrer ersten Begegnung heißt es: «Sein Antlitz... erinnerte an griechische Bildwerke aus edelster Zeit»; und etwas später: «das Haupt des Eros, vom gelblichen Schmelze parischen Marmors.» Er führt in Gedanken ein Gespräch mit Sokrates' jungem Freund Phaidros, während er sich verzweifelt über die Beziehung von Schönheit und physischer Begierde klarzuwerden versucht. «Glaubst du nun aber, mein Lieber, daß derjenige jemals Weisheit und wahre Manneswürde gewinnen könne, für den der Weg zum Geistigen durch die Sinne führt?» Denselben Bezug zur Homosexualität wie in *Tod in Venedig* findet man auch in nahezu sämtlichen Opern von Benjamin Britten (E. M. Forster arbeitete am Libretto des *Billy Budd*). Britten schreibt denn auch den imaginären Dialog in eine Arie um:

> Führt Schönheit zu Weisheit, Phaidros?
> Ja, aber durch die Sinne.

Passiv zwischen den Beinen

In den vergangenen 25 Jahren hat ein radikaler Wandel in der öffentlichen Einstellung zur Homosexualität stattgefunden, und nicht allein in der Rechtsprechung. Trotz gewisser Rückfälle in jüngster Zeit hat die Homo-Bewegung viele Leute davon überzeugt, daß dies eine alternative, natürliche – vielleicht genetisch begründete – Lebensweise ist. Ein führendes Mitglied der Bewegung, Jonathan Walters, stellt fest, daß das alte Griechenland besonderes Interesse verdiene, weil man dort der Homosexualität gegenüber toleranter gewesen sei als heute. Die heutigen Homosexuellen zeigen aber keine spezielle Neigung, sich um Mut und Billigung an die griechische Antike zu wenden. Damit sind sie wahrscheinlich gut beraten, denn neuere, unvoreingenommene Untersuchungen, besonders von Dover, haben erwiesen, daß in Griechenland Homosexualität nicht als Alternative zu Heterosexualität angesehen wurde, sondern als eine zusätzliche Spielart. Walters erinnert daran, daß die Alltagssprache keinen Unterschied kannte – beide dienten Aphrodite.

Wer sein Leben lang homosexuell blieb und überdies weibisch und passiv auftrat, wurde verachtet. Ein gewisser Kleisthenes, eine unglückselige Figur, wird fast in jeder Komödie des Aristophanes dem Spott preisgegeben. Das einzige «normale» und gebilligte Verhalten für erwachsene Männer, die in der Regel verheiratet waren und mit Frauen Verkehr hatten, war die Umwerbung von Jünglingen, die noch nicht das bärtige Alter erreicht hatten. Auch ist festzustellen, daß das Werben, Beschenken und Nachstellen als ein ebenso wichtiger Teil des Vergnügens betrachtet wurde wie die eigentliche körperliche Befriedigung. Gesellschaftliche Überlegungen spielten auch eine Rolle – es war ratsam, die richtigen Leute für sich zu gewinnen. Da wirkt es wie Ironie, daß heutzutage heterosexuelle Liebesgunst eher der Karriere förderlich ist, während Homosexualität in ihren Absichten als «reiner» gilt.

In Griechenland war es nicht üblich, zur Befriedigung den Analverkehr zu vollziehen. Es war eine Schande für den Knaben, wenn er jemanden in sich eindringen ließ; und wenn er dafür Geld verlangte, konnte er vor Gericht gebracht und der Bürgerrechte beraubt werden. Der ältere Partner glühte vor Verlangen, doch von dem jüngeren wurde nicht erwartet, daß er dieses erwiderte. Dover nennt die Regeln: «Bezahlung wird abgelehnt; hartnäckiges Hinauszögern jedes körperlichen

Bärtiger Liebhaber mit seinem entgegenkommenden Freund (bemalte Schale aus Athen, 5. Jh. v. Chr.).

Kontaktes, bevor der potentielle Partner sich als würdig erwiesen hat; Unterdrükkung sinnlicher Freude bei der Berührung; Beharren auf aufrechter Position; kein Blickkontakt mit dem Partner während des Akts; Leugnung tatsächlicher Penetration.» Wie es dabei zuging, zeigen uns die Vasenmalereien. Der ältere Mann beugt die Knie und ejakuliert «interkrural», indem er seinen Penis dem Knaben zwischen die Schenkel preßt. Der Junge steht aufrecht und hat nicht einmal eine Erektion. Es wurde erwartet, daß er keine Lustgefühle dabei empfand. Unwillkürlich fragt man sich, ob er den Tag herbeisehnte, an welchem er die Rolle des Bärtigen übernehmen durfte.

Wo Sappho feurig liebte und sang

Über weibliche Homosexualität im antiken Griechenland wissen wir viel weniger. Da Aristophanes normalerweise nicht prüde ist, mag sie tatsächlich seltener gewesen sein, zumindest in Athen. Zwei Ausnahmen gab es: Sparta, wo es zwischen Frauen und Mädchen anscheinend zu ähnlich tolerierten Beziehungen kam wie zwischen Männern und Knaben, und Lesbos. Die Insel Lesbos war für die Schönheit ihrer Frauen berühmt; und sie hatten den Ruf, bereitwillig alle Arten des Liebesspiels zu praktizieren, vor allem Fellatio. Das Wort «lesbisch» tauchte in den neueren Sprachen erst vor hundert Jahren auf, und zwar der Dichterin Sappho wegen, der «zehnten Muse», die dort im 7. Jahrhundert v. Chr. lebte. Heute ist die Insel eine Pilgerstätte homosexueller Frauen; im Sommer sieht man auf dem Oberdeck des Fährschiffes viele Doppelschlafsäcke.

Sapphos sinnliche Dichtung lockt nach wie vor Aphrodite gen Lesbos. Die folgenden beschwörenden Worte fanden sich auf einer Keramikscherbe aus Ägypten:

Komme von Kreta zu mir hier zu diesem Schrein
Mit dem lieblichen Apfelhain und den
  weihrauchverhüllten Altären.
Hier murmeln kühle Bäche unter den Apfelzweigen,
Der ganze Ort liegt im Rosenschatten
Und von erzitternden Blättern perlt der Schlaf.

Viele männliche Altertumswissenschaftler haben es zu bestreiten versucht, doch ist Sapphos Gedichten deutlich zu entnehmen, daß sie erotische, körperliche Liebe mit einer ganzen Anzahl von Mädchen wünschte und verwirklichte. Eine von ihnen hieß Gongula, wie in Ezra Pounds Gedicht:

PAPYRUS
Frühling...
Zu lange...
Gongula...

Aphrodite auf einer Gans reitend. Sappho bittet Aphrodite, sie in ihrem von Spatzen gezogenen Gefährt zu besuchen.

Das soll nicht heißen, daß Sapphos Homosexualität der heutigen entsprach. Sie war verheiratet und hatte eine Tochter; und einer volkstümlichen Überlieferung zufolge stürzte sie sich aus Liebe zu dem jungen Bootsführer Phaon vom leukadischen Felsen (diese Geschichte inspirierte Leopardi zu einem schönen Gedicht und Lyly sowie Lawrence Durrell zu schwachen Theaterstücken). Ich habe den Eindruck, daß Sapphos Homosexualität der männlichen Praxis ähnelte, wie sie in Athen üblich war. Die ältere Frau umwarb junge, unverheiratete Mädchen in der Hoffnung, sie für das Liebesspiel zu gewinnen. Sappho war für ihre Hochzeitslieder berühmt, von denen manche möglicherweise für einstige Gespielinnen geschrieben waren.

Sappho mag radikalen Feministinnen eine Leitfigur sein, aber meines Wissens

Aus dem Film *Bilitis.*

hat sie keine bemerkenswerten Kunst- oder Dichtwerke von Frauen inspiriert – dieses «griechische Feuer» mag erst noch entzündet werden. Bislang fühlten sich eher Männer von ihr angeregt, die das Moralempfinden ihrer Zeit provozieren wollten. So schrieb Algernon Swinburne:

> Lesbierinnen küssen sich über ihre ergriffenen
> Lauten hinweg mit Lippen,
> süßer als der Sang von Lautensaiten,
> Mund zu Mund und Hand auf Hand.

Ihr merkwürdigster Sproß war zweifellos *Les Chansons de Bilitis*, ein Buch, das der 25jährige Pierre Louys 1895 mit einer Widmung für André Gide veröffentlichte. (Louys schrieb auch einen Bestseller mit dem Titel *Aphrodite.*) Die Prosagedichte waren angeblich aus dem Griechischen übersetzt, von einem in einem Grab entdeckten Manuskript. Sie betreffen das intime Tagebuch einer Frau, die sich

Sapphos Kreis auf Lesbos anschloß und vergnügte Zeiten erlebte, und später nach Zypern reiste, wo sie als Tempeldienerin ähnlich vergnüglich lebte. Der große deutsche Gelehrte Ulrich von Wilamowitz-Moellendorff schrieb einen zehn Seiten langen, hochgelehrten Artikel für die *Göttingischen gelehrten Anzeigen*, um nachzuweisen, daß *Bilitis* eine Fälschung war. Das hielt Debussy nicht davon ab, drei wunderschöne Melodien dazu zu komponieren (sein erotischer *L'après-midi d'un Faune* wurde teilweise von einem Gedicht von Mallarmé inspiriert, das wiederum von dem griechischen Dichter Theokrit inspiriert war). Einen direkteren Einfluß übte Sappho auf Harrison Birtwistles Komposition *Sappho Fragments* (1964) aus.

Das letzte Wort soll aber Sappho haben, nicht Pierre Louys. In ihren Gedichten liegt etwas unverkennbar Weibliches, doch muß zugegeben werden, daß einer ihrer berühmtesten Verse von dem römischen Dichter Catull übersetzt und bearbeitet wurde:

> ... selbst wenn ich nur kurz dich anschaue
> fehlen mir plötzlich die Worte,
> meine Zunge ist gelähmt, und sogleich
> entbrennt ein sanftes Feuer mir unter der Haut.
>
> Die Augen sehen nichts mehr, in den Ohren summt es,
> Schweiß tropft über die Haut, ein Zittern geht durch den Körper,
> fahler als Gras bin ich, und es ist mir, als
> sterbe ich ein wenig.

In einem anderen Fragment von einem Papyrus scheint sie die martialischen Werte der Männerwelt abzulehnen, wenn sie mit den Worten beginnt:

> Einige meinen, das Schönste auf dieser dunklen Erde
> sei ein Reiterschwadron, andere nennen
> ein Heer von Fußsoldaten oder ein Schiffsgeschwader;
> ich aber sage, es ist der Mensch, den man liebt.

Sappho bringt so deutlich wie nur irgend jemand, ob männlich oder weiblich, das Paradox zum Ausdruck, daß wir weder mit noch ohne Sex leben können. Für sie war er ein lebensnotwendiger, schmerzhafter, köstlicher Teil des Daseins – sicher aber war er nie.

Physik

Die halbe Erklärung der Welt

Gib mir einen Punkt, wo ich hintreten kann,
und ich bewege die Erde.

Archimedes

Das Fermilab, die Forschungsstätte für Hochenergiephysik in Batavia bei Chicago, besitzt einen sechs Kilometer langen Beschleunigerring für Elementarteilchen. Das europäische Forschungszentrum CERN bei Genf besitzt einen Tunnel, der sich 27 Kilometer auf das Jura-Gebirge zu erstreckt, und der Tunnelring des geplanten SSC *(Superconducting Supercollider)* in den USA soll 53 Meilen lang werden. Bei Fermilab handelt es sich im Grunde genommen um ein nichtoptisches Vergrößerungsglas, mit dem man die kleinsten Bestandteile der Materie betrachten kann; es ist eine Milliarde Milliarde mal stärker als das normale Feld-, Wald- und Wiesenmikroskop. Hier werden die intimsten Teile der Natur – auf griechisch *physis* – unter die Lupe genommen.

Wozu das Ganze? Alle diese Mühen, Kosten und geistigen Anstrengungen dienen der Erforschung der Grundbausteine des Universums. Leon Lederman, Direktor des Fermilab und Nobelpreisträger von 1988, stellt sich das Ergebnis vor als «eine wunderbar einfache Formel – die wir auf die T-Shirts der Studenten auf dem Campus drucken können. Diese Formel enthält das Grundprinzip, nach dem das Universum funktioniert, und besagt, wie es entstanden ist.» Ihm und seinen Kollegen geht es um nichts anderes als die Erweiterung des Wissens: ihre Forschung läßt sich nicht unmittelbar praktisch verwerten. Das schließt natürlich nicht aus, daß man in Zukunft praktische Anwendungsmöglichkeiten entdecken wird. Als vor einigen Jahrzehnten die Quantenphysik entwickelt wurde, war das reine Wissenschaft; heute beruht auf ihr ein Großteil der modernen Technologien – Transistoren, Chips, Halbleiter, Laser und Maser und auch der Teilchenbeschleuniger des Fermilab.

Den Göttern geraubtes Feuer

Wie hilfreich ist dieser unerbittliche, immer schneller werdende Fortschritt in Wissenschaft und Technik? Die Frage, ob menschliche Vernunft mit der wissenschaftlichen Entwicklung schritthalten kann – oder wie weit sie hinter ihr zurückgeblieben ist – mag ein Klischee sein, ist aber trotzdem relevant. Haben wir die Kontrolle über den «Fortschritt» verloren?

Der Wunsch nach Wissen, oder vielmehr der Wunsch nach Verstehen, ist ein typisches Merkmal des griechischen Denkens. Der Hauptunterschied liegt darin, daß für die Griechen «Fortschritt» in erster Linie Vermehrung des Wissens um seiner selbst willen bedeutete, während in den vergangenen zweihundert Jahren wissenschaftlicher Fortschritt zunehmend als entscheidender Faktor für materiellen und kommerziellen Aufschwung betrachtet wird. Anders gesagt, genügte es den Griechen, die Natur zu verstehen; die moderne Wissenschaft möchte hingegen die Natur verstehen, um sie zu verändern und zu beherrschen. Es galt immer als große, unerklärliche Schwäche der Naturwissenschaften des Altertums, daß sie nicht praxis- oder technologiebezogen waren; vielleicht ist aber das späte 20. Jahrhundert ein geeigneter Zeitpunkt für eine Neubewertung. Entscheidend für den Erfolg von Ledermans T-Shirt-Formel ist schließlich nicht ihr wissenschaftlicher Nutzen, sondern ihre Ästhetik.

Die Einstellung der Griechen zum Fortschritt war nicht immer gleich. So dachten sich die frühen Griechen den Verlauf der Menschheitsgeschichte eher abwärts- als aufwärtsgerichtet. Ihre deutlichste Ausprägung findet diese Vorstellung bei dem Dichter Hesiod (um 700 v. Chr.) und seiner absteigenden Folge von «fünf

Bestrafung des Prometheus; Lithographie nach einer Zeichnung Michelangelos.

Zeitaltern» und dem Klageruf: «Wäre ich doch nicht im fünften Zeitalter geboren, der Zeit des Eisens.» Erst 250 Jahre später entstand ein konkurrierendes Modell, das einen Fortschritt in der Entwicklung der Wissenschaften postulierte. Insbesondere mit Demokrit verbindet man die These, daß sich die Menschheit von der primitiven Barbarei zu einer höheren Zivilisationsstufe hinbewegt, und zwar aufgrund zunehmenden politischen und technologischen Bewußtseins und Eifers. Nicht zufällig war Demokrit das Doktorthema (1841) von Karl Marx, denn seine Philosophie stellte im Gegensatz zu Plato und Aristoteles die Wissenschaft an den Anfang: Erst nachdem man die Beschaffenheit der materiellen Welt untersucht habe, könne man Abstraktionen entwickeln. Richard Jenkyns meint, daß «diese Auseinandersetzung für Marx wahrscheinlich einer Art Befreiung gleichkam, denn sie zeigte ihm das Nebeneinander grundverschiedener philosophischer Ansätze; das ermutigte ihn zu seinem eigenen wissenschaftlichen Materialismus.» Demokrit ist auch der Stammvater der «Atomistik», der Lehre, wonach das Universum nur als Raum existiert und aus einer unendlichen Zahl kleinster, unteilbarer Teilchen besteht – «Atom» bedeutet «nicht zu schneiden» –, die sich in diesem Vakuum oder Nichts bewegen. Demokrits Begriff des «Atoms» wurde im 17. Jahrhundert von dem französischen Jesuiten Gassendi aufgegriffen und dann im 19. Jahrhundert von John Dalton übernommen, dem Begründer der modernen Atomtheorie.

Der wissenschaftliche Fortschritt findet seine Allegorie – vielleicht mitsamt einer Warnung – in dem Mythos des Prometheus. Dieser raubte Zeus das Feuer und schenkte es der Menschheit. Sobald wir Feuer hatten, konnte sich die Kochkunst entwickeln, die Keramik, das Schmelzen der Erze, die Metallbearbeitung – technologischer Fortschritt. Prometheus war ein Titan, ein Unsterblicher, doch bestrafte Zeus ihn unablässig, weil er den Menschen geholfen und das Vertrauen der Götter mißbraucht hatte. In dem Bühnenstück *Der gefesselte Prometheus* (das Äschylus zugeschrieben wird, möglicherweise aber von einem unbekannten Dichter aus Athen im 5. Jahrhundert verfaßt wurde) bietet Prometheus Zeus und all seiner tyrannischen Macht Trotz. Es ist kaum verwunderlich, daß er von den Romantikern als Symbol des Widerstands gegen jegliche menschliche oder übermenschliche Unterdrückung aufgegriffen wurde; Goethe, Shelley, Byron und Wagner beschäftigten sich ausführlicher mit dem Thema. Marx zitiert am Ende der Einleitung zu seiner Doktorarbeit Prometheus' Herausforderung an Zeus und fügt hinzu, er sei «der größte Heilige und Märtyrer im Kalender des Philosophen». Wie es der Zufall will, verschaffte Prometheus dank der Chemie um eben jene Zeit einer weiteren großen, revolutionären Gestalt Erleuchtung. Charles Darwin schrieb, daß er auf seinen Seereisen «einige Prometheus-Zündhölzer bei mir trug, die ich durch Zerbeißen entzündete». Das war eine Vorform des Sicherheitsstreichholzes mit einer kleinen Kapsel mit Schwefelsäure, umwickelt mit chemisch behandeltem Papier.

Statue des Prometheus mit dem Feuer in der Hand vor dem Rockefeller Center in New York.

Dem 20. Jahrhundert wird Prometheus zwangsläufig Symbolfigur für die Fortschritte in Wissenschaft und Technik sein; doch fließt in dieses Verständnis die ältere Idee von der Herausforderung an die tyrannischen und übernatürlichen Kräfte mit ein. Ist dem Menschen einmal das «Feuer», die Unabhängigkeit geschenkt, geht die Suche unaufhaltsam weiter. George Steiner meint dazu: «Die

Thales; aus einem populären französischen *Vies des Savants* (1866).

Griechen gehören zu den ersten, waren vielleicht überhaupt die ersten – denn es ist ein zutiefst unjüdischer, unhebräischer Gedanke –, für die es zu Adel und Würde des Menschen gehörte, ohne Bedenken des Ziels und der Kosten immer weiter zu hinterfragen. Und dazu gehört die Erschaffung von Leben im Reagenzglas, dazu gehört die Herstellung der Wasserstoffbombe, dazu gehört auch die Entsendung von Menschen zum Mars… um die Wahrheit zu finden, ungeachtet der Kosten.» Und warnend sagt er weiter: «Und auf einmal fragen wir uns – wir, die wir mit jenem griechischen Ideal groß geworden sind –: ‹Wird es nicht zu teuer… wenn nun der Minotauros der nuklearen oder biogenetischen Selbstzerstörung am Ende unserer Suche auf uns lauert?›»

Das den Göttern geraubte Feuer bleibt gefährlich. Die Wissenschaftler des Fermilab lassen Teilchen aufeinanderprallen und produzieren dabei solche intensive Energie, so hohe Temperaturen, daß sie sich davon Aufschlüsse über den Big Bang und die Entstehung neuer Materie erhoffen. Einige Physiker vermuten, wenn sie jenes ursprüngliche Ereignis annähernd verstehen, als aus Einfachheit Komplexität entstand, daß sie dann auch nicht mehr weit davon entfernt sein werden, die

Grundprinzipien aller Materie zu entschlüsseln. Man muß dazu Temperaturen von 10^5 Kelvin erzeugen (Wasser kocht bei 373 Kelvin) und in menschlichem Maßstab jene gewaltige, weltenerschaffende Explosion erzeugen, mit der das All begann; das mag dem Raub des Feuers verdächtig ähneln, das der Befriedigung des Menschen dient, seiner wissenschaftlichen Neugier und potentiell seiner Technologie.

Nachdem es im 20. Jahrhundert gelungen war, das unteilbare Atom zu spalten, identifizierten die Wissenschaftler eine ständig zunehmende Zahl von Elementarteilchen und gaben jedem einen griechischen Buchstaben, bis das Alphabet aufgebraucht war. In seiner neuesten Variante ist jedoch dieses Spiel auf die Anhäufung von sechs Quarks und sechs Leptons reduziert. Diese besitzen Masse, Ladung, Spin und weitere Quanteneigenschaften, haben aber weder Ausdehnung noch einen Radius. Sie sind durch vier Kräfte definiert: Elektromagnetismus, eine starke Kraft, eine schwache Kraft sowie die wichtigste und rätselhafteste von allen, die Schwerkraft. So ist man in der Physik heute der Auffassung, daß das Universum aus einer begrenzten Anzahl irreduzibler Teilchen und Kräfte besteht und daß die Vielfalt auf einer einfachen Grundstruktur basiert. Die Ambivalenz des griechischen Beitrags mag sich in der Namensgebung symbolisieren: «Lepton» ist das griechische Wort für «Kleinigkeit» und «Quark» entnahm Murray Gell-Mann einem Roman von James Joyce, um auf witzige Weise das griechische Begriffsmonopol zu brechen.

Die erste wissenschaftliche Frage

Leon Lederman ist sich der griechischen Parallelen durchaus bewußt. Tatsächlich bedienten sich griechische Wissenschaft und griechische Philosophie – die beiden sind nicht voneinander zu trennen – schon sehr früh ähnlicher Fragestellungen. In der bedeutenden ostgriechischen Stadt Milet (an der Südwestküste der heutigen Türkei) lebte im 6. Jahrhundert eine Gruppe von Denkern, die sich fragte, ob und weshalb die Erde stabil sei und wie die Himmelskörper beschaffen und ihre Bewegungen bestimmt seien. Von dem frühesten von ihnen, Thales, wissen wir ein genaues Datum, weil er eine Sonnenfinsternis für den 28. Mai 585 v. Chr. voraussagte. Lederman hat seine Begeisterung für die alten Griechen entdeckt:

> Plötzlich wird einem klar – und es überläuft einen heiß und kalt dabei –, daß man genau sagen kann, wann das alles anfing … Dort wurde damals, soweit wir wissen, die erste wissenschaftliche Frage gestellt, und sie lautete: Wie funktioniert die Welt? Wir lassen Mythologie, Aberglauben, Zauberei aus dem Spiel und fragen: Könnten wir, falls es eine rationale Grundlage für die Funktionsweise der Welt gibt, sie auch verstehen? Das griechische Wort *cosmos* ist ein Ausdruck für Ordnung. Gibt es eine Ordnung der Dinge? Das war ein gewalti-

ger Erkenntnissprung. Man muß jedoch auch wissen, daß das nichts mit Technologie zu tun hat. Es gab bereits um 600 v. Chr. Technologien in ungeheurer Zahl. Doch die Frage, *weshalb* etwas geschieht, welche Mechanismen zugrunde liegen und wie man die Dinge richtig versteht – das war neu.

Die Milesier behalfen sich bei ihren Erklärungen nicht mit den alten Göttern und Mythen. So wurde für sie der Donner nicht durch Zeus' Ärger hervorgerufen, sondern entstand möglicherweise beim Entweichen von Wind aus den Wolken. Auf diese Weise entwickelten sie ein Verständnis der *physis* oder was wir Natur nennen würden, ausgehend von der Annahme, daß die Beschaffenheit oder der Aufbau der Welt rationaler Erforschung zugänglich sei. Physik ist das Studium der *physis*, ist «Naturphilosophie».

Demnach bezog sich der große intellektuelle Durchbruch auf Fragen zur Methode, logischen Gedankenfolge und Darstellungsweise. Zu Recht betont Lederman, daß es sich hierbei nicht um Technologie handelt, sondern um Denkformen. Dazu stellt Geoffrey Lloyd fest: «Man kann vielleicht sagen, daß sich das wissenschaftliche Denken des Altertums nie von der Philosophie befreite; doch wenn es nicht ein Teil der Philosophie gewesen wäre, hätte man sich überhaupt kaum damit befaßt.»

Aufgrund ihrer überzeugenden Beweisführung besaßen die Philosophen-Wissenschaftler aus Milet genug Selbstvertrauen, um auf eine Hypothese hinzuarbeiten, wonach es einen «Stoff» gibt, aus dem die Welt und alles in ihr erschaffen ist, ja aus dem sie selbst entstand. Thales meinte, dieser Urstoff sei das Wasser und die Erde schwimme auf einem Urmeer. Anaximenes glaubte, die Luft umgebe, begrenze und gestalte die Welt. Anaximanders Theorie war komplizierter: Der Stoff ist «das Unendliche» oder «das Grenzenlose», eine grundlegende Wirkungskraft, die Eigenschaften wie heiß und kalt hervorruft, aber nicht auf dieselbe Weise materiell ist wie Wasser oder Luft. Der deutsche Philosoph Martin Heidegger betrachtete Anaximanders Lehre als eine der größten Erkenntnisse.

Worin die Milesier unserer Zeit in gewisser Hinsicht am nächsten stehen, ist ihr Mut, Thesen vorzubringen, die der Intuition und dem gesunden Menschenverstand zuwiderlaufen. Der große Physiker Niels Bohr sagte einmal zu einem Kollegen: «Deine Theorie ist zweifellos verrückt; die Frage ist nur, ob sie verrückt genug ist.» Es klingt verrückt zu behaupten, die Welt in ihrer Vielgestalt bestehe aus einer einzigen Grundsubstanz. Aber Anaximenes' Behauptung, Steine seien die festeste Erscheinungsform der Luft – wobei Eis, Wasser, Dampf und Feuer zunehmende Verfeinerungsstufen darstellen –, ist auf den zweiten Blick gar nicht so abwegig. Thales verwies darauf, daß man beim Graben auf Wasser stößt, daß Samen Wasser enthalten und daß Wasser unentbehrlicher Bestandteil jeder Nahrung ist. Anaximander führte den Ursprung des Lebens auf die Einwirkung der warmen Sonne auf das feuchte Meer zurück; er meinte außerdem, der Mensch

Teilchenspuren; Fotografie des CERN, des europäischen Forschungszentrums bei Genf.

Leon Lederman, Direktor des Fermilab und 1988 Nobelpreisträger für Physik.

stamme von einer Art von Fisch ab. Das war verrückt genug, um Darwin zuvorzukommen.

Diese Theoretiker, die frühesten der Vorsokratiker, wagten einen geradezu prometheischen Schritt und verwarfen bei ihren Erklärungen der Welt alle übernatürlichen Elemente – was sie jedoch nicht zu Atheisten werden ließ. Sie versuchten, die Vielfalt des uns umgebenden Kosmos anhand eines konsistenten Systems, eines in sich geschlossenen Modells zu erklären. Keineswegs unwichtig war dabei das Debattieren: die den Griechen (den alten wie den modernen!) eigentümliche Streitlust erstreckte sich auch auf die Wissenschaft und die Erklärungsversuche der Natur. Es war typisch für ihren Zugang, daß sie die Kontroverse der Orthodoxie vorzogen; und der Satz, daß mit Faktenfetischismus und doktrinärer Gesinnung keine gute wissenschaftliche Arbeit zustande komme, stimmte damals wie heute.

Geoffrey Lloyd weist auf einen vergleichbaren Wendepunkt in der Geschichte der Medizin hin. Hippokrates von Kos wirkte in der zweiten Hälfte des 5. Jahrhunderts. Er wurde zum legendären Gründungsvater der Heilkunde; etwa sechzig Abhandlungen, der sogenannte «Hippokratische Korpus», sind mit seinem Na-

Die nach Thales' Theorie auf dem Wasser schwimmende Erde; auf ihr Archimedes; außerdem sind die vier Elemente Erde, Luft, Feuer und Wasser dargestellt. Aus einer 1503 in Venedig gedruckten Archimedes-Ausgabe.

men verbunden. Einige davon stammen aus seiner Zeit, wenn nicht sogar von ihm selbst, und zu diesen gehört die Schrift *Über die heilige Krankheit*. Damit war die Epilepsie gemeint, eine so sonderbare, heftige und unvorhersehbare Krankheit, daß man sie auf verschiedene von Göttern hervorgerufene «heilige» Ursachen zurückführte. Die Schrift beginnt mit den Worten: «Ich glaube nicht, daß die ‹heilige Krankheit› göttlicher oder heiliger ist als andere Krankheiten; vielmehr hat sie bestimmte Symptome und eine eindeutige Ursache.» Damit ist gesagt, daß Hippokrates nicht eine übernatürliche Erklärung einer anderen vorzog, sondern daß er sie *alle* ablehnte und auf physiologischen Kriterien bestand. Es spielt dabei keine Rolle, daß seine Erklärung, die mit einer nicht vorhandenen, angeblich vom Gehirn ausgehenden Vene zusammenhing, den wirklichen Sachverhalt auch nicht annähernd traf. Seine Vermutung war nicht absonderlicher als die tatsächliche Ursache der Epilepsie, die etwas mit elektrischen Strömen zwischen zwei Gehirnpartien zu tun hat.

Die vier Temperamente aus einer Ausgabe des *Shepheardes Calendar* aus dem 16. Jahrhundert. Der Choleriker mit einem Löwen, der Sanguiniker mit einem Affen, der Phlegmatiker mit einem Schaf und der Melancholiker mit einem Schwein.

Der Islam als Übermittler aristotelischer Lehren

Im Vergleich zu späteren, direkten Einflüssen fallen die monistischen Theorien von Thales und Co. nicht sonderlich ins Gewicht. Die Lehre von den Grundstoffen oder Elementen, die im westlichen Denken bis ins Mittelalter und in die Renaissance hinein dominierte, geht auf Empedokles zurück, eine interessante, vielseitige Gestalt des 5. Jahrhunderts v. Chr. aus Sizilien (sein wahrscheinlich apokrypher Selbstmord durch einen Sprung in den Ätna inspirierte Matthew Arnold zu einem guten Gedicht). Empedokles' vier «Wurzeln», wie er sie nannte, waren Erde, Wasser, Luft und Feuer. Ähnlich wie die moderne Teilchenphysik erkannte er, daß man neben den Grundsubstanzen auch Wirkungskräfte zu berücksichtigen habe. So postulierte er die Existenz zweier Kräfte, der Liebe, welche anzieht, und des Hasses, welcher abstößt, die beide auf die Elemente einwirken; daraus ergibt sich die «Natur», die allen Dingen in ihrer Vielfalt innewohnt. Es war eine Theorie, die

Modernes Standbild des Aristoteles in seiner Heimatstadt Stagira.

Aristoteles bei der Betrachtung der Büste des Homer von Rembrandt.

von zahlreichen antiken Wissenschaftlern abgelehnt wurde; entscheidend war aber, daß Aristoteles sie etwa ein Jahrhundert später übernahm und modifizierte. Er arrangierte die vier Elemente zu Gegensatzpaaren: Erde war kalt und trocken, Wasser kalt und feucht, Luft warm und feucht und Feuer warm und trocken. Er fügte als fünftes Element Äther hinzu, um den Himmelskörpern Rechnung zu tragen. Weil Aristoteles einzigartiges Ansehen genoß, wurde sein Modell im Spätmittelalter zur offiziellen Lehrmeinung.

Wahrscheinlich kennen heute die meisten Menschen seine Elementenlehre durch ihre Übertragung auf die vier Körpersäfte der medizinischen und psychologischen Theorie. Dieses Erbe geht auf den medizinischen Universalgelehrten Galen im 2. Jahrhundert n. Chr. zurück, der das System der vier Elemente übernahm und die Auffassung vertrat, daß die Gesundheit auf einem Gleichgewicht der gegensätzlichen Elemente beruhe und Krankheit durch ein Ungleichgewicht verursacht werde. Die vier Körpersäfte sind gemäß der orthodoxen Lehre Blut (daher

Arabische Pflanzenkunde (1334), die botanische Kenntnisse der Griechen verwertet.

sanguinisch), Schleim (phlegmatisch), Galle (cholerisch) und schwarze Galle (melancholisch). Noch zu Shakespeares Zeiten war diese Anschauung weit verbreitet. Ein in Oxford Psychologie lehrender Kollege meinte kürzlich, die Unterscheidung der Menschentypen aufgrund der vier Körpersäfte sei nicht schlechter als alle anderen Versuche in dieser Richtung.

Der hervorragendste griechische Denker in der Geschichte der Naturwissenschaften aber war Aristoteles (384–322 v. Chr.). Sambursky schreibt: «Die naturwissenschaftlichen Thesen des Aristoteles galten über sechzig Generationen hinweg als Dogma. Keine andere Persönlichkeit der Wissenschaftsgeschichte und nur sehr wenige im Gesamtbereich der Kulturgeschichte haben das spätere Denken ähnlich tiefgehend und langzeitig beeinflußt.» Sein Vater war Mediziner in der recht obskuren Stadt Stagira im relativ abgelegenen Norden der Ägäis. Er selbst ist eine überragende Gestalt auf nahezu sämtlichen Gebieten geistiger Tätigkeit: An einer Universität hätte er einen Lehrstuhl in jeder Fakultät gehabt. Gilbert Ryle nannte ihn mir gegenüber einmal «das einzige allumfassende Genie der Menschheitsgeschichte». Auf den Gebieten der Literaturkritik, der politischen Theorie, der Logik, Metaphysik und Moralphilosophie sowie der naturkundlichen Forschung wirkten seine Ideen bis auf die heutige Zeit prägend.

Die Vermittlerrolle der Araber auf dem Gebiet der Naturwissenschaften gehört zu den weniger bekannten Episoden des «griechischen Feuers». Die wissenschaftlichen Schriften des Aristoteles und anderer führender Denker wie Archimedes, Ptolemäus und Galen waren auf arabisch in Bagdad und Toledo viel früher bekannt als auf latein in Florenz und Paris. Vielmehr beruhten ja die lateinischen Übersetzungen auf arabischen und nicht auf griechischen Texten und wurden von Männern wie Adelard von Bath, Robert von Chester und Gerard von Cremona unternommen.

Wenige Jahre nach Mohammeds Tod 632 n. Chr. hatten die Araber Syrien, Palästina und Ägypten erobert; und es dauerte nicht lange, da erstreckte sich ihr Reich von Samarkand bis Cordoba. Sogar Konstantinopel gelang es nur mit Mühe und mit jener als «Griechisches Feuer» bezeichneten Brennmasse, Angriffe in den Jahren 677 und 717 abzuwehren. Zu einer Zeit, da die griechische Welt das Interesse an den Naturwissenschaften und überhaupt an nahezu sämtlichen Errungenschaften des antiken, heidnischen Griechenlands verloren hatte, weckten sie in der arabischen Welt zunehmend Aufmerksamkeit. Dies führte zu einer Blütezeit unter den Kalifen von Bagdad, die im Jahr 833 ein «Haus der Weisheit» gründeten, wo eine große Anzahl griechischer Texte, oft über eine syrische Zwischenversion, ins Arabische übertragen wurde. Damit wurden die Voraussetzungen für die Tätigkeit einiger der wichtigsten Gestalten des islamischen Geisteslebens geschaffen, zu denen die großen Gelehrten des maurischen Spaniens zählen, nämlich Ibn Sina oder «Avicenna» im 11. und Ibn Roschd oder «Averroes» im 12. Jahrhundert (Titelheld einer guten Kurzgeschichte von Jorge Luis Borges). Diese Übersetzungen ins Arabische beschränkten sich jedoch strikt auf philosophische und wissenschaftliche Werke (sieht man von *Tausendundeiner Nacht* ab, das von griechischen Romanzen beeinflußt war). Der Islam griff nur gewisse Bereiche des griechischen Erbes heraus, diese aber wirkten sich – verbunden mit der eigenen Tradition – nachhaltig auf die Geschichte der Araber aus. Die Übermittlung der griechischen Wissenschaften durch den Islam an das mittelalterliche Europa sollte dann ihrerseits tiefgreifende Folgen haben. Vor allem verehrten die Araber Aristoteles.

Aristoteles' Bedeutung als Wissenschaftler liegt in seiner Kombination von gründlichen empirischen Untersuchungen mit einem hochentwickelten Sinn für theoretische Erklärungsmodelle. Er beobachtete Phänomene und versuchte sie dann zu deuten. Mit dieser Kombination gelang ihm beispielsweise der Nachweis für die auf den ersten Blick widersinnige These von der Kugelgestalt der Erde. Bei seinen Schriften handelt es sich nicht um abgeschlossene, zur Veröffentlichung bestimmte Werke, und dazu bemerkt Lindsay Judson: «Der Umstand, daß die überlieferten Texte des Aristoteles Vortragsnotizen und Forschungsberichte sind, versetzt uns in die glückliche Lage mitzuerleben, wie er laut denkt, sich mit Problemen herumplagt, Deutungen durchprobiert und sich überlegt, warum die Erklärungen anderer Gelehrter nicht so gut sind. Man kann einem großen Denker richtiggehend bei der Arbeit zuschauen.»

Aristoteles war in vielen Wissenschaften bewandert, in Astronomie, Meteorologie, Chemie, fast überall, aber sein größtes Interesse scheint der physiologischen Welt gegolten zu haben, besonders der Zoologie und Biologie. «Die meisterhafte Formgebung der Natur verschafft dem Geist außergewöhnliche Freuden, der die Ursache der Dinge zu erkennen vermag», sagte er. Er sah die Aufgabe des menschlichen Denkens darin, Veränderung, Bewegung sowie Stillstand zu untersuchen und zu erklären.

In den erhaltenen Schriften klassifiziert Aristoteles mehr als 500 Tierarten, darunter etwa 120 Fische und 60 Insekten. Das allein schon muß sehr viel sorgfältige Beobachtung verlangt haben; doch er ging noch weiter. Diese Datensammlung war für ihn das Ausgangsmaterial, um grundlegende Überlegungen zur Zoologie anzustellen. Lindsay Judson kommentiert: «Insbesondere besteht für ihn die Hauptaufgabe der Zoologie darin, Gründe für die Verschiedenartigkeit der Tierwelt zu entdecken ... Und er glaubt, daß sich für diese Vielfalt Erklärungen finden ließen etwa von der Art, warum Tiere unter unterschiedlichen Umweltbedingungen überleben können und wie verschieden ihre einzelnen Voraussetzungen sind.»

Dabei kommen Theorien von bleibendem Interesse zustande. So schlug Aristo-

Erde, Luft, Feuer und Wasser in einem geozentrischen System; das aristotelische Universum nach einer *Cosmographia* von 1539.

teles beispielsweise vor, eine Klassifikation der «blutigen Tiere» (er meinte damit die Wirbeltiere) primär aufgrund ihrer Gebärweise zu unternehmen: Er unterschied grundlegend zwischen viviparen Tieren (die lebend gebären) und oviparen (die Eier legen) und unterteilte letztere in solche mit echten und mit unechten Eiern. Interessanterweise orientierte er sich nicht an näherliegenden, aber oberflächlicheren Merkmalen wie dem Unterschied zwischen Land- und Wassertieren. Ähnlich wurden Vierfüßler grundlegend unterteilt in (A) ovipare Amphibien und Reptilien und (B) vivipare Vierfüßler, und diese wiederum in solche (B1) mit Hufen aus einem Stück, wie die Pferde, und andere (B2) mit gespaltenen Hufen und Schneidezähnen allein am Unterkiefer, wie Schafe und Ochsen.

Aristoteles sezierte auch wesentlich gründlicher und wissenschaftlicher als seine Vorgänger. Wegen der Schlachtopfer war das Sezieren für jedermann ein vertrauter Anblick, doch mußte man wissen, wonach man suchte. Aristoteles fand beispielsweise heraus, daß der Maulwurf versteckte Augen besaß und daß bei der Hyäne die Fortpflanzungsorgane für beide Geschlechter fehlen; beide Beobachtungen wurden erst vor nicht allzu langer Zeit von der modernen Forschung bestätigt. Natürlich machte er auch Fehler. Er glaubte, daß jüngere Menschen kleinere Kinder zur Welt bringen. Einige seiner gröbsten Irrtümer fußten auf seiner Überzeugung, daß Frauen von Natur aus Männern unterlegen sind. Es stimmt einfach nicht, daß Frauen weniger Zähne und Rippen haben als Männer und weniger Gehirnfurchen, was geringere Geisteskräfte impliziert. Er soll auch behauptet haben, das Bison töte seine Opfer mit Furzen, aber ich habe dafür die Belegstelle noch nicht gefunden!

Griechische Wissenschaftler und Mathematiker bei der Arbeit (man beachte den Satz des Pythagoras); aus *The New Royal Encyclopedia* von 1790.

1806 in Oxford gedruckter *Euklid* für die Schule.

In der Geschichte der Naturwissenschaften wird Aristoteles zu Unrecht gewöhnlich recht negativ beurteilt, vor allem deswegen, weil die moderne Wissenschaft sich von der aristotelischen Orthodoxie (in der die höhere Bildung des Mittelalters erstarrte) befreien mußte, um die bahnbrechenden Leistungen von Galilei, Harvey und anderen möglich zu machen. Einige seiner naturwissenschaftlichen Schriften wurden aus dem Arabischen und später aus dem Griechischen in die lateinische Sprache im 13. und 14. Jahrhundert übersetzt; weil seine Ausführungen zur Logik und Rhetorik im Bildungswesen jener Zeit höchste Autorität besaßen, betrachtete man überhaupt alles, was er geschrieben hatte, als absolute Wahrheit. Er war, wie Dante sagt, «der Meister aller Wissenden». Zur Orthodoxie gehörte die These, daß die Gesundheit von den vier Körpersäften bestimmt sei, daß die Planeten sich um die Erde drehten und so weiter. Jedoch stammen viele der verquertesten «aristotelischen» Lehrmeinungen gar nicht vom Meister selbst, waren vielmehr Ausarbeitungen der Scholastiker. Aristoteles hätte für sklavisch befolgte Orthodoxie auch nichts übrig gehabt; er befürwortete stets das offene Streitgespräch. Roger Bacon konnte sich auf ihn berufen, als er die Gelehrten seiner Zeit zu freierem Umgang mit den etablierten Wahrheiten aufforderte.

Jedenfalls war an Aristoteles' wissenschaftlichen Erkenntnissen nicht alles verkehrt. Man denke nur an zwei der Beobachtungen, die er an Fischen machte. Wir wissen, daß er zwei volle Jahre (344–342 v. Chr.) mit seinem Schüler Theophrast auf Lesbos verbrachte, um die Meeresfauna in der Bucht von Pyrrha zu studieren. (Theophrast, der später selbst ein bekannter Biologe und Philosoph wurde, stammte wie Sappho aus dem kleinen Ort Eresos.) Aristoteles behauptete, daß bei einer gewissen Art von Haifischen *(Mustelis laevis)* das Embryo über etwas Ähnliches wie eine Nabelschnur mit der Plazenta im Mutterleib verbunden sei; die biologische Forschung bestätigte dies im Jahr 1842. Er meinte auch, daß bei gewissen Welsen *(Glanis aristotelis)* das Männchen und nicht das Weibchen die Jungen umsorgte und verteidigte. Das schien durch neuere Beobachtungen widerlegt, bis Louis Agassiz Mitte des 19. Jahrhunderts in Amerika eine Welsart fand, bei der es sich genau so verhielt. Später entdeckte er das Phänomen auch in Griechenland.

Dennoch ist richtig, daß viele der wichtigsten wissenschaftlichen Erkenntnisse zwischen 1500 und 1750 eine Absage an Aristoteles und die übrigen griechischen Gewährsleute enthielten. Aber diese Vordenker waren nötig, damit man sich an ihnen messen und Gegenentwürfe formulieren konnte. Nur weil Aristoteles so bedeutend war, konnte Opposition gegen ihn so fruchtbar sein. Jürgen Mittelstrass meint dazu: «Der springende Punkt ist folgender: Mit den Griechen wurde exakte Wissenschaft erst möglich ... außerdem begründeten sie ein *Forschungsprinzip*.»

Archimedische Schraube aus einem alten Physik-Lehrbuch.

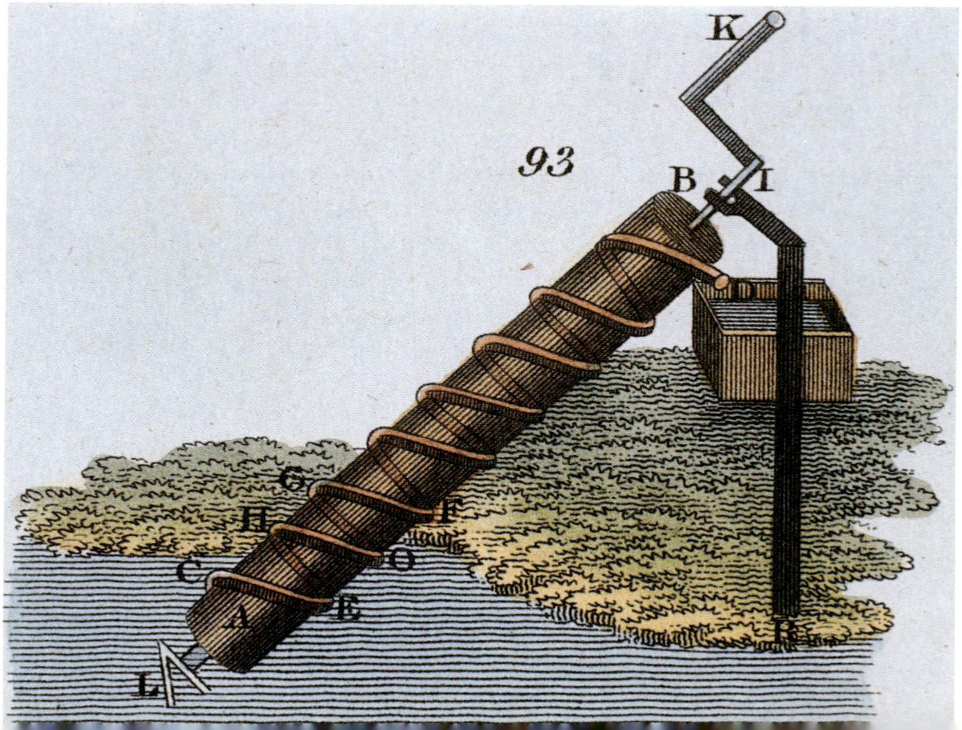

Ein der Archimedischen Schraube sehr ähnliches Gerät wird noch heute in Ägypten verwendet.

Euklid, Archimedes, Ptolemäus und Galen

So überragend Aristoteles auch ist, der größte Teil der griechischen Wissenschaftsgeschichte spielte sich nach ihm ab und wurde besonders durch die Akademie in Alexandria in Ägypten gefördert, die nicht lange nach seinem Tod gegründet worden war. Viele Anregungen positiver wie negativer Natur empfing die moderne Wissenschaft vor allem in dem Zeitraum von 1500 bis 1750 von den Nachfolgern des Aristoteles. Der Themenreichtum ist überwältigend, wie schon ein Blick auf die sieben engbedruckten Seiten der Inhaltsangabe in *A Source Book in Greek Science* von Cohen und Drabkin zeigt. Ich kann hier nur vier kurze Beispiele geben.

Geometrie

Euklids *Elemente* werden gerne als «das erfolgreichste Schulbuch aller Zeiten» bezeichnet. Als mein Vater in den frühen zwanziger Jahren die Volksschule besuchte, wurde noch Euklid benutzt. Euklid (Eukleides) lehrte um 300 v. Chr. in Alexandria und scheint weniger innovativ gewirkt als ältere Werke systematisiert zu haben. So ist beispielsweise der berühmte Beweis für den «Satz des Pythagoras»

Imitation eines antiken römischen Mosaiks aus dem 18. Jahrhundert: der Tod des Archimedes in Syrakus im Jahr 212 v. Chr.

Rekonstruktion von Heros dampfbetriebener Kugel (Paris, 1874).

– daß beim rechtwinkligen Dreieck der Flächeninhalt des Quadrats über der Hypotenuse gleich der Summe der Flächeninhalte der Quadrate über den anderen beiden Seiten ist – im ersten Buch des Euklid überliefert. Jahrhundertelang galt die Fähigkeit zu beweisen *(quod erat demonstrandum)*, daß die Basiswinkel eines gleichschenkligen Dreiecks gleich groß sind, als Grundvoraussetzung (die sogenannte «Eselsbrücke») für jede weitere Beschäftigung mit Mathematik. In vieler Hinsicht waren Euklids Beweisführungen wichtiger als seine Aussagen, weil sie das Vorbild für axiomatische Schlußfolgerungen lieferten. Die Darstellungsweise, die zunächst Behauptungen und Definitionen und danach den zu beweisenden Lehrsatz anführt, läßt sich durch die gesamte frühe neuzeitliche Wissenschaft verfolgen, so auch in Newtons *Principia* (1687). Auch Apollonios von Perge (um 200 v. Chr.) verdient erwähnt zu werden. Von ihm stammen wichtige Erkenntnisse über Kegelschnitte, er gebrauchte zuerst die Begriffe Ellipse, Hyperbel und Parabel und übte direkten Einfluß auf Galilei, Halley, Newton und andere Gelehrte aus.

Physik

Archimedes von Syrakus auf Sizilien starb für die Wissenschaft. Die Überlieferung berichtet, daß im Jahr 212 v. Chr., als die Römer Syrakus eroberten, ein Soldat in den Raum eindrang, wo Archimedes in seine Rechenarbeit vertieft war. «Mann, störe mich nicht», soll er gesagt haben, bevor der Römer ihn tötete. Wie Euklid beschäftigte er sich in Alexandria mit mathematischen Problemen und leistete dort bahnbrechende Arbeit zur Geometrie unteilbarer Zahlen, und in der Zahlentheorie entwickelte er eine Schreibweise, um Größen bis zu 10^8 mal 10^{16} darzustellen.

Besonders berühmt sind seine Beiträge auf physikalischem Gebiet – in der Mechanik, Astronomie und Optik. Er entwickelte Spiegel- und Linsensysteme und eine Vorrichtung, um Wasser schräg nach oben zu fördern – die Archimedische Schraube –, die noch in vielen Teilen des Mittleren Ostens verwendet wird. Seine Beschäftigung mit Hebeln weckte in ihm den ehrgeizigen Wunsch nach einem festen Ort, um die Welt zu bewegen; sein bekanntestes Experiment aber gelang ihm im Zusammenhang mit seiner hydrostatischen Forschung. Die Hydrostatik befaßt sich mit dem Verhalten von Flüssigkeiten in Beziehung auf Gewicht, Gefäßform und schwimmende Körper. Vor die Aufgabe gestellt, den Gold- bzw. Silbergehalt einer Krone zu bestimmen, entdeckte er zuerst in der Badewanne das Prinzip des spezifischen Gewichts, daß nämlich verschiedene Substanzen mit demselben Gewicht unterschiedliche Wassermengen verdrängen. Er soll nach diesem glücklichen Einfall nackt durch die Straßen gerannt sein und «Eureka» gerufen haben – «Ich habe die Antwort gefunden».

Hero von Alexandria (1. Jh. v. Chr.) entwickelte eine Reihe komplizierter mechanischer Vorrichtungen, die zumeist für solche Spielereien wie Ein-Mann-Orchester verwendet wurden. Er erfand einen Dampfapparat, der eine Kugel mit hoher Geschwindigkeit antrieb; und verschiedene Ventile, Kolben und Zylinder, jedoch ohne je eine Verbindung zwischen ihnen herzustellen. Dazu kam es erst mehr als 1500 Jahre später. Aber selbst wenn er sie sinnvoll arrangiert hätte, ist es fraglich, ob sich dafür praktische oder gar kommerzielle Verwendungszwecke gefunden hätten.

Astronomie

Die Astronomie war bei den Griechen weit entwickelt. So nahm man beispielsweise allgemein an, daß die Erde rund sei. Erastothenes von Kyrene (im heutigen Libyen) ging weiter und berechnete ihren Umfang, indem er gleichzeitig die Schatten in Alexandria und Syene (heute Assuan) messen ließ, Orte, deren Entfernung voneinander bekannt war. Er kam (vermutlich) auf 39690 Kilometer, bemerkenswert nahe den tatsächlichen 40009 Kilometern. Um das Jahr 275 v. Chr. entwickelte Aristarchos von Samos sogar ein heliozentrisches Modell des Sonnensystems mit einer statischen Sonne im Mittelpunkt; seine Theorie wurde jedoch nicht allgemein akzeptiert.

Der einflußreichste Astronom war Claudius Ptolemäus, der in Alexandria dreihundert Jahre später tätig war, im 2. Jahrhundert n. Chr. Sein *Syntaxis* («System») enthielt ein geozentrisches Modell des Universums mit der Erde als Mittelpunkt. Das komplizierte, fein ausgearbeitete Modell von epizyklischen und exzentrischen Kreisbewegungen schien nahezu sämtliche Himmelsphänomene zu erklären. Deshalb dauerte es auch so lange, bis es widerlegt werden konnte. Ptolemäus' Schrift ist gemeinhin unter dem Titel *Almagest* bekannt, die Verballhornung des ara-

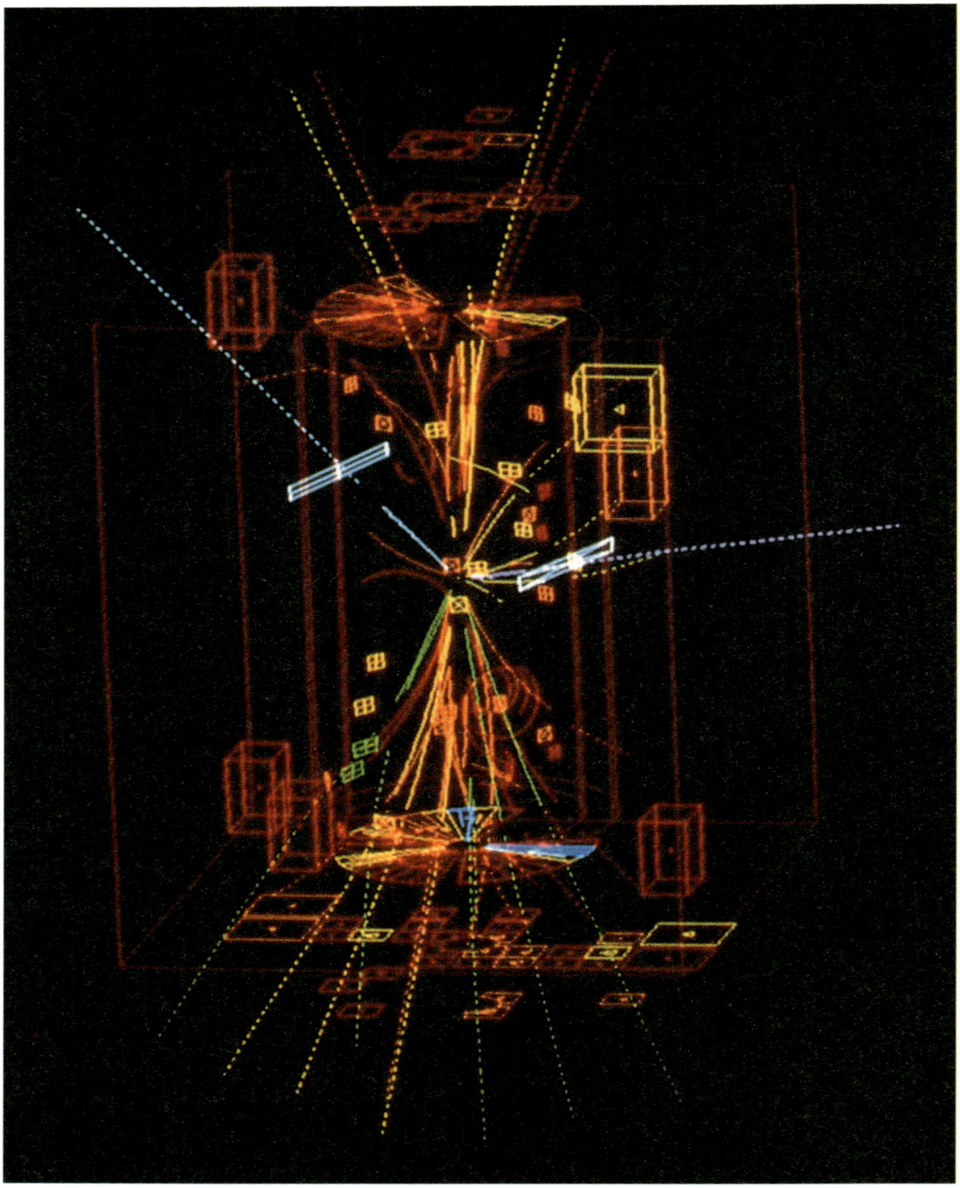

Weitere Teilchenspuren von CERN.

bischen Wortes für den Begriff «das größte [Werk]» auf griechisch. Und tatsächlich erreichte Ptolemäus das lateinsprechende Europa des ausgehenden Mittelalters in arabischer Gestalt: 1175 begann Gerard von Cremona mit der lateinischen Übersetzung des *Almagest*. Ptolemäus' *Optik* ist in arabischen und lateinischen, jedoch nicht in griechischen Fassungen bekannt. Das *Alamgest* blieb bis Kopernikus nahezu unumstritten, und auch er benutzte es ausgiebig. Die entscheidende Wende kam erst mit Galilei und Kepler zu Beginn des 17. Jahrhunderts. Obwohl Kepler Ptolemäus endgültig widerlegte, bezog er sich doch noch auf die mathematischen Kosmologien des Pythagoras und Plato. Er schrieb Plato das Wort zu: «Gott arbeitet stets geometrisch.»

Medizin

Hippokrates (5. Jh. v. Chr.) war und bleibt der Stammvater der Medizin; doch der Mann, dessen Schriften als erste zu moderner medizinischer Forschung anregten, war Galen von Pergamon (129–199 n. Chr.). Er war ein Universalgelehrter, zugleich jedoch auch als Arzt sehr gefragt; zu seinen Patienten zählte er den römischen Kaiser Mark Aurel (dessen berühmte *Selbstbetrachtungen* auf griechisch geschrieben sind). Erhalten sind von Galens Werken 20000 Blätter mit griechischer Schrift sowie eine kleinere Anzahl nur auf arabisch überlieferter Texte. Vor allem seine Arbeiten zur systematischen Physiologie und Pathologie der vier Körpersäfte sollten lange Zeit maßgeblich bleiben.

In der arabischen Welt wurde Galen häufig übersetzt und hoch verehrt, und die Übersetzungen aus dem Arabischen ins Lateinische, um die sich insbesondere Konstantin der Afrikaner im 11. Jahrhundert verdient machte, haben erst den Neubeginn medizinischer Forschung in Europa ermöglicht. Dieser erste Anstoß erreichte über Bagdad und Toledo zunächst Salerno und bald darauf Paris.

Punkt für Punkt mußten die orthodoxen Lehrmeinungen angegriffen werden; wirklich verdrängt wurde Galen aber erst durch Harveys Nachweis des Blutkreislaufs (1628). Selbst dann aber zitiert und lobt Harvey noch Galen (und auch Hippokrates und Aristoteles) wegen seiner vorbildlichen Forschungsmethoden. An der medizinischen Fakultät in Würzburg gehörten noch 1713 Hippokrates und Galen zum Prüfungsstoff: Der Prüfling wählte eine Textstelle, indem er ein Messer in beide Bücher steckte, ein kurioser Fall von intellektueller Chirurgie. Noch bis 1833 mußten Kandidaten für die medizinische Doktorwürde in Oxford sechs ernsthafte Vorträge über Galen halten!

Mathematik als Sprache

Sehr weniges von dem, was die Griechen zur Kenntnis der materiellen Welt beigetragen hatten, konnte sich also nach 1700 noch behaupten. Nichtsdestoweniger gründeten sich die wissenschaftlichen Revolutionen auf griechische Prinzipien und Methoden. In der Physik begann das von Galilei und Newton entwickelte mechanistische Weltbild mit Beobachtungen und gelangte über Beweisführungen zu Schlußfolgerungen, die dem Alltagsverstand oft genug widersinnig erschienen.

Dann geriet in den 1920er Jahren auch diese Physik in eine Krise. Jetzt hieß es glauben zu können, daß etwas an zwei Orten zugleich sein kann, etwas gleichzeitig Welle und Teilchen sein kann, Dinge aus dem Nichts entstehen. Festverankerte Konzeptionen wie der Empirismus, eine in Analogie zur Erfahrung aufgebaute Mechanik, die Metaphern «Materie», «Kraft» und «Energie» gerieten ins Wanken. Die Physiker begannen von Begriffschöpfung und den Harmonien der Mathematik zu sprechen. Die Ästhetik einer Formel wiegt stärker als der gesunde Menschenverstand, als scheinbar unsinnige Ergebnisse. «Ist deine Theorie verrückt genug?» fragte Bohr.

Vor der Entdeckung der Quantenmechanik glaubten die Physiker, anhand von Position und Geschwindigkeit eines Teilchens seine künftige Lage voraussagen zu können. «Doch jetzt mußten wir uns mit dem Gedanken befreunden», meint Leon Lederman, «daß es virtuelle Teilchen gibt und daß Teilchen eine kurze Lebensspanne besitzen, aber bei Messungsversuchen verschwinden. Teilchen versuchen sich durch Energietunnel zu bohren, und so weiter. Alle diese der Intuition zuwiderlaufenden Ideen wirkten wie ein Schock, und Einstein war dermaßen schokkiert, daß er nicht akzeptieren konnte, mit Wahrscheinlichkeiten statt mit Gewißheiten zu arbeiten.» Die neueste modische Theorie ist der «String». Ihr zufolge sind die zwölf Elementarteilchen, die Quarks und Leptons, nicht punktförmig, sondern Schwingungen von Strings, die so unglaublich kurz sind, daß sie sich empirisch nicht nachweisen lassen. Die in zahlreichen Dimensionen schwingenden Strings sind ein Resultat rein mathematischer Überlegungen; und die Mathematiker finden die Eleganz und Schönheit dieses Modells höchst aufregend. Der experimentell arbeitende Lederman meint sehnsüchtig: «Ich hoffe, es findet sich bald jemand, der zwischen String-Theorie und der gegenständlichen Welt eine Verbindung herstellt. Bisher ist das aber noch nicht geschehen.»

Diese grundlegende Schwerpunktverlagerung in der physikalischen Forschung hat Werner Heisenberg, einer der Begründer der modernen Physik, in einem Vortrag zusammengefaßt, den er in Athen am 3. Juni 1964 auf dem Pnyx unter freiem Himmel hielt. In seiner Rede mit dem Titel «Das Naturgesetz und die Struktur der Materie» nahm er den Atomisten Demokrit als exemplarische Gestalt für den mechanistischen Zugang, der die klassische griechische Wissenschaft seit Aristoteles und die moderne Wissenschaft seit Newton kennzeichnete. Ihm stellte er Plato (aus dem *Timaios*) und Galilei gegenüber, die nicht fragten: «Was sind Naturerscheinungen?», sondern: «Wie lassen sich die Naturerscheinungen darstellen, damit man ihre mathematische Struktur erkennt?» Diese Betrachtungsweise ist auch mit dem Namen des halblegendären Pythagoras und seiner Schule verbunden, die von «Sphärenmusik» sprachen und Mathematik und Harmonie als Grundprinzipien des Universums betrachteten.

Heisenberg fuhr fort: «... wir begeben uns in eine Welt weit entfernter Phänomene. Entweder gehen wir zu den entfernten Sternen oder zu den sehr kleinen

Werner Heisenberg 1958 bei der Feier anläßlich des 100. Geburtstags von Max Planck in der Münchener Schule, die er und Planck besuchten.

Atomteilchen. In diesen neuen Bereichen vermag uns die Sprache keine vernünftigen Dienste mehr zu leisten. Wir müssen uns der Mathematik als der einzigen Sprache bedienen, die uns bleibt. Ich glaube wirklich, man sollte lieber nicht sagen, daß die Elementarteilchen kleine Stücke Materie sind; besser bezeichnet man sie nur als Wiedergaben von Symmetrien... Die mathematische Struktur liegt in Wahrheit tiefer als die Existenz von Geist oder Materie. Geist und Materie sind Auswirkungen mathematischer Strukturen. Das ist natürlich eine höchst platonische Idee.»

Heute suchen sich die theoretischen Physiker ihre Anregungen nicht mehr bei Plato oder in der griechischen Antike – obgleich sie bei ihren Berechnungen griechische Symbole verwenden –, sondern berücksichtigen die neuen Ideen ihrer Zeitgenossen. Dennoch glaubt Chris Hill von Fermilab, daß wir uns erst auf halbem Weg zwischen dem Atomisten Demokrit und der Entdeckung der wirklichen Gravitationsenergieskala befinden. Er vermutet, daß er mit seinen Geräten Teilchen «sehen» kann, die 10^{16}mal kleiner sind als jene, die Demokrit mit bloßem Auge sah. Und er meint weiter: «Man muß sich klarmachen, daß wir heute um eine Größenordnung von 10^{16} davon entfernt sind, Materie auf einer Energieskala, der sogenannten Gravitationsskala zu erforschen, die uns nach Ansicht der meisten theoretischen Physiker einen vollkommenen Einblick in die Vereinheitlichung aller Kräfte und aller Materie ermöglichen würde... Ein Pessimist würde vielleicht sagen, daß wir noch einmal 2500 Jahre brauchen, bis wir soweit sind.»

Wohin werden Wissenschaft und Technik uns in der Zwischenzeit bringen? Ist es nicht an der Zeit, die überhebliche Einstellung zu überdenken, daß das wichtigste Motiv zur Erforschung der *physis* die Veränderung und Beherrschung der Natur sein sollte? Vielleicht waren die Griechen gar nicht so schlecht beraten, als sie ihre Erkenntnisse nur so begrenzt in die Praxis umsetzten.

Ideen

Problematische Geistesverwandtschaften

Das griechische Erbe der westlichen Philosophie
ist die westliche Philosophie.
Bernard Williams

Regierungen schätzen ungelöste Probleme nicht. Wer in den letzten Jahren im Westen bei den Wählern Erfolg hatte, trat in der Regel für traditionelle, festgefügte Ideen ein – Religion, Familie, Patriotismus, Wohlstand – und für eine Rückkehr zu soliden, gar viktorianischen Werten. Derweilen hören die «Intellektuellen» nicht auf zu fragen. «Es kommt darauf an, was du unter ‹Werten› verstehst.» – «Es kommt darauf an, was du mit ‹viktorianisch› meinst.» Während der sicheren Reagan-Ära breitete sich an den geisteswissenschaftlichen Fakultäten der amerikanischen Universitäten wie ein Lauffeuer die Theorie der «Dekonstruktion» aus, die herkömmliche Kategorien unterminiert und widerlegt und hartnäckig die «Ideologie» entlarvt, die sich in scheinbar simpler Rede verbirgt, vor allem in den simplen Äußerungen von Politikern.

Diese Art der Auseinandersetzung läßt sich auch über das Gegensatzpaar «relativ» und «absolut» führen. Ist alles nur Ansichtssache, eine Frage der persönlichen Meinung? Ist «der Mensch das Maß aller Dinge», wie Protagoras es formulierte? Wie kann ich zwischen Tatsachen und Meinungen unterscheiden? Kann ich mich auf etwas berufen, das mehr als Schein oder Sinneseindruck ist? Gibt es etwas jenseits oder Grundverschiedenes von unserer materiellen Welt? Gibt es Eindeutigkeiten, letzte Wahrheiten? Wenn wir sie so formulieren, sind dies offensichtlich «philosophische» Fragen. Wenn jeder denkende Mensch denselben Wunsch verspürt, die Grundlagen unserer Erkenntnisse von der Welt um uns kennenzulernen und Dinge zeitweilig zu hinterfragen, die wir normalerweise für selbstverständlich halten, dann ist jeder denkende Mensch ein Philosoph. Wenn man sich den typischen Philosophen vorstellen will, denkt man vielleicht an eine Figur wie den haarspalterischen, wirklichkeitsfremden Wittgenstein-Fanatiker aus Tom Stoppards *Jumpers*; aber wir selbst benutzen Ausdrücke wie «Lebensphilosophie» oder «etwas philosophisch betrachten», und auch der millionenschwere Tele-Evangelist ist auf seine Art ein Philosoph. Im antiken Griechenland umfaßte der Begriff *philosophia* ein weites Spektrum theoretischer und empirischer Beschäftigungen von der Logik bis zur Ethik, von wissenschaftlichen Prinzipien bis zur Theologie. Der Typ des *philosophus* reichte von Gorgias, der mit seinen Reden während der Olympischen Spiele große Zuschauermengen in seinen Bann zog und dabei gut verdiente, bis zu Diogenes, der, wie es heißt, nackt in eine tönerne Tonne gewandet umherging und von Alexander dem Großen nach seinem größten Wunsch gefragt antwortete: «Ich wünsche, daß du mir aus der Sonne gehst.» Bernard Williams schreibt in seinem Beitrag zu *The Legacy of Greece*: «In der Philosophie haben die Griechen auf nahezu allen Gebieten die ersten Schritte getan – in der Metaphysik, der Logik, der Sprachphilosophie, der Erkenntnisphilosophie, der Ethik und der Staatsphilosophie... Sie sind nicht nur als erste in diese Bereiche vorgestoßen, sondern haben auch fortgesetzt Problemstellungen definiert, die noch heute zu den wichtigsten der einzelnen Gebiete gehören.» Wie so oft haben die Griechen die Grundfragen formuliert; und mit diesen Fragen leisteten sie einen Beitrag, der nicht weniger explosiv ist als die Antworten.

Darstellung des Diogenes und Alexander auf einem römischen Relief.

Orgiastische Rhetorik

Es war typisch für die Griechen, nichts für selbstverständlich zu halten. «Ein unbefragtes Leben ist nicht lebenswert», sagte Sokrates. In der zweiten Hälfte des 5. Jahrhunderts wurden die überkommenen Strukturen, die festen Kategorien von Wirklichkeit und Wissen einer Prüfung unterzogen. Ist Wirklichkeit mehr als Schein? Ist Wissen mehr als Verstehen? Was sind die überlieferten Wahrheiten weiter als Sitten, Gebräuche, kulturbedingte Vorurteile? Sobald das alte Fundament zerbricht, erhalten Meinungen entscheidendes Gewicht. Um Meinungen zu bilden, bedarf es der Überredung, und deshalb wird die Überredungskunst der Schlüssel zu Erfolg und Macht; Wahrheit und Wissen werden nebensächlich. Die Kunst, in jedem Kreis und zu jedem Anlaß wirkungsvoll reden zu können, bezeichnet man – natürlich mit einem griechischen Wort – als *Rhetorik*. Wir können nicht so tun, als seien derartige Überlegungen unserer Zeit gänzlich fremd. Man braucht nur einmal eine Wahlkampagne zu verfolgen oder das Werbefernsehen anzuschauen, um Überredungskunst in voller Aktion zu erleben, wo wenig auf die Wahrheit und viel auf den geschickten Umgang mit Wörtern geachtet wird – das ist Rhetorik.

Diese Geisteshaltung wird in erster Linie mit den Sophisten assoziiert. Die Sophisten waren nicht Mitglieder einer Berufsgruppe, sondern eine bunte Mischung von ausgeprägten Individualisten aus allen Teilen Griechenlands, die von ihrem Witz und von Privatstunden für heranwachsende Knaben lebten. Sie lieferten sozusagen die höhere Schulbildung jener Zeit. Sie wußten über zahlreiche Gebiete etwas zu sagen, von der Kosmologie bis zur Literaturkritik und Chronologie; allesamt aber machten sie sich anheischig, Fähigkeiten zu lehren, die im öffentlichen Leben nützlich waren, vor allem wirkungsvolle Rede. Viele zog es nach Athen, der damals wichtigsten Bildungsstätte. Ihre Schriften sind uns nur in vielversprechenden Fragmenten erhalten; das meiste, was wir über sie wissen, stammt von einem Athener, der ihnen gar nicht wohlgesonnen war, nämlich von Plato. Das hat zur Folge gehabt, daß sie in späterer Zeit zumeist unterschätzt wurden – man denke nur an das abschätzige Wort «Sophisterei» –, doch scheinen sie im ausgehenden 20. Jahrhundert in mancher Weise außerordentlich modern.

Gorgias wird oft als Inbegriff der seichten Schönrednerei der Sophisten betrachtet. Er kam aus Leontini in Ostsizilien und soll bei guter Gesundheit und «geistig rege wie ein junger Mann» mit über hundert Jahren gestorben sein. Er war bereits sechzig, als er mit diplomatischem Auftrag 427 v. Chr. nach Athen kam, wo er mit seinen Reden und theatralischen Vorträgen rasch großen Erfolg hatte. Jedoch servierte er nicht nur leichte Kost, wie sich an dem feststellen läßt, was wir von seinem Vortrag «Über das Nichtsein» wissen, mit dem er zu beweisen versuchte, daß nichts existiere; und existiere doch etwas, könne der Mensch es nicht begreifen; und wenn er es doch begreifen könne, ließe es sich weder darstellen noch erklären.

(Sollte das parodistisch gemeint gewesen sein?) Mit Gorgias' Namen ist ein besonders übersteigerter Vortragsstil verknüpft, der viel mit Wort- und Lautspielen und Begriffssymmetrien arbeitete. Doch darf man nicht glauben, daß ein solcher Stil grundsätzlich oberflächlich sein muß. Die Athener baten ihn einmal, die jährliche Gedenkrede für jene zu halten, die bei der Verteidigung der Stadt den Tod gefunden hatten, ein bedeutsamer Anlaß. Zitieren wir nur einen Satz:

> Denn diesen Männern eignete eine Größe, die göttlich, und eine Sterblichkeit, die menschlich ist, die sie oft sanfte Güte der strengen Gerechtigkeit vorziehen ließen und oft auch gerade Rede den verschlungenen Gesetzen, weil sie dies für das gottähnlichste und allgültige Gesetz hielten: wenn es die Zeiten erfordern, den Umständen gemäß zu reden und nicht zu reden, zu handeln und nicht zu handeln und dabei zwei unerläßliche Eigenschaften besonders zu pflegen, Urteilskraft und Stärke, die eine um zu entscheiden, die andere um zu vollbringen, und jenen zu helfen, die zu Unrecht geschädigt, jene zu strafen, die zu Unrecht gedeihend, entschlossen zu sein gegenüber dem, was zweckdienlich und behutsam gegenüber dem, was schicklich ist, dabei mit der Umsicht des Geistes die Heftigkeit des Körpers zu zügeln und unbarmherzig gegenüber den Hochfahrenden zu sein, anständig gegenüber den Anständigen, furchtlos gegenüber den Furchtlosen und schrecklich inmitten des Schreckens.

Gorgias muß seinen Zuhörern das Gefühl vermittelt haben, daß solche Rede dem Anlaß gemäß war, solche Virtuosität die Toten ehrte und die Lebenden tröstete.

Die wichtigste Schrift des Gorgias, die uns erhalten ist, enthält eine Verteidigung der Helena, die er selbst als ein *jeu d'esprit* bezeichnete, einen geistreichen Versuch, die Ehre dieser Femme fatale zu retten. Seine Argumente sind jedoch nicht immer verspielt:

> Sollte es Rede [oder «Sprache» oder «Diskurs» – das griechische Wort ist *logos*] gewesen sein, was sie beeinflußte und ihr Herz täuschte, dann läßt sich die Anklage leicht entkräften und die Schuld beseitigen. Die Rede ist ein mächtiger Herrscher, der auf die feinste und unsichtbarste Weise göttlichste Werke vollbringt: er kann die Angst vertreiben und den Schmerz verjagen, Freude schaffen und Mitleid erregen... Wer die Menschen zu etwas überredet, benutzt dafür stets unrechte Argumente... So machen die meisten Menschen in den meisten Dingen eine fremde Meinung zum Leitstern ihrer Seele; weil aber solche Meinungen schlüpfrig sind und unsicher, so ist auch der Erfolg derer, die ihnen anhängen, kaum von Dauer und unsicher. Was spricht demnach gegen die Schlußfolgerung, daß auch Helena gegen ihren Willen der Macht des Wortes erlag, gerade so, als hätten ihr die Mächtigen Gewalt angetan?

Das Argument läßt sich in dieser Zeit, da wir alle von den Medien manipuliert werden, nicht leicht abtun.

Solenner Sokrates

Ich bin versucht, die Vielfalt unter den Sophisten mit dem exakten Widerpart des Gorgias zu illustrieren, mit dem einen und einzigen bedeutenden einheimischen Sophisten Athens, mit Sokrates. Es ist jedoch höchst umstritten, ob man Sokrates als Sophisten bezeichnen kann. Er hatte viel mit ihnen gemeinsam, und Aristophanes behandelt ihn in der Komödie *Die Wolken* als ihr Urbild. Andererseits sind die Dialoge seines treuen Schülers Plato unsere wichtigste Quelle über Sokrates, der selbst keine Schriften hinterließ; und Plato, ob er nun Sokrates' Worte mehr oder minder authentisch wiedergibt oder nicht, ist sichtlich bemüht, ihn von den Sophisten zu unterscheiden. Sokrates nahm keine Bezahlung an (er hatte es nicht nötig, weil er reiche Bewunderer hatte, könnte man einwenden); er glaubte nicht, daß man die wichtigsten Dinge lehren könne; und er verabscheute Rhetorik. Im *Gorgias* stellt Plato den Gorgias als das Opfer einer vernichtenden sokratischen Kritik an der Rhetorik dar, die von der Sucht nach Macht und Unsterblichkeit geleitet ist, während die Philosophie Wissen und Tugend zum Ziel hat. Sokrates wäre gedanklich nie so anregend gewesen ohne die (anderen) Sophisten, an denen sich seine Gegenrede entzündete. Dennoch stimmt es, daß er sich grundsätzlich von Gorgias und den meisten anderen gerade in der Frage unterschied, ob Meinung oder Wissen, das Relative oder das Absolute höher zu bewerten sei. Für Sokrates (oder jedenfalls für Platos Sokrates) ist die uns vor Augen liegende stoffliche Welt eine Welt des Scheins, doch gibt es außerdem eine höhere Wirklichkeit, die Welt der «Ideen», eine Sphäre der wahren Erkenntnis, zu der man gelangen kann und sollte. Sprache und Überredung sind unzuverlässig und unzulänglich der Wahrheit verbunden. Die absolute Wahrheit ist das Ziel der *philosophia*.

Hinter Sokrates' Kritik an Gorgias und der Rhetorik liegt eine radikal verschie-

Sokrates und Alkibiades. In Platos *Gastmahl* wird beschrieben, wie Sokrates dem Charme des gutgebauten Alkibiades widerstand.

Sokrates-Maske des griechischen Künstlers Ghikas für eine Inszenierung der Komödie *Die Wolken* von Aristophanes (1951).

dene Lebensanschauung, und der Unterschied besteht noch heute fort. Richard A. Lanham hat dies im ersten Kapitel seines Buches *The Motives of Eloquence* pointiert dargelegt. Er stellt den *«homo seriosus»*, für den Plato eintritt, dem *«homo rhetoricus»* des Gorgias gegenüber. Der «ernste Mensch» betrachtet die Sprache als ein Kommunikationsmittel, das klar, ehrlich und schmucklos sein soll, im Einklang mit der Auffassung von einem maßgeblichen, einheitlichen Selbst. Für ihn spielen die Wörter selbst keine Rolle, nur die hinter ihnen liegende Wirklichkeit. Der «rhetorische Mensch» hingegen, meint Lanham,

> ist ein Schauspieler; seine Wirklichkeit ist dramatisch. Sein Gefühl für Identität, für das Selbst, braucht Bestätigung durch täglich neue Inszenierung... Er wird von einem deutlichen Sinn für das Spielerische, Selbstdarstellerische motiviert. Sein erster Gedanke gilt dem Sieg, der Beherrschung der momentan aktuellen Spielregeln... Fast von Geburt an hat er sich nicht in einem, sondern in mehreren Wertsystemen bewegt. Deshalb ist er auch nicht auf ein bestimmtes weltanschauliches System festgelegt, stellt sich vielmehr auf das gerade stattfindende Spiel ein... Im Unterschied zu dem ernsten Menschen ist er nicht der eigenen Sprache entfremdet. Und wenn er auf den Luxus eines zentralen Selbst, einer Seele verzichten muß, gewinnt er dafür eine Toleranz und zumeist auch einen Sinn für Humor aus dem Bewußtsein heraus, daß er – und die anderen – nicht nur verschieden *denken*, sondern auch verschieden *sein* mögen. Worauf er dabei verzichten muß, ist die Erhabenheit des Religiösen mit ihren tröstlichen, wenngleich überwältigenden Eindeutigkeiten.

Lanham redet nicht einer der beiden Weltanschauungen das Wort. «Von Anfang an hat sich im Westen das Selbst aus einer wechselhaften, ewig problematischen Kombination von *homo rhetoricus* und *homo seriosus* konstituiert, aus einem gesellschaftlich orientierten und einem verinnerlichten Selbst. Diesen Widerstreit beizulegen hieße, die griechischen Bemühungen um ein komplexes Selbst aufzugeben.» Ob Lanham mit der Ausweitung seiner Typologie auf die gesamte Kulturgeschichte des Westens recht hat oder nicht, seine an der griechischen Klassik erarbeitete Analyse wirft sicherlich ein interessantes Licht auf die westliche Auffassung vom Selbst während der letzten zwanzig Jahre.

Die Sophisten waren demnach nicht nur Sophisten. Sie verkörpern die griechische Aufklärung, brachten eine neue Skepsis und Empirik ein und wiesen als erste auf das Problemfeld hin, das zwischen den menschlichen Gesetzen, Sitten und Religionen einerseits und einer ewigen, natürlichen Ordnung der Dinge andererseits liegt. Nicht zufällig waren sie so zahlreich im Athen der zweiten Hälfte des 5. Jahrhunderts versammelt: nie wieder hat es im alten Griechenland eine Stadt und eine Zeit gegeben, die einer Kulturrevolution ähnlich günstig gesonnen waren. In demselben Klima, das den Sophisten so geneigt war, gelangten der Historiker Thukydides, der Tragödiendichter Euripides und, in Reaktion darauf, Plato zu voller Entfaltung.

Wo Sokrates und Plato wandelten

Sokrates ist aufgrund seines Lebens und Todes zu einer halb mythischen Gestalt geworden – und weil er uns durch die schöpferische Kraft seines Schülers Plato erscheint. Plato präsentiert seine Philosophie in Form dramatischer Dialoge, und in allen frühen Dialogen ist Sokrates der wichtigste Gesprächsteilnehmer. Die Dialogform gibt dem Leser das Gefühl, daß die Antworten nicht von vornherein bekannt sind, sondern daß er sich selbst aktiv an der Suche beteiligen kann. «Philosophie ist also eine Aktivität, nicht das Resultat von Gelerntem und passiv Gelesenem. Das ist die Botschaft der Platonischen Dialoge», meint Klibansky.

Greifbar wird Sokrates durch Athen: dort lebte er, und es waren seine Athener Mitbürger, die ihn 399 v. Chr. zum Tod verurteilten, weil er die hergebrachte Religion schmähte und die Jugend verdarb. Plato schildert im *Kriton*, wie Sokrates es vorzog, den Schirlingsbecher der Athener zu trinken statt durch Flucht sein Leben zu retten.

In dem Dialog *Phaidros* führt sein attraktiver, junger Bewunderer Phaidros Sokrates auf einem Spaziergang jenseits der Stadtmauern an den Fluß Ilissos (der heute dort, wo er an die Oberfläche tritt, kaum mehr als ein schmutziger Wassergraben ist). Sie finden einen idyllischen Platz mit Platanen, kühlem Wasser, Zikaden und Gras, um das Haupt zu betten. Sokrates läßt sich zu zwei formelhaften

Grundmauern der Werkstatt des Schusters Simon am Rand der Agora in Athen.

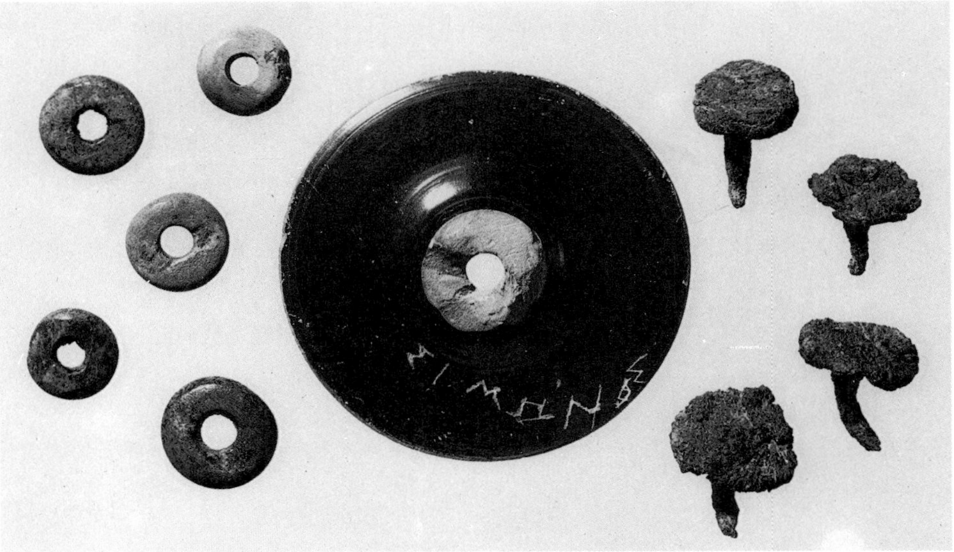

Nägel und anderes aus Simons Werkstatt sowie seine Schale mit der Inschrift ΣΙΜΩΝΟΣ.

Reden verleiten, die jeweils das Für und Wider der Liebe behandeln; da kommt auch eine Beschreibung vor, was es heißt, verliebt zu sein, und diese Passage hat seither viele in jenem Land lebhaft berührt. Dann jedoch tadelt Sokrates die beiden Reden als bloßes Spiel, als Schaustück aus dem Repertoire der Sophisten, welche mit gleicher Leichtigkeit für und gegen eine Sache argumentieren. Zunächst greift er die Rhetorik an, dann das geschriebene Wort als Kommunikationsmittel. Sokrates war nicht wirklich dem Zauber der romantischen Stätte verfallen; sein Interesse galt stets der Stadt und der philosophischen Diskussion mit seinen Mitbürgern.

Plato war nicht der einzige Schüler des Sokrates, der von ihm inspiriert Dialoge verfaßte. Obwohl kein einziges Wort von ihnen erhalten ist, wissen wir von der Existenz von 33 «Dialogen des Schuhmachers» von der Hand eines gewissen Simon: «Wenn Sokrates seine Werkstatt betrat, pflegte er sich Notizen zu machen.» An einer Ecke des alten Stadtzentrums (der *Agora*), nahe einem Stein mit der Aufschrift: «Ich bin die Grenze der Agora», fanden amerikanische Archäologen kürzlich grobe Schuhnägel und anderes Schusterzeug sowie einen Becher mit der Aufschrift «Simon», dem Namen des Besitzers. Dieses ist fraglos eine der Stellen, wo Sokrates Gespräche führte.

Sokrates pflegte umherzugehen; Plato hingegen gründete eine Art Schule nahe der «Akademie» (die ihren Namen von der Lokalgottheit Hekademos erhielt) in einem weitläufigen Hain einige Kilometer nordwestlich der Agora, einem heute sehr verwahrlosten Stadtteil. Die Lehrstätte wurde nach Platos Tod im Jahr 347 v. Chr. weitergeführt und bestand tatsächlich ungefähr neunhundert Jahre – so lange wie die älteste unserer Universitäten. Platos dortige Nachfolger bewahrten zwar die wichtigsten Grundzüge seiner Transzendentalphilosophie mitsamt der jenseitigen Welt der Ideen, folgten aber keineswegs seiner Lehre mit sklavischer Treue.

Im 3. Jahrhundert n. Chr. entstand die (nicht auf Athen konzentrierte) heute als Neuplatonismus bezeichnete philosophische Schule. Ihr wichtigster Vertreter war der seltsam rationale Mystiker Plotin. Der Neuplatonismus ist wesentlich stärker auf das Jenseits gerichtet und offenkundiger religiös als Plato und hat das frühe Christentum tiefgehend beeinflußt, obwohl die Beziehung auch Spannungselemente enthielt. Im 15. Jahrhundert begeisterten sich die italienischen Humanisten sowohl für Plato als auch für den Neuplatonismus. Im Florenz der Medici gründete Marsilio Ficino die der Lehre und Kontemplation geweihte Platonische Akademie. Zu ihren Mitgliedern zählte der Maler Botticelli. Ich sollte noch erwähnen, daß die «Cambridger Platonisten», eine Gruppe bedeutender rationalistischer Anglikaner des 17. Jahrhunderts, von Plotin nicht weniger beeinflußt waren als von Plato.

Die Schulen von Athen

In dem Jahrhundert, das auf Platos Gründung der Akademie folgte, entstanden in Athen eine Reihe von weiteren philosophischen Lehrstätten, von denen die meisten Hunderte von Jahren bis in das 6. Jahrhundert n. Chr. überlebten. Nicht

Der Syntagma-Platz auf einer Fotografie aus der Mitte des 19. Jahrhunderts. Aristoteles' Lyzeum lag unmittelbar hinter dem (ehemaligen) Königspalast rechts im Bild.

Die Bemalte Stoa lag unter dem inzwischen abgerissenen Gebäude rechts unten auf diesem Foto; hier ist bereits eine Ecke freigelegt.

einmal Alexandria konnte da mithalten. Begabte junge Männer schlossen sich diesen Schulen an, um verschiedene rivalisierende Denk- und Lebensweisen auszuprobieren. Die Schulen waren in der Regel wegen grundsätzlicher Fragen untereinander zerstritten; deshalb ist Raffaels Gemälde, das die verschiedenen disputierenden Weisen in einer einzigen gewaltigen Lehrhalle zeigt, recht weit von der wirklichen Situation entfernt. Wir können heute noch durch Athen spazieren und mehr oder weniger exakt die Orte identifizieren, wo die verschiedenen konkurrierenden Philosophien gelehrt wurden.

Aristoteles gründete seine Schule im Lykeion (daher «Lyzeum»), das seinen Namen von dem Heiligtum des Apollo Lykaios erhielt. Sie stand auf dem Gelände des heutigen Nationalgartens nahe dem Sintagma-Platz, den jeder Tourist kennt, und unmittelbar hinter dem Parlamentsgebäude. In späteren Jahrhunderten waren ihre Mitglieder, die man auch «Peripatetiker» nennt, hauptsächlich mit wissenschaftlichen Problemen beschäftigt.

Aristoteles selbst stammte aus der nördlichen Ägäis und studierte zwanzig Jahre lang (367–347) an Platos Akademie. Obgleich er Plato viel verdankte, unterschied er sich von ihm in zahlreichen grundsätzlichen Fragen. Bernard Williams erklärt dazu: «Aristoteles verwarf diese ausgefallenen, mit dem Jenseits verbundenen Hypothesen [Platos] zugunsten eines mehr pragmatischen, klassifikatorischen und analytischen Zugangs, der die landläufigen Auffassungen der Menschen stärker berücksichtigte, ordnete sie aber einem großen Modell zu, da es seiner Neigung zur Systematik entsprach, ein einheitliches, geordnetes und hierarchisches Weltbild zu schaffen.» Aristoteles' Einfluß auf die Philosophie wie auf nahezu alle anderen Disziplinen war ungeheuer groß, nicht zuletzt im England des 20. Jahrhunderts. Hier ist einfach nicht genug Raum, um auf alles einzugehen.

Die Stoiker verdanken ihren Namen einem berühmten Gebäude im Herzen der Stadt, in dem sie zu ihren Debatten zusammenkamen. Die bemalte Stoa (oder Kolonnade) erstreckte sich an der Nordseite der Agora und war mit riesigen Wandgemälden der bekanntesten Maler des 5. Jahrhunderts geschmückt. Zwischen ihr und der wichtigsten Ausgrabungsstätte verläuft heute die Bahnlinie Athen–Piräus; das Amerikanische Archäologische Institut hat erst vor kurzem, im Jahr 1988, mit umfangreichen Grabungen begonnen. Das Grundstück hatte Zeno ausgesucht, der um das Jahr 310 v. Chr. von Zypern nach Athen gekommen war. Seine Anhänger entwickelten eine Philosophie, wonach der Weise seine Vernunft *(logos)* in Einklang mit dem Kosmos oder der innewohnenden Göttlichkeit bringt. Auf die Praxis bezogen bedeutete das ein Leben in Pflichterfüllung und Selbstbeherrschung. Der Stoizismus beeinflußte das Christentum; besonders fruchtbaren Boden fand er aber in Rom, wo unter anderem Cicero und Seneca seine Lehren verbreiteten. Auf dem Weg über Ciceros Schrift *De Officiis* hat er Generationen von hochherzigen Studenten ermuntert, pflichtbewußte Staatsdiener zu werden.

Ich übergehe die Skeptiker, Zyniker und andere, möchte aber zuletzt kurz die

Schule noch erwähnen, welche die Lehren des Epikur (341–271) verbreitete, eines auf Samos geborenen und aufgewachsenen Atheners. Er unterrichtete in seinem Garten, der möglicherweise westlich von Athen lag, wo sich heute der Vorort Kholargos erstreckt. Seine Philosophie, die hauptsächlich durch die Dichtung seines römischen Anhängers Lukrez (um 55 v. Chr. gestorben) weite Verbreitung fand, ist von Plato oder den Stoikern sehr verschieden. Sie lehrt, daß all unser Wissen auf Sinneserfahrungen beruht; daß die Welt rein stofflich ist und aus Atomen und Vakuum besteht; daß es kein Leben nach dem Tod gibt; und daß die Götter keinerlei Interesse an unserer Welt haben. Die größten Plagen des menschlichen Daseins waren Epikur zufolge Aberglaube und Angst, das einzige Gute am Leben der Genuß. Von daher erklärt sich die Figur des Sir Epicure Mammon in Ben Jonsons *The Alchemist*, der Markenname «Epicure» für ein Feinkostsortiment und anderes; Epikur selbst aber empfahl und lebte ein recht enthaltsames und ungenießerisches Leben, weil das angeblich auf die Dauer den größten Genuß verschaffte. Durch die dichterische Kraft des Lukrez hat der Epikurismus unter anderem Montaigne, Shelley und Leopardi angezogen; und sein Materialismus fand bei verschiedenen Marxisten des 20. Jahrhunderts Anklang.

Platos Höhlengleichnis in einer Nachbildung von Transatlantic Films für das Fernsehen.

Platos strahlender Glanz

Durch die Jahrhunderte hindurch ist aber Platos transzendentaler Idealismus viel einflußreicher gewesen als alle die übrigen Schulen. In seiner großen Schrift *Der Staat*, der philosophischen Konstruktion eines politischen Utopia, erzählt Plato das Höhlengleichnis. Gefangene sitzen mit dem Rücken zum Höhleneingang, wo ein großes Feuer brennt. An der hinteren Felswand ziehen die Schatten von Puppen vorüber, die von einer Art Fließband bewegt werden. Das sei die Situation des unaufgeklärten Menschen, meint Plato, der den Schatten einer künstlich beleuchteten Pappfigur für die Wirklichkeit halte. Man bedenke einmal: Wenn er nur Augen und Körper befreien und sich zurechtfinden könnte, wie es dann wäre, wenn er sich umdreht, das Feuer sieht und die anderen wirklichen Dinge und zuletzt aus der Grotte heraus ans Sonnenlicht tritt. Dies ist eine Allegorie auf die philosophische Reise, ein schrittweises, mühevolles Unternehmen, vom normalen, unaufgeklärten Zustand zur idealen Welt der Wahrheit und des Guten. Nur so kann man Erleuchtung empfangen.

Niemanden wird es wundern, daß all diese Vorstellungen für die Dichter der Romantik großen Reiz besaßen. Der Schluß von Goethes *Faust* und die gesamte *Prelude* von Wordsworth sind durchwirkt von einem platonischen Glauben an echte und ewige Schönheit und Güte jenseits der vergänglichen Welt. Mehr als

Restaurant «L'Epicure» in London.

jeder andere sucht Shelley bei Plato die Transzendenz, die in der christlichen Lehre zu finden er sich weigerte. So heißt es in *Adonais*, seiner Totenklage für Keats:

> Das Eine bleibt, das Viele wandelt und vergeht;
> Des Himmels Licht glänzt ewig, der Erde Schatten flieh'n;
> Das Leben, wie eine Kuppel bunten Glases,
> Färbt ein den weißen Glanz der Ewigkeit,
> Bis denn der Tod es zu Fragmenten splittert.

In Großbritannien machte man im 19. Jahrhundert aus Plato eine Art heidnischen Erlöser, dessen Autorität vielleicht nur von der Bibel übertroffen wurde. Frank M. Turner hat dies anschaulich nachgezeichnet in den Kapiteln «Plato als Prophet», «Plato als radikaler Reformer» und «Plato als Vater des Idealismus». Nach einer Periode, in welcher Plato zum Schutzherrn aller löblichen Anliegen erhoben war, verwundert Nietzsches Absage an ihn und Sokrates nicht. Sein Vorwurf jedoch klingt verquer: Die beiden hätten mit ihrem Rationalismus der frühgriechischen Vision die poetische Kraft und das Geheimnis geraubt, während doch Plato schwerlich als Inkarnation des Rationalismus gelten kann. In jüngerer Zeit läßt Iris Murdoch in ihre Romane, die von der Suche nach dem wahrhaftig Guten handeln, feinsinnig Ergebnisse ihrer gelehrten Plato-Studien einfließen. Sie hat sogar einen platonischen Dialog über die Kunst verfaßt, der 1980 am National Theatre aufgeführt wurde, und einen weiteren über Religion, der 1986 unter dem Titel *Acastos* erschien.

Durch einen Spiegel betrachtet

Normalerweise denken wir uns das «griechische Feuer» als Gegensatz zum christlichen Glauben; es verschwindet unter der Oberfläche, während die neue Religion immer mächtiger wird, und taucht wieder auf, wenn diese abklingt. W. B. Yeats schrieb:

> Der Blutgeruch, da man Christus tötete,
> Strafte die platonische Toleranz Lügen,
> Und lügnerisch wirkte die dorische Disziplin.

(In Wirklichkeit war Plato eine Ausnahme – und zählte Toleranz zu seinen Tugenden?)

In vieler Hinsicht waren die ersten fünfhundert Jahre nach Christus ein Kampf auf Leben und Tod zwischen dem Christentum und der heidnischen «klassischen» Welt. Noch zu Christi Zeit soll einer volkstümlichen Geschichte zufolge der heidnischste der heidnischen Götter, Pan, den Kampf aufgegeben haben. Einige grie-

Illustration zu Apostelgeschichte 17 aus dem 19. Jahrhundert.

chische Seeleute sollen vor Paxos eine laute Stimme gehört haben, die rief: «Laßt alle wissen, daß der große Gott Pan tot ist.» Einer ähnlichen Vorahnung gibt Milton in seiner *Hymn on the Morning of Christ's Nativity* Ausdruck:

Die Orakel sind verstummt ...
Von der verwunschenen Quelle, aus dem Tal
Umstanden von Pappeln fahl,
  Treibt man den enteilenden, seufzenden Genius;
Mit blumenbesticktem, gelöstem Haar
Klagen die Nymphen im Dämmerlicht dichten Gehölzes.

Doch die christliche Religion übernahm viel vom alten Griechenland, noch während sie die nötigen Kräfte sammelte, um es niederzumachen. Das Johannes-Evangelium richtet sich vor allem an die Griechen: «Am Anfang war das Wort» – das griechische *logos*, ein Schlüsselbegriff der griechischen Philosophie, besonders des Stoizismus. (In Amerika gibt es noch eine evangelistische Zeitschrift mit dem Titel *Logos*.) Der heute gebräuchliche christliche Wortschatz enthält viele aus dem Griechischen stammenden Wörter: außer Christ und Christen, abgeleitet von *Christ* («salben»), auch Bibel, Epistel, Baptist, Hymne, Märtyrer, ökumenisch, evangelisch, Kathedrale, orthodox und katholisch. A und Ω (*alpha* und *omega*) sowie das XP-Monogramm gehören immer noch zur christlichen Symbolik. Der Fisch wurde christliches Symbol, weil das griechische Wort ΙΧΘΥΣ die Anfangsbuchstaben enthält von «Jesus Christus, der Sohn Gottes, der Erlöser»: ΙΗΣΟΥΣ ΧΡΙΣΤΟΣ ΘΕΟΥ ΥΙΟΣ ΣΩΤΗΡ.

Der Apostel Paulus warnte in seinem Brief an die Kolosser zu Vorsicht: «Seht zu, daß euch niemand einfange durch Philosophie und leeren Trug, gegründet auf der Menschen Lehre und auf die Elemente der Welt und nicht auf Christus.» Der Bericht von Paulus' Besuch in Athen in der Apostelgeschichte 17 ist interessant, weil er die Feindseligkeit gegenüber den dortigen Berufsphilosophen erwähnt und zugleich die fast widerstrebend eingestandene Bewunderung für ihre Bereitschaft, auf jedes neue Argument einzugehen.

> 18 Etliche Philosophen aber, Epikuräer und Stoiker, stritten mit ihm. Und etliche sprachen: Was will dieser Schwätzer sagen? Etliche aber: Es sieht aus, als wolle er fremde Götter verkündigen. Er hatte ihnen nämlich das Evangelium von Jesus und von der Auferstehung verkündigt.
> 19 Sie nahmen ihn aber und führten ihn auf den Areopag und sprachen: Können wir erfahren, was das für eine neue Lehre ist, die du lehrest?
> 20 Denn du bringst etwas Neues vor unsere Ohren; so wollen wir gerne wissen, was das sei.
> 21 Die Athener aber alle, auch die Fremdlinge, die bei ihnen wohnten, waren gerichtet auf nichts anderes, als etwas Neues zu sagen oder zu hören.
> 22 Paulus aber stand mitten auf dem Areopag und sprach: Ihr Männer von Athen, ich sehe, daß ihr in allen Stücken gar sehr die Götter fürchtet.
> 23 Ich bin umhergegangen und habe gesehen eure Heiligtümer und fand einen Altar, darauf war geschrieben: Dem unbekannten Gott. Nun verkündige ich euch, was ihr unwissend verehrt.

Sicher hatte Paulus mehr von der griechischen Erziehung und Philosophie aufgenommen, als er zugeben mochte. Man kann den Einfluß der Platonischen Lehre von den hinter der Wirklichkeit existierenden Ideen auf die berühmten Worte aus 1 Korinther schwerlich bestreiten: «Wir sehen jetzt durch einen Spiegel in einem dunklen Wort; dann aber von Angesicht zu Angesicht. Jetzt erkenne ich stückweise; dann aber werde ich erkennen, gleichwie ich erkannt bin.» Gott unmittelbar zu erkennen gleicht dem Schritt aus der Höhle ins Sonnenlicht.

Platos Einfluß auf große frühe Kirchenväter wie Origenes und Klemens ist offenkundig. Der heilige Augustinus wurde in rascher Folge zum Platonismus und zum Christentum bekehrt in jener seelischen Reifezeit zwischen 384 und 386 n. Chr. Bei ihm heißt es: «Als ich in den Schriften der Platoniker las, lehrten sie mich, die unkörperliche Wahrheit zu suchen, so daß ich deine unsichtbaren Dinge wahrnahm und sie verstand durch Dinge, die gemacht waren.»

Im späten 19. und frühen 20. Jahrhundert war es völlig in Ordnung, wenn man sich als «christlichen Platoniker» bezeichnete. Die Kämpfe, die 1500 Jahre früher ausgetragen worden waren, schienen von imaginären Differenzen ausgegangen zu sein, und noch 1926 schrieb A. E. Taylor in einem Buch über Plato: «Metaphysisch verstanden ist die Idee des Guten, was die christliche Philosophie unter Gott versteht, und nichts anderes.»

Schirling und Kreuzigung

Ein weiterer Grund, weshalb Plato im Christentum besonderen Anklang fand, war Sokrates: Sokrates, der Prophet mit einer inneren, göttlichen Stimme, den sein eigenes Volk verwarf, verurteilte und zu einem schändlichen Tod verdammte; der seine Lehre mündlich verkündete und dessen Schüler seine Worte aufschrieben und verbreiteten. Die Beschreibung des vollkommen guten Menschen im *Staat* scheint auf ihn zu passen und Christus vorauszuahnen. «Er muß im denkbar schlechtesten Ruf der Falschheit stehen, obgleich er niemals falsch gewesen, auf daß wir seine Gerechtigkeit prüfen und sehen können, ob sie angesichts einer feindseligen Öffentlichkeit und was damit zusammenhängt zu schwinden beginnt. Er

Davids Gemälde vom Tod des Sokrates.

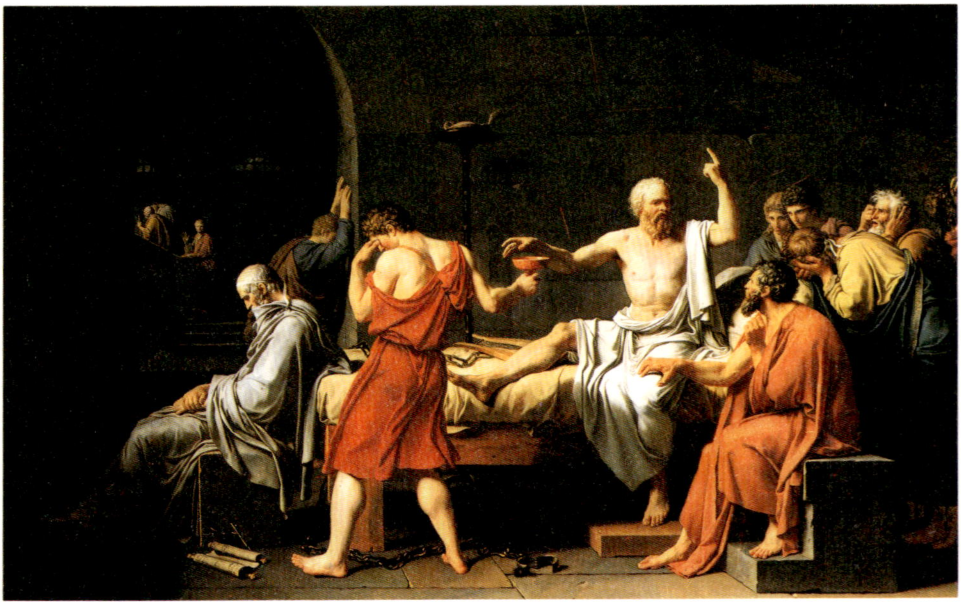

The Crucifixion von Graham Sutherland in der St. Matthew's Church, Northampton.

sollte... den gewählten Weg bis in den Tod gehen. Dann werden wir von seiner Güte Zeugnis ablegen können.»

Bei Ausgrabungen in der Nähe der Agora 1977 stießen Mitarbeiter des Amerikanischen Archäologischen Instituts in Athen auf ein Bauwerk, das sie glaubhaft als Staatsgefängnis identifizierten. Dort fanden sie eine Statuette, die möglicherweise Sokrates darstellt, und kleine Medizinbecher, die vielleicht für den Schirlingstrank bestimmt waren. Noch eindrucksvoller war die Freilegung einer Zelle mit Waschgelegenheiten. Auf den letzten Seiten von Platos Dialog *Phaidon* verläßt Sokrates die Zelle, in welcher das Gespräch mit Phaidon stattfindet, und geht in einen «anderen Raum», um zu baden und Abschied von der Familie zu nehmen, bevor er zum Schirlingsbecher zurückkehrt. Der *Phaidon* endet mit den Worten:

«Dies war das Ende unseres Freundes, des Mannes, der unserem Urteil nach der trefflichste war, und auch sonst der vernünftigste und gerechteste.» Für Sokrates wie für Christus ist die anschauliche Schilderung des Todes der eigentliche Nährboden seiner Wirkungsmacht.

Justinus der Märtyrer war ein in Judäa geborener Grieche, der in Rom zur Mitte des 2. Jahrhunderts n. Chr. starb. Er nennt Abraham und Sokrates «Christen vor Christus» und behauptet, die Athener hätten Sokrates in den Tod getrieben, weil er die Verdorbenheit der alten Religion richtig erkannt hatte. Entsprechend sollten auch die Christen bereit sein, für Christus den Märtyrertod zu sterben. Die Parallelen zwischen Sokrates und Christus veranlaßten Justinus, den Platonismus der christlichen Lehre anzugleichen. Sie halfen auch den Christen im viktorianischen England, Plato guten Gewissens zu verehren. Benjamin Jowett schrieb bewegt über den *Phaidon*: «Nichts... in Dichtung und Geschichte (mit einer Ausnahme) gleicht den letzten Stunden des Sokrates bei Plato.» Bischof Thirwall lehnte eine Begegnung mit einem deutschen Gelehrten ab, weil dieser versucht hatte, das Vorgehen der Athener gegen Sokrates zu rechtfertigen.

Hält man jedoch Davids berühmten *Tod des Sokrates* (1787; heute in New York) neben eine Darstellung der Kreuzigung, wird der Unterschied zwischen Sokrates' und Christi Tod augenfällig. Während seine Schüler sich in Schmerz und Trauer ergehen, bleibt Sokrates gelassen und beherrscht; seine Philosophie bewahrt ihn vor Schmerz und Leidenschaft. Christus hingegen stirbt nach Stunden der Qual und des Zweifels. Sokrates ergreift gefaßt den Schirlingsbecher; Christus bittet im Garten Gethsemane: «Gehe dieser Kelch an mir vorüber!»

Sokrates mag als Märtyrer sogar für Nicht-Christen akzeptabel sein: Er war bereit, für die Wahrheit zu sterben, also als eine Art von Ersatz-Christus für jene, die sich von ihrem angestammten Glauben abgewandt haben. Hierfür ist John Stuart Mill ein gutes Beispiel, der von Sokrates in Worten redet, die ein gläubiger Mensch Christus vorbehalten würde: «Eine einmalige Gestalt der Geschichte, ein Mensch, wie man ihn allzeit braucht und selten dringender als heute.»

Eine solche Betrachtungsweise mag zum Verständnis eines Buches helfen, das in den USA 1987 überraschend zum Bestseller wurde: *The Closing of the American Mind* stammt aus der Feder von Allan Bloom, Professor am Committee on Social Thought der Universität Chicago, der vorher vor allem wegen seiner Übersetzung von Platos *Staat* bekannt war. Lebhaft und aggressiv vertritt er die These, daß in Amerika die höhere Bildung und generell das gehobene kulturelle Niveau in einen kraftlosen, blinden, relativistischen Nihilismus abgeglitten sei. Diese Situation werde durch Begriffe wie «liberal», «tolerant» und «pluralistisch» kaschiert, Schlagwörter der späten sechziger und frühen siebziger Jahre, für Bloom Höhepunkt einer Zeit, in der die Jugend «verdorben» wurde. Er plädiert für eine Rückkehr zu soliden Werten und etablierten Wahrheiten, damit die Studenten wieder ein Gefühl für geistige Disziplin und Lebensziele bekommen. Das erinnert stark an

Sokrates' Kritik an Gorgias und den anderen Sophisten. Und da ist es interessant festzustellen, daß Bloom nicht auf die Heilige Schrift oder die geoffenbarte Wahrheit und den absoluten Glauben des Christentums (oder des Judentums) zurückverweist. Sein Erlöser heißt Sokrates.

Bloom zufolge wollte Nietzsche Sokrates töten und damit jede wissenschaftliche, rationale und universelle Betrachtungsweise unterminieren. Er faßt Nietzsches Botschaft in die Worte:

> Eine Dunkelheit über einem Nichts kennzeichnet die Situation des Lebens und der Schöpfung, und das Dunkel wird im Licht rationaler Analyse verschwinden. Der Dichter beim Schöpfungsakt weiß das. Wissenschaftler und Gelehrte wissen nichts davon... Es kann keinen reinen Geist geben, wie Sokrates glaubte, der außergeschichtlich existiert. Dieser Glaube ist wichtigster Grundsatz und Irrtum der Wissenschaft, ein Irrtum, der bewiesenermaßen tödliche Folgen haben kann, wenn er auf menschliche Belange ausgeweitet wird.

Allmählich wird Blooms Abneigung deutlicher:

> Der Akademiker wendet sich ab und widmet sich... der vergleichenden Religions- oder Literaturforschung, das heißt, er versinkt in Gleichgültigkeit oder vertritt einen faden Universalanspruch, der auf dem kleinsten gemeinsamen Nenner einer Reihe von alten und unvereinbaren Texten beruht. Der Akademiker vermag die Texte nicht zu verstehen, die er zu interpretieren und erläutern vorgibt.

Es gibt deutliche Hinweise darauf, daß Bloom annimmt, die ziellose Unsicherheit unserer Zeit könne zu bösartigen Angriffen gegen jene führen, die für die Wahrheit eintreten. Er jedenfalls ist bereit, Sokrates' Schicksal zu teilen. Meine Zitate stammen aus dem Kapitel «Von Sokrates' *Apologie* zu Heideggers *Rektoratsrede*», das mit den Worten schließt:

> Was an den deutschen Universitäten in den dreißiger Jahren geschah, geschah und geschieht überall. Im Grunde genommen handelt es sich nicht um soziale, politische, psychologische oder ökonomische Probleme, sondern um ein philosophisches Problem. Für alle, die sich Klarheit verschaffen möchten, ist ein Nachdenken über Sokrates unsere dringendste Aufgabe. Das ist die Aufgabe, für die die Geisteswissenschaftler zuständig sind.

Nietzsche war jedoch nicht der erste, der für die Kritik der Athener an Sokrates Verständnis aufbrachte und meinte, gemäß den herrschenden Werten und Gesetzen sei Sokrates schuldig gewesen. Hegel sah die Auseinandersetzung zwischen Sokrates und den Athenern ähnlich wie jene in der *Antigone* als ein dialektisches Ringen zweier Parteien, die beide einiges Recht auf ihrer Seite hatten; er meinte, Sokrates sei im Sinn der Anklage schuldig gewesen und habe zum Niedergang der

Ära der unabhängigen griechischen Stadtstaaten beigetragen. Ein neuer Apologet der Verurteilung des Sokrates tauchte 1988 auf, als I. F. Stone sein Buch *The Trial of Socrates* veröffentlichte, mit dem wir uns im nächsten Kapitel befassen.

Phaidros, Motorräder und Dekonstruktion

Ich möchte dieses Kapitel mit zwei Bestsellern aus den letzten zwanzig Jahren beschließen, die auf platonisches Gedankengut abheben. Robert M. Pirsigs *Zen and the Art of Motorcycle Maintenance* erschien 1974 und war mehrere Jahre lang ein Kultbuch, von Jugendlichen viel gelesen und von trendbewußten Erwachsenen gelobt. Es ist der Inbegriff dessen, was Bloom verabscheut, und es überrascht, daß er es nicht erwähnt, vor allem auch, weil Aristoteles und die Universität die Bösewichte sind. Der autobiographische Erzähler fährt mit seinem Sohn auf einem Motorrad durch den Mittelwesten; ein Großteil des Romans handelt von der Rekonstruktion des geistigen und philosophischen Werdegangs eines gewissen «Phaidros», der, wie sich herausstellt, der Erzähler selbst war, bevor er einen Nervenanfall erlitt. Phaidros wird zunehmend von der Idee des «Charakters» besessen, dem Gegenteil von objektiven Faktoren: «Charakter, Wert *erschafft* die Subjekte und Objekte der Welt. Tatsachen existieren nicht, bevor sie nicht von Werten erzeugt werden.» Er entwickelt eine Abneigung gegen Aristoteles' säuberliche Klassifikation der Erscheinungswelt und findet Platos Theorie der hintergründigen, transzendentalen Ideen wesentlich attraktiver. Was hat «Charakter» damit zu tun? Phaidros stößt zu Gorgias und den Sophisten vor:

> Sokrates' Märtyrertod und anschließend Platos unübertroffene Prosa hatten nichts Geringeres zur Folge als die gesamte Welt des westlichen Menschen, wie wir sie kennen... Die Ideen der Wissenschaft und Technologie und anderer systematisch organisierter Bemühungen des Menschen bilden den exakten Mittelpunkt... Phaidros fällt auf, daß seine Vorstellungen über Charakter jedoch irgendwie all diesem widersprechen. Sie scheinen viel mehr mit den Überlegungen der Sophisten gemein zu haben. «Der Mensch ist das Maß aller Dinge.» Ja, das entspricht seiner Idee des Charakters... Der Charakter, der die Welt erschafft, erweist sich als eine *Beziehung* zwischen dem Menschen und seiner Erfahrung. Er ist ein *Teilnehmer* an der Erschaffung aller Dinge. Das *Maß* aller Dinge – das paßt. Und sie lehrten Rhetorik – das paßt.

Höhepunkt des Buches ist Phaidros' Konfrontation mit dem Vorsitzenden des Komitees für Ideenanalyse und Methodenlehre in Chicago anläßlich einer Diskussion über Platos *Phaidros*. Das Endresultat lautet: Rhetorik zwei Punkte, Dialektik null Punkte. Sowohl die Sophisten als auch Plato, *homo rhetoricus* und *homo seriosus*, stehen demnach im Mittelpunkt der Suche, die Pirsig beschreibt. Es gibt noch ein

Der Phaidros der 1970er Jahre.

kleines Nachspiel: Pirsig fügte der Ablehnung, interviewt zu werden, einen Nachsatz ohne Unterschrift hinzu: «Die Ansichten in jenem Buch stammen von einem Geistesgestörten.»

Allan Bloom findet gegen Ende seines Buches vernichtende Worte für die «Schule der Dekonstruktionisten»:

> Hierbei handelt es sich um das letzte, vorhersehbare Stadium der Unterdrükkung der Vernunft und der Verneinung einer möglichen Wahrheitsfindung im Namen der Philosophie. Die schöpferische Leistung des Exegeten ist wichtiger als der Text; es gibt keinen Text, nur Exegese. So wird, wessen wir am meisten bedürfen, nämlich eine inhaltliche Kenntnis dieser Texte, dem subjektiven, schöpferischen Selbst dieser Interpreten überlassen, die beides bestreiten: die

Existenz des Textes ebenso wie die Existenz der Wirklichkeit, auf welche sich die Texte beziehen. Eine verwässerte Nietzsche-Interpretation behebt uns der Notwendigkeit, uns mit den objektiven Anforderungen der Texte auseinanderzusetzen, wo doch gerade dies zu einer Befreiung von unserem zunehmend flachen und engen Geisteshorizont geführt haben könnte.

Diese Mode wird vorübergehen; in Paris ist sie bereits passé. Es wird nicht der letzte derartige Versuch bleiben, den die verarmten Geisteswissenschaften bei ihrer Suche nach einem imaginären Weltreich unternehmen und der dem populären, demokratischen Geschmack entgegenkommt.

Tatsache bleibt, daß Jacques Derrida, der einflußreichste unter den Dekonstruktivisten, einen richtungweisenden Essay von hundert Seiten über Blooms geliebten Plato schrieb, «Le Pharmacologie de Platon», der zuerst 1968 und dann 1972 in *Dissemination* erschien. Es handelt sich um eine Studie über (wieder einmal) den *Phaidros* und vor allem über Sokrates' Behauptung, das gesprochene Wort sei wahrer und wirklicher als das geschriebene. Derrida widerspricht den Gelehrten, die den Dialog als unzusammenhängend und schlecht aufgebaut empfinden; er sieht den springenden Punkt gerade in den unlösbaren Spannungen und Widersprüchen der Logik und Rhetorik. Platos Angriff auf das Geschriebene bewegt sich in der Begriffswelt des Schreibens, ist ja selbst geschrieben. So ist auch die Freiheit der attischen Demokratie seiner Meinung nach unauflöslich verbunden mit ihren Unfreien, ihren Sündenböcken. Christopher Norris beschreibt Derridas Strategie als «die Auflösung all jener binären Unterscheidungen, die Platos Text strukturieren, bis zuletzt der Gegensatz als solcher – die Grundvoraussetzung jeder dialektischen Argumentation – als Prozeß begriffen wird, bei dem Gegensätze in einem ständigen *unentscheidbaren* Austausch von Eigenschaften verschmelzen.»

Somit können Wörter, nachdem sie einmal dekonstruiert sind, keine letzte Wahrheit, keine direkte Beziehung zur Wirklichkeit vermitteln. Der platonische Anspruch, Wahrheiten zu formulieren, ist nur eine von verschiedenen Möglichkeiten, unentscheidbare Gegensätze auszudrücken. Wörter *können* aber überreden; und je weiter man die alten Strategien dekonstruiert, desto besser kann man sich ihrer bedienen. Diese Betrachtungsweise erinnert sehr stark an Gorgias, der beide Seiten eines Arguments gleichermaßen überzeugend vertreten konnte. «Wahrheit» war für ihn lediglich ein rhetorisches Etikett für die Seite, die er gerade vertrat. Wir bleiben in der von den Griechen im 5. Jahrhundert entwickelten Dichotomie gefangen. Auf der einen Seite haben wir die Sicherheit und Harmonie des Sokrates, die von ihrer eigenen Intoleranz beeinträchtigt wird; auf der anderen den spritzigen Witz und Relativismus des Sophisten, der uns die zweifelhaften Freuden der Unsicherheit und einer lähmenden Selbstreflexion beschert.

«Diese Methode wird vorübergehen.» Ob es uns gefällt oder nicht, wir können jedenfalls nicht den großen Zuspruch ignorieren, den der Dekonstruktivismus in

Jacques Derrida in Paris 1986 anläßlich der Veröffentlichung seines Buches *Pour Nelson Mandela*.

Friedrich Nietzsche.

den vergangenen fünfzehn Jahren gefunden hat, besonders bei Studenten und vor allem in den Vereinigten Staaten, wo Derrida heute auch lehrt, in Irvine bei Los Angeles. An zahlreichen Fakultäten ist sein Wort heute Gesetz, und Schüler umringen ihn, wo immer er auftritt. Ich hörte ihn 1987 in Los Angeles, als er in einem seltsam klaren autobiographischen Exkurs seine Theorien zu seiner Abstammung und Erziehung in Beziehung setzte. Als Jude in Algerien mit dem französischen Schulsystem aufgewachsen, fühlte er sich als Außenseiter. Bestimmend (sagte er) sei das Bedürfnis gewesen, im zentralen Bereich einen Freiraum zu schaffen, der unabhängig war von den drei großen, fremden Traditionen seiner intellektuellen Bildung: griechische Antike, Christentum und deutscher Idealismus. Vielleicht werden im 21. Jahrhundert manche Philosophen eine vierte Tradition hinzufügen: franko-kalifornische Dekonstruktion. Was immer geschieht, es steht jedenfalls fest, daß das Absolute und das Relative weiterhin streitbare Bettgenossen im Philosophenturm des Westens bleiben werden, wie sie es schon seit Gorgias und Sokrates sind.

Politik

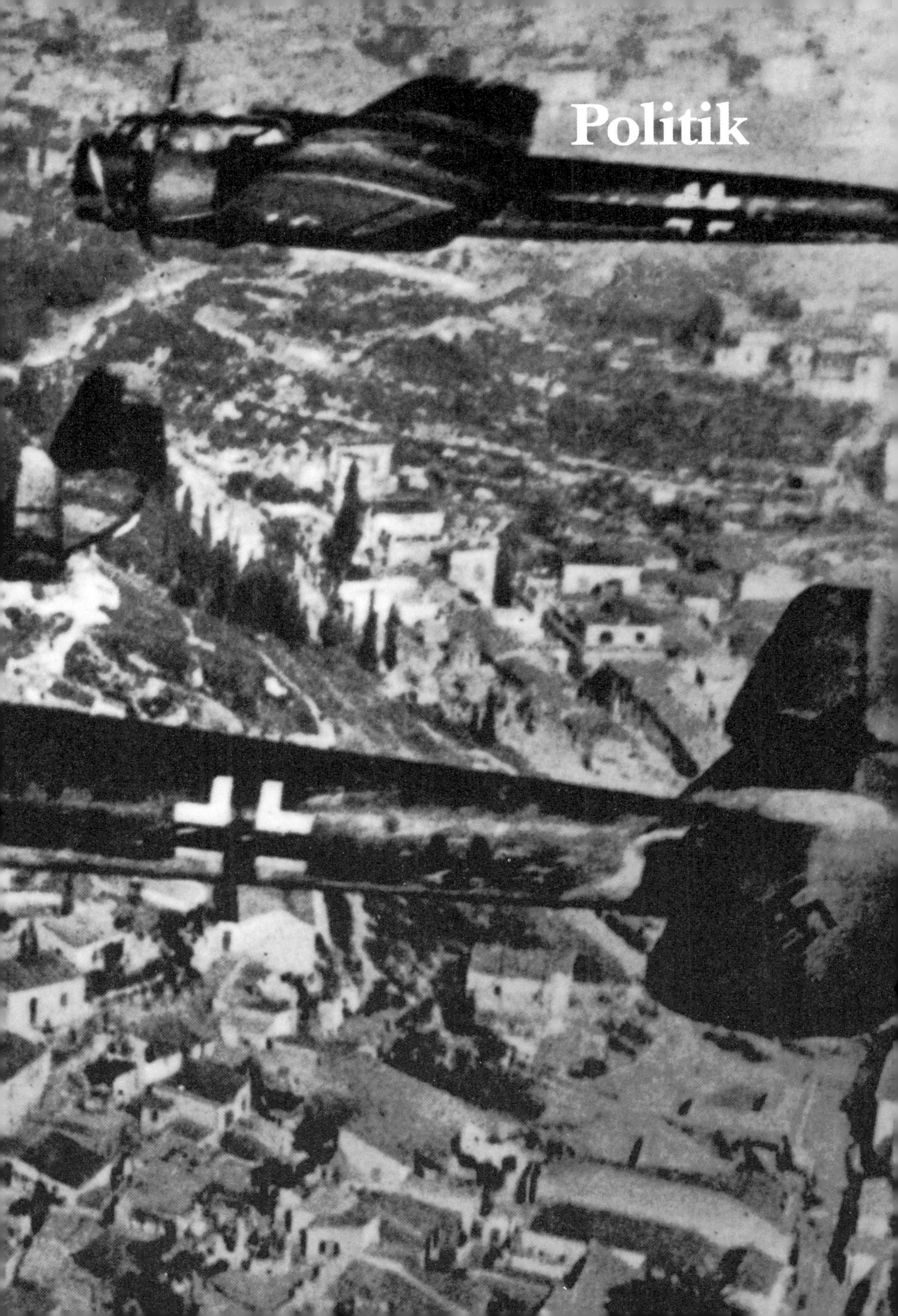

Die verkümmerte Demokratie

> Dies ist wahre Freiheit: Wo frei geborene Menschen,
> Die Öffentlichkeit zu beraten, frei reden dürfen...
>
> Euripides

Wie wird die Demokratie im 21. Jahrhundert aussehen? In der Welt, in der wir leben, wird mehr als die Hälfte der Bevölkerung von Diktatoren, Oligarchen und Militärmachthabern regiert; und dabei stimmen alle oder nahezu alle Menschen darin überein, daß die Demokratie das Kennzeichen jeder modernen zivilisierten Gesellschaft ist. Ostdeutschland, die Deutsche Demokratische Republik, bekundete seinen demokratischen Anspruch einst deutlicher als Westdeutschland. Marxisten entlarven westliches demokratisches Gebaren als Augenwischerei; der Westen widersetzt sich im Namen der Demokratie einer russischen Infiltration der Dritten Welt. Man gebraucht das Wort, ohne offen zu fragen: Wer regiert? Innerhalb welcher Beschränkungen? Mit welchen Absichten? Direkt oder indirekt? Präsident Bushs Antrittsrede am 20. Januar 1989 und Michail Gorbatschows Rede auf dem Sonderparteitag am 27. Juni 1988 geben darauf durch ihre Bezüge indirekte und unterschiedliche Antworten.

In jenen westlichen Staaten, die sich als echte Demokratien verstehen, stimmen die Bürger sporadisch und sorglos ab. Einer wirklich gezielten Teilnahme des Durchschnittsbürgers am politischen Geschehen stehen gewaltige Kräfte entgegen: die zunehmende Zahl von Berufspolitikern, das Anwachsen der Bürokratie, die unaufhaltsame Ausbreitung der Multinationalen und die betäubende Wirkung der Massenmedien. In Großbritannien hat «Charter 88», ein im Herbst 1988 veröffentlichtes Plädoyer für einen Verfassungsentwurf, viel an der englischen Spielart von Demokratie auszusetzen. Da ist die Rede vom Zusammenbruch der englischen «Tradition von Kompromiß und Toleranz, Grundbedingungen einer freien Gesellschaft. Statt dessen hat das Kräftegefüge innerhalb der 1688 geschlossenen Vereinbarung es der Regierung ermöglicht, der englischen Gesellschaft ihren Willen aufzuzwingen, dem Staatsdienst neue Wertvorstellungen vorzuschreiben, die akademische Freiheit an Universitäten und Schulen zu gefährden und Übergriffe zum Schutz der Staatssicherheit zuzulassen. Der Bruch mit der jüngsten Vergangenheit zeigt, wie ungeschützt Großbritannien gegenüber einer gewählten Diktatur immer war.» Wann wird eine Demokratie zur Wahldiktatur?

Bloom kontra Stone

Wenn überhaupt irgendwo, dann gilt in den Vereinigten Staaten von Amerika die Demokratie als fest und eindeutig verankert. Jeder Einwanderer muß verschiedene grundlegende Fragen zur Demokratie beantworten können, bevor er das Bürgerrecht erwirbt. Und dennoch haben zwei Bücher kürzlich die Sorge enthüllt, mit der, wie ich glaube, die gebildete amerikanische Öffentlichkeit dieses angeblich unproblematische Thema betrachtet. Im Mittelpunkt beider Bestseller steht die attische Demokratie. Im Jahr 1987 erschien Allan Blooms *The Closing of the American Mind* mit dem Untertitel *How higher education has failed democracy and impoverished the souls of today's students* (Wie das höhere Bildungssystem die Demokratie verraten und die Seelen der heutigen Studenten ärmer gemacht hat). Vermutlich war die erste Auflage klein, doch innerhalb eines Jahres waren eine halbe Million Exemplare verkauft. Bloom sieht seine Aufgabe darin, mit Sokrates und Plato als Vorreitern deren Werte und Ansprüche in einer Gesellschaft neu zu etablieren, die sich ziel- und sorglos treiben läßt und vorgibt, liberal und tolerant zu sein. Er meint, daß die Intellektuellen, die sich in den Hippie-Jahren von der schlechtesten Seite zeigten, große Teile der Bevölkerung zu dem Glauben verleitet hätten, Demokratie sei ein politisches System, in dem alles erlaubt ist; und daß dadurch jedermann den Launen und Wünschen ausgeliefert worden sei, die den kleinsten gemeinsamen Nenner der Gesellschaft bilden. Ihm schwebt eine gewisse Art von Reife vor, die dieser «undemokratischen und irrationalen Mystik» entgegenwirkt: «Autorität in irgendeiner Form ist häufig für viele und manchmal für alle Menschen unerläßlich.» Von de Tocquevilles *La Démocratie en Amérique* (1835–1840) inspiriert, fordert er die Universitäten auf, sich Sokrates vorzunehmen und jene Führungsrolle zu ergreifen.

Völlig unabhängig davon schrieb um die gleiche Zeit I.F. Stone *The Trial of Socrates*, das in vielen Punkten die entgegengesetzte Meinung vertritt, von der Beurteilung des Prozesses gegen Sokrates bis hin zum Problem der Freiheit in unserer Zeit. Stone, dessen Zeitschrift *I. F. Stone's Weekly* (gelegentlich *Bi-Weekly*) in den Jahren zwischen 1953 und 1971 und besonders mit ihrer Kritik des McCarthyismus sehr einflußreich war, brachte sich, nachdem er sich zur Ruhe gesetzt hatte, selbst Griechisch bei, um für dieses Projekt besser gerüstet zu sein. Seine Darstellung ist detailliert und wissenschaftlich fundiert; sie war sechs Monate, bevor ich den vorliegenden Text schrieb, erschienen und tauchte bereits auf den Bestsellerlisten diesseits und jenseits des Atlantik auf. Stone vertritt die These – ohne jedoch so weit zu gehen wie Präsident Bush und die Todesstrafe zu befürworten –, daß die Athener Sokrates zu Recht anklagten, die Grundfesten ihrer Demokratie zu unterminieren. Der wichtigste Grundsatz der Demokratie ist Stones Ansicht nach das gleiche Recht *jedes* Bürgers, wie arm und ungebildet er auch sein mag, in der Volksversammlung seine Meinung zu sagen, ohne daß man ihn dafür belangen kann.

Das war in Athen der Fall: und Abschnitt 6 Artikel 1 der amerikanischen Verfassung besagt, daß kein Kongreßmitglied für etwas angeklagt werden kann, was er «in einer Rede oder Debatte in einem der beiden Häuser» vorbringt. In Stones Augen droht der Demokratie große Gefahr von Leuten wie Sokrates und eben auch Allan Bloom, die im Besitz von gewissen höheren, absoluten Werten zu sein vorgeben, von Wahrheiten, welche die geistige Unabhängigkeit des normalen Bürgers aufheben. Bloom identifiziert sich stolz mit Sokrates, Stone mit der Athener Volksversammlung.

Das Selbst und die Gesellschaft

Bei aller Gegensätzlichkeit stimmen Bloom und Stone in einem entscheidenden Punkt überein. Beide behandeln den einzelnen als Mitglied der «Demokratie». Sie stellen das Selbst nicht in Opposition zur Gesellschaft – den einzelnen gegen die Maschine –, sondern betrachten beides als Einheit, die sich erst in Beziehung zu anderen Menschen voll verwirklicht. Das «Selbst» erhält nur Sinn aus der Beziehung zu anderen Personen, und zwar nicht allein zu Familienangehörigen und Freunden, sondern zu sämtlichen Mitgliedern der Gemeinschaft als Ganzes gesehen. Die klassische Formulierung dieses Gedankens stammt von Aristoteles: «Der Mensch ist von Natur ein politisches Geschöpf.»

Diese Feststellung bedarf der Erklärung. Zum einen bezieht sich «Mensch» allgemein auf menschliche Wesen, nicht ausschließlich auf Männer. Zum anderen stellt Aristoteles den Satz in einen quasi zoologischen Kontext: so wie manche Lebewesen paarweise leben, andere in Rudeln und dergleichen, so entspricht der menschlichen Kreatur ein staatenbildendes Zusammenleben. Und schließlich ist unter «politisch» «in der *polis*» zu verstehen. *Polis* wird oft mit «Stadt» übersetzt, bedeutet aber nicht nur eine Ortschaft, sondern eine unabhängige Kommune mit allem, was dazugehört – Wohnstätten, Heiligtümern, Feldern, Hügeln, Häfen sowie sämtlichen Bewohnern. In der Regel war eine griechische *polis* sehr klein, zählte einige tausend Einwohner. Aristoteles empfiehlt als Kriterium für die optimale Größe, daß die Stimme eines Herolds sämtliche Bürger erreichen sollte (ohne Mikrophon!). Athen als größte Stadt des klassischen Altertums (bevor sie von Alexandria und später von Rom übertroffen wurde) zählte zur Mitte des 5. Jahrhunderts v. Chr. ungefähr 250000 Einwohner, von denen vielleicht 75000 in der Stadt selbst wohnten – etwa ein Vierzigstel der Einwohnerzahl des heutigen New York. Man darf nie diese gewaltigen Größenunterschiede außer acht lassen.

Als Bürger *(politai)* galten normalerweise nur erwachsene Männer, deren Väter das Bürgerrecht besaßen – in Athen (oder vielmehr in Attika, dem Gesamtgebiet der *polis* von etwa 2400 km^2) waren es schätzungsweise 40000 von den 250000. Es gehörte zu ihren Vorrechten, ihre eigene Stadt zu verwalten und für sie in den

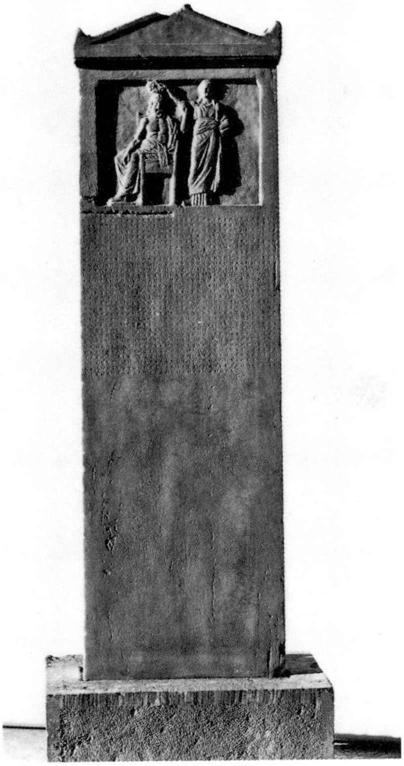

Links: Inschrift des 4. Jahrhunderts mit Gesetzen, welche die Demokratie in Athen garantieren; «Demokratie» krönt das Volk. Rechts: Porträtbüste des Perikles.

Teilnehmer an der modernen englischen Spielart von «Demokratie».

Krieg zu ziehen, falls das von einer Mehrheit beschlossen wurde. Der Bürgerstand erst machte sie zu vollwertigen Menschen. In der Leichenrede des Perikles, die in der Überlieferung durch Thukydides die beste Lobrede auf die attische Demokratie ist, gilt ein Mensch, der nicht an der *polis* teilnimmt, nicht etwa nur als eigenbrötlerisch, sondern geradezu als nutzlos. Dieser Auffassung zufolge – der Aristoteles beistimmte – kam ein Rückzug aus dem politischen Leben einer Selbstnegierung als vollwertigem Menschen gleich. I. F. Stone sagt: «Ich teile die Auffassung der Athener, daß die Teilnahme am Leben der Stadt zu den Bürgerpflichten gehört.» (Wir werden auf die Frauen, Einwanderer und Sklaven zurückkommen, denen nicht die Möglichkeit offenstand, in diesem Sinn «vollwertige Menschen» zu werden.)

Dieses griechische Verständnis von der Stellung des Menschen in der Gesellschaft – von der Politik – entspricht keineswegs der heutzutage üblichen Ansicht. Die Selbstdefinition des modernen Menschen orientiert sich zumeist an seiner inneren Existenz sowie vielleicht an einem kleinen Personenkreis von Familienmitgliedern und Freunden. Gesellschaft, Staat sind von außen auferlegt, schließen «uns» nicht mit ein, mögen uns sogar feindlich gesonnen sein. In John Stuart Mills Schrift *On Liberty* ist der Ausgangspunkt seiner Überlegungen die Frage, wie das *Mindestmaß* an staatlicher Intervention in das Leben des einzelnen zu definieren sei. George Steiner formuliert provokativ den Unterschied zur griechischen Betrachtungsweise: «Wir hängen heute einem sehr privatistischen Ideal an ... dem Glauben, daß sich das gute Leben im Eheleben erfüllt ... daß mit unserem kleinen Freundeskreis unsere Pflichten in erster Linie diesem Kreis und diesen Bindungen gelten ... das Gefühl, daß unser Bestes hinter geschlossenen Türen zutage tritt. Die Griechen hätten darin ein schändliches Versagen menschlicher Reife gesehen. Sie haben deutlich unser Schicksal vorhergesehen, daß nämlich aufgrund solchen Verhaltens die Mafiosi, die Kriminellen und Drittklassigen die Machtpositionen übernehmen. Und deshalb haben wir wenig Recht, uns zu beklagen.»

Mit den Mafiosi, den Kriminellen und den Drittklassigen sind vermutlich die Manager der multinationalen Konzerne gemeint und jene Leute, die «Politiker» im weitläufigen Sinn genannt werden. In Athen war jeder Bürger Politiker. Plato kritisierte die Amateurhaftigkeit und meinte, man sollte die Regierungsgeschäfte Fachleuten überlassen. Eben das haben wir getan, und nun ist unsere Rolle von einer kleinen Anzahl von Berufspolitikern übernommen worden, deren Macht äußerlich sichtbar ist, und von kleineren Gruppen, die hinter den Kulissen agieren. Was wir unter «politisch» verstehen, ist also wesentlich enger gefaßt als das Verständnis, das im Menschen ein von Natur aus politisches Geschöpf sieht. Wenn jemand wie der Bischof von Durham öffentlich seine Meinung sagt, heißt es, er solle Religion und Politik getrennt halten; wenn man Sportler zu disqualifizieren droht, weil sie in Südafrika auftreten, kommt der Vorwurf, hier werde Politik und Sport vermischt. Allein die Idee, daß man Religion oder Sport von der Politik ausklammern kann, wäre einem antiken Griechen unverständlich gewesen, mochte er Demokrat sein oder nicht.

Die Berufspolitiker möchten über einen bestimmten Lebensbereich allein das Sagen haben. Das gilt für alle modernen westlichen «Demokratien», im Osten, Westen, Fernen Osten, in kapitalistischen und sozialistischen Ländern gleichermaßen. Die Wahl ist der Schlüssel zur Macht. Im antiken Griechenland hingegen galt die Wahl allgemein als ein undemokratisches Verfahren, weil es einer Herrschaft der wenigen Vorschub leistete. Im alten Athen waren *alle* qualifizierten Bürger aufgerufen, an den Entscheidungsprozessen im Parlament teilzunehmen, und sie wurden manchmal sogar buchstäblich herangeseilt. Auf dem Marktplatz pflegte ein Beamter ein rot eingefärbtes Seil zu schwingen, und wen es traf, der mußte zur Versammlung gehen. In modernen Demokratien werden die nichtpolitischen Bürger nicht sehr energisch zu politischen Meinungsäußerungen in der Öffentlichkeit ermuntert, und ihnen fehlt ein ähnliches Forum wie die attische Volksversammlung, wo sie sagen können, was sie wollen, ohne die Folgen fürchten zu müssen. Am nächsten kommt dem heute der Geschworenendienst, vielleicht die wahrhaft demokratischste unserer Institutionen. In Großbritannien jedenfalls wird demokratisches Verhalten entmutigt, wie «Charter 88» feststellte. Denn wie oft nehmen wir schon an einer wichtigen politischen *Entscheidung* teil? In einer repräsentativen Demokratie haben alle vier oder fünf Jahre die Bürger für einige Sekunden Macht über die Politiker; und selbst dabei stimmen wir nicht über Einzelfragen ab. Seit Kriegsende ist in Großbritannien kaum eine Regierung mit mehr als fünfzig Prozent der abgegebenen Stimmen (von einer Mehrheit der Wahlberechtigten ganz zu schweigen) an die Macht gekommen, und bereits bei 42 Prozent wird stets von einem «überwältigenden Volksmandat» gesprochen. Bei der letzten Wahl gingen 75 Prozent der Wähler zur Urne; bei den amerikanischen Präsidentschaftswahlen 1988 waren es 48 Prozent. Ein alter Athener wäre höchst verblüfft gewesen, wenn man das Demokratie genannt hätte.

Die gemischte Republik der Verfassungsväter

Es war vielmehr die *politische Theorie* als die Praxis des alten Griechenlands, die bei der Geburt der modernen Demokratie Pate stand. Die griechische Staatstheorie ging weitgehend von der Beobachtung aus, daß nahezu sämtliche griechischen Gemeinschaften seit frühester Zeit drei Herrschaftsebenen kannten; eine sehr kleine Anzahl von Königen oder Magistraten; einen Rat der einflußreichsten Männer, normalerweise identisch mit den Großgrundbesitzern; und schließlich eine Zusammenkunft oder Versammlung aller übrigen Bürger. Fast überall und immer lag in der griechischen Antike die Macht in den Händen der ersten beiden Gruppen, die manchmal zusammen-, manchmal gegeneinander arbeiteten, während die dritte Ebene, die Massen, die Entscheidungen lediglich routinemäßig per Akklamation bestätigte. Diese dreiteilige Analyse findet sich bereits bei Herodot, dem Historiker aus dem 5. Jahrhundert. Ein Jahrhundert später wurde das Modell von Plato eingehender dargestellt und theoretisch begründet, vor allem im *Staat*, und danach von Aristoteles in der *Politik*, den zwei grundlegenden Werken der Politikwissenschaft. In ihrer Terminologie hieß eine Situation, in welcher die Könige dominierten, «Monarchie» oder «Tyrannei» (das Wort hatte ursprünglich keine negative Konnotation); wenn die Krieger dominierten, gab es eine «Aristokratie» oder «Oligarchie»; dominierte aber die Volksversammlung, hatten die vielen – *hoi polloi* – die Macht ergriffen, nannten sie das eine «Demokratie». Das griechische Wort bedeutet «Macht in den Händen des gemeinen Volks» *(dēmos)*. In den verschiedenen Städten gab es unterschiedliche Kombinationen und Schwerpunktverteilungen. An der Philosophenschule des Aristoteles sammelte man Berichte über 158 verschiedene Verfassungen aus allen Teilen der griechischen Welt.

Aristoteles betrachtete die Herrschaft der vielen (d. h. die Demokratie) als instabil und auf verantwortungslose Weise nur auf den eigenen Vorteil gerichtet. Bezeichnenderweise riet er zu einem Kompromiß, einem Versuch, die jeweiligen Vorzüge der drei Herrschaftssysteme zu kombinieren und eine *gemischte* Verfassung zu errichten. Als der Grieche Polybius zur Mitte des 2. Jahrhunderts n. Chr. zwanzig Jahre in Rom unter Hausarrest verbrachte, analysierte er die römische Verfassung nach griechischen Gesichtspunkten und pries die Dauerhaftigkeit dieser Mischform. Die drei Ebenen – Konsuln, Senat und Volk – regulierten sich gegenseitig deshalb, weil jede gewisse entscheidende Einflußbereiche kontrollierte (tatsächlich aber besaßen die Volksversammlungen geringe Macht).

Man hat eingehend untersucht, inwieweit diese griechische Staatstheorie die Gründungsväter der USA tatsächlich beeinflußte, als sie 1787 jene Verfassung aufsetzten, die sich bemerkenswert gut bewährt und die übrige Welt maßgeblich beeinflußt hat. Es steht außer Zweifel, daß man auf antike Vorbilder zurückgriff. Richard R. Johnson meint, man könne «im nachhinein und schon allein anhand der Häufigkeit, mit der klassische Zitate und Parallelen auftauchen, feststellen, daß der Einfluß des griechischen Altertums auf den politischen Diskurs in Amerika um das Jahr 1787 einen nie dagewesenen Höhepunkt erreichte». So sagte beispielsweise John Corbin: «Unsere Verfassung basiert theoretisch auf Aristoteles und wurde in Rom erfolgreich in die Praxis umgesetzt.» Und John Adams meinte: «Es ist offenkundig, daß das beste Regierungssystem jenes ist, das sich aus allen drei Teilen zusammensetzt.»

Nach eigener Aussage schwebte den Verfassungsvätern also eine Republik vor wie in Rom und nicht eine Demokratie wie im Athen des 5. Jahrhunderts. Athen lieferte vielmehr ein negatives Beispiel. Meyer Reinhold kommentiert: «Eine der wichtigsten Lehren der Antike war den Gründungsvätern zufolge die Untauglichkeit einer unmittelbaren Parlamentsregierung, denn man kannte Fälle antiker instabiler Staatswesen, wo man mit politischen Entscheidungen launenhaft und wankelmütig umgegangen war.» Die positive Bewertung Athens ist ein Phänomen des späten 19. Jahrhunderts. Einige Jahrzehnte früher hatten die großen Theoretiker de Tocqueville und Mill vermutet, daß die ständig zunehmende Volksteilnahme in den USA der Situation im antiken Athen immer ähnlicher würde. Ironischerweise hat sich heute, wo man dem Vorbild Athens überall einen Lippendienst erweist, die Demokratie stets weiter von einer wirklichen Teilnahme der vielen entfernt, statt sich zu ihr hinzubewegen. Der Macht am nächsten kommt der *dēmos* unserer Tage noch vor dem Fernsehschirm.

«Wer meldet sich zu Wort?»

Jeder weiß vielleicht, daß «die Griechen die Demokratie erfunden haben» und «Athen die Wiege der Demokratie war», aber wenige haben überhaupt eine Vorstellung davon, wie sehr sich die attische Demokratie von unserer unterschied, oder wissen, daß die meisten Griechen einschließlich Plato und Aristoteles sie heftig mißbilligten. Obwohl von vielen als instabil und kurzlebig bezeichnet, bestand

Athener Wasseruhr, die zur Begrenzung der Redezeit benutzt wurde; darunter Wahlbälle des Gerichtshofs.

Ostraka: Tonscherben als Wahlzettel für eine Abstimmung über die Exilierung eines angesehenen Bürgers. Die jährliche Ostrazismus-Abstimmung fungierte als eine Art Sicherheitsventil für die attische Demokratie.

die Demokratie in Athen von den großen Reformen des Kleisthenes im Jahr 508 v. Chr., die eine politische Ordnung ohne Rücksicht auf die alten Sippenverbände und lokale Gruppierungen etablierten, bis 338 v. Chr., als Philipp von Mazedonien die Herrschaft übernahm. Diese Zeitspanne ist kaum kürzer als die seit der amerikanischen Verfassungsgründung verstrichene. Ja, in Athen blieben demokratische Strukturen und Verfahrensweisen noch bis in römische Zeit erhalten, wenn auch recht ausgehöhlt. Das goldene Zeitalter jedoch, als viele griechische Städte unter dem Einfluß Athens Demokratien wurden, währte ungefähr von den 460er bis in die 420er Jahre, als Perikles die bedeutendste Gestalt war. Und dieses goldene Zeitalter der Demokratie war auch für viele andere Kulturbereiche eine Blütezeit.

Es gab wie immer drei Machtzentren. Da war zum einen eine kleine Zahl von Staatsbeamten, von denen die wichtigsten die zehn militärischen Generalkommandanten waren, die alljährlich von der Bürgerschaft gewählt wurden. Obwohl diese Abstimmungen keine im eigentlichen Sinn demokratische Wahlen waren, wurde jeder nach seiner Amtszeit einer rigorosen Prüfung unterzogen. Das zweite Machtzentrum, der Rat, bestand aus fünfhundert Mitgliedern. Sie wurden für ein Jahr aus Freiwilligen aus den verschiedenen Gruppen innerhalb der Gemeinschaft ernannt, die Endauswahl wurde mittels eines komplizierten Lossystems getroffen. Weil niemand öfter als zweimal in seinem Leben dienen durfte, waren viele Mitglieder der Gemeinschaft irgendwann einmal Ratsherren. Der Rat trat in einem eigenen Gebäude an der Westseite der Agora zusammen, bereitete dort die Amtsgeschäfte der Volksversammlung vor und erledigte die Tagesgeschäfte der Exekutive. Von den fünfhundert lebten fünfzig jeden Monat (das Jahr war in zehn Monate unterteilt) auf Amtskosten in dem nebenan gelegenen runden *tholos* und waren im Notfall für dringende Belange erreichbar. Ihr Vorsitzender wurde jeden Tag per Los gewählt – das heißt, daß der Amtsträger, der vielleicht einem heutigen Staatspräsidenten oder Ministerpräsidenten am nächsten kam, *täglich* wechselte.

Die Volksversammlung schließlich, die *ekklesia*, war souverän. Alle wichtigeren oder grundsätzlichen Fragen wurden von ihr durch Mehrheitsbeschluß entschieden. Die Beschlüsse waren endgültig, und ein Parteiensystem oder eine Opposition existierte nicht. Die Versammlung trat viermal im Monat vormittags auf dem Hügel Pnyx zusammen, der künstlich eingefaßt war, um nahezu 10 000 Menschen Platz zu bieten. Der Herold fragte: «Wer meldet sich zu Wort?» Sicher war es in der Praxis eine relativ kleine Anzahl von Personen, die den Ton angab, doch bleibt die Tatsache bestehen, daß prinzipiell jeder Bürger sich zu Wort melden konnte. Man hat errechnet, daß bei den Zusammenkünften der *ekklesia* normalerweise vier- bis fünftausend Personen anwesend waren, also zehn Prozent der Bürgerschaft, und daß selten mehr als zwanzig Prozent versammelt waren. Bevor man aufgrund dieser Zahlen die attische Demokratie abwertet, sollte man sich fragen, wie oft zehn Prozent der Mitglieder einer Gemeinschaft heutzutage jemals aus bestimm-

Titelblatt von Miltons *Areopagitica*.

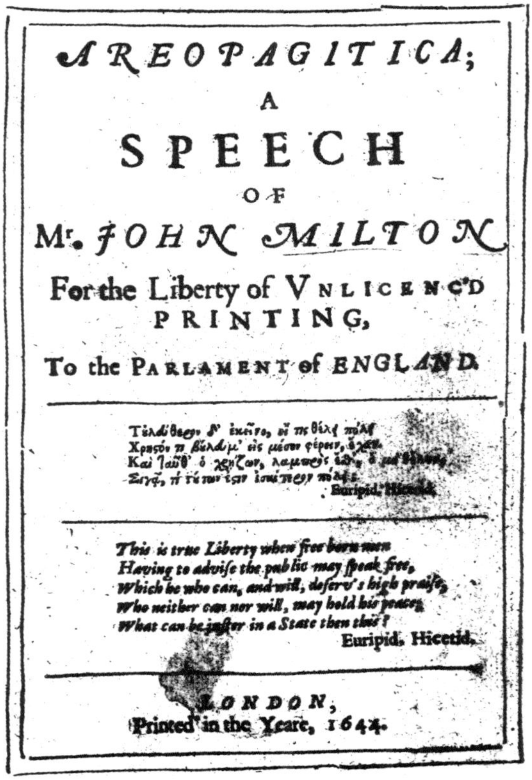

AREOPAGITICA;
A
SPEECH
OF
Mr. JOHN MILTON
For the Liberty of VNLICENC'D
PRINTING,
To the PARLAMENT of ENGLAND.

Τοὐλεύθερον δ' ἐκεῖνο, εἴ τις θέλει πόλει
Χρηστόν τι βούλευμ' εἰς μέσον φέρειν, ἔχων.
Καὶ ταῦθ' ὁ χρῄζων, λαμπρὸς ἔσθ', ὁ μὴ θέλων,
Σιγᾷ, τί τούτων ἔστιν ἰσαίτερον πόλει;
Euripid. Hicetid.

This is true Liberty when free born men
Having to advise the public may speak free,
Which he who can, and will, deserv's high praise,
Who neither can nor will, may hold his peace;
What can be juster in a State then this?
Euripid. Hicetid.

LONDON,
Printed in the Yeare, 1644.

tem Anlaß an einem Ort zusammenkommen, geschweige denn aus wichtigem Anlaß, geschweige denn vierzigmal im Jahr. In New York bedeuten zehn Prozent der erwachsenen Bevölkerung mehr als eine halbe Million Menschen. Wissen auch nur zehntausend New Yorker, was während eines beliebigen Monats im Kongreß geschieht? Ganze fünfzig Prozent des Wahlvolks nutzen die einzige, alle vier Jahre gegebene Gelegenheit, seinen Regierungschef zu wählen.

Das demokratische System Athens bezog tatsächlich einen außerordentlich hohen Anteil aller qualifizierten Personen in die Regierungsführung mit ein. Es war wirklich eine unmittelbare Demokratie. Glücklicherweise entschied sich der Historiker Thukydides, die Rede oder zumindest seine Version der Rede aufzuschreiben, die Perikles im Winter des Jahres 430 v. Chr. zu Ehren der im ersten Jahr des Peloponnesischen Kriegs gefallenen Athener hielt. Thukydides schrieb diese Worte fünfzehn oder zwanzig Jahre später und war sich dabei bewußt, daß sie den Anfang vom Ende des goldenen Zeitalters markierten und daß Perikles bald danach während der schrecklichen Pest sterben sollte. Diese «Leichenrede» war damals revolutionär und ist es in vieler Hinsicht noch heute. Als Studenten sie in Griechenland verteilten, wurden sie von den modernen Diktatoren verhaftet.

> Wir werden eine Demokratie genannt, weil die Verwaltung in den Händen der vielen und nicht der wenigen liegt. Doch während die Gesetze gleiches Recht für alle in ihren Privatangelegenheiten garantieren, werden besondere Fähigkeiten ebenfalls gewürdigt; und wenn sich ein Bürger in irgendeiner Weise auszeichnet, so wird er für den Staatsdienst bevorzugt, nicht als Privileg, sondern aus Anerkennung seiner Verdienste. Auch Armut ist keine Schranke, soll doch ein jeder seinem Land nützen, wie unbedeutend auch immer sein Stand. Bei uns ist niemand vom öffentlichen Leben ausgeschlossen.

Welche moderne Demokratie nimmt sich dieses Manifest zum Vorbild?

Freiheit für das Volk oder Tyrannei durch das Volk?

Eine weitere stolze Verkündung der Ideale des demokratischen Athens legt Euripides in seinem Schauspiel *Die Hiketiden* (um 420) dem legendären König Theseus in den Mund. John Milton übersetzte daraus einige Zeilen für das Titelblatt der *Areopagitica* (1644), seinen beherzten, an das Parlament gerichteten Aufruf für Pressefreiheit (der Name bezieht sich auf den Areopag, einen Hügel westlich der Akropolis von Athen):

> Dies ist wahre Freiheit: Wo frei geborene Menschen,
> Die Öffentlichkeit zu beraten, frei reden dürfen,
> Und jeder, der das kann und will, gelobt wird,
> Und wer es nicht kann und will, nur schweigt;
> Was kann gerechter sein im Staat als dies?

Einige Leveller zogen in den vierziger Jahren des 17. Jahrhunderts ebenfalls das antike Athen als Vorbild für die Beteiligung des Volkes an der Macht heran, aber sie waren ihrer Zeit weit voraus. Marchamont Nedham änderte seine Meinungen mit den Zeiten, fand jedoch in *Excellencie of a Free State* (1656) viel Gutes über Athen zu sagen. Im 16., 17. und 18. Jahrhundert setzte man gewöhnlich Demokratie mit einer instabilen Herrschaft des Pöbels gleich, wie Plato und Aristoteles gelehrt hatten. Die großen Staatsdenker wie Machiavelli, Harrington und Montesquieu und sogar Rousseau hielten eine Demokratie nur im Rahmen einer gemischten Verfassung für akzeptabel. Mit Montesquieus *De l'Esprit des lois* (1748) wurde Athen wieder zu einem zündenden Thema des staatstheoretischen Denkens, doch während der französischen und amerikanischen Revolution tauchten in der Rhetorik «Athen» und «Demokratie» normalerweise immer noch nicht als positive Begriffe auf.

In dem durch die Ereignisse jenseits des Kanals und des Atlantiks beunruhigten Großbritannien schrieb der Tory und Gutsbesitzer William Mitford eine sehr einflußreiche Geschichte Griechenlands (zwischen 1748 und 1810 veröffentlicht), in der er die attische Demokratie restlos verdammte als nicht mehr denn eine «vom Volk ausgehende Tyrannei». Dies blieb fünfzig Jahre lang die allgemeine Ansicht, bis George Grote, reformerischer Radikaler und ehemaliges Parlamentsmitglied, sie grundsätzlich in Frage stellte; er verfiel in seiner *History of Greece* (1846–1856) in das andere Extrem und ließ Athen wesentlich stabiler und britischer erscheinen, als es in Wirklichkeit war. Frank M. Turners Darstellung faßt treffend zusammen:

> Grote wollte Athen als Lehrbeispiel für die Gefahren benutzen, die einer Demokratie von konservativen Kräften her drohen. Vor ihm hatten antidemokratische Autoren wie Mitford behauptet, daß ein moderner liberaler und demokratischer Staat dem gesetzlosen Athen gleichen würde. Grote stellte die Analogie auf den Kopf und machte das antike demokratische Athen fast zu einem Spiegelbild eines stabilen, liberalen Staatswesens aus der Mitte der viktorianischen Ära.

Athen wurde nun idealisiert. John Stuart Mill bescheinigte dem Athener System, daß es «das geistige Niveau des attischen Durchschnittsbürgers höher hob, als wir es aus jeder anderen Epoche der Antike oder Moderne kennen». Der Oxforder Geschichtsprofessor E. A. Freeman ging noch weiter: «Der Athener Bürger besaß durchschnittlich mehr politische Intelligenz als die meisten englischen Parlamentarier!» Innerhalb von fünfzig Jahren verwandelte sich Athen von einem abschrekkenden Beispiel zu einem inspirierenden Vorbild. Im Jahr 1915 warb die Armee in Londoner Bussen mit Auszügen aus Perikles' Leichenrede um Freiwillige im Kampf gegen den Freiheit und Demokratie bedrohenden Feind. In Frankreich vollzog sich ein ähnlicher Meinungsumschwung, den Pierre Vidal-Naquet und Nicole Loreaux aufgezeichnet haben; auch hier verwandelte sich im Verlauf des 19. Jahrhunderts, vor allem durch Victor Duruys *Histoire Grecque* (1851), das Schreckgespenst Athen in ein strahlendes Vorbild.

Frauen, Sklaven und die Selbstgerechtigkeit

Aus den Debatten des 19. Jahrhunderts ging also die Demokratie als Siegerin hervor, wenn es auch nicht die unmittelbare Demokratie Athens war. Es war in Wirklichkeit die mittelbare, repräsentative Demokratie der Vereinigten Staaten und de Tocquevilles. Tatsächlich wird im 20. Jahrhundert jede Erwähnung der unmittelbaren Demokratie Athens nur allzu oft von einschränkenden, ablehnenden, gar abschätzigen Worten begleitet. Die Vorbehalte, die man heute vorbringt, beziehen sich nicht auf die alten Ängste vor einer Herrschaft des Pöbels, sondern auf den Vorwurf, daß man in Athen sehr viele Menschen aus dem privilegierten Kreis der Bürger *ausschloß*. «Wie kann sich ein System demokratisch nennen, in dem Frauen und Sklaven keine Rechte hatten?» Klingt bei diesen Einwänden nicht so etwas wie Selbstgerechtigkeit und sogar ein gewisser Unmut mit an? Was verbirgt sich dahinter?

Zunächst einige Schätzungswerte über Athen. Unter den etwa 250000 Einwohnern Athens wird es vielleicht 40000 vollwertige Bürger *(politai)* gegeben haben, ungefähr sechzehn Prozent der Gesamtbevölkerung. Bei dieser Schätzung rechnet man mit 100000 Frauen und Kindern aus Bürgerfamilien. Hinzu kamen etwa 20000 ansässige Einwanderer, die sogenannten Meteken, die frei waren, aber ohne Bürgerrechte, sowie bis zu 100000 Sklaven, die Eigentum der Bürger waren und so gut wie keine Rechte besaßen, nicht einmal das Recht, eine Familie zu gründen. Manche von ihnen lebten recht angenehm, aber viele, vor allem jene in den Silberminen von Laurion südlich von Attika, lebten und starben unter entsetzlichen Bedingungen. Damit ist die Selbstgerechtigkeit des 20. Jahrhunderts doch sicherlich gerechtfertigt?

Es wirkt etwas scheinheilig, wenn man den Ausschluß der Frauen von der Politik – vom Stimmrecht ganz zu schweigen – als primitive Barbarei hinstellt. In den USA erhielten Frauen das Stimmrecht im Jahr 1918, in Großbritannien 1919 (mit Einschränkungen), in Italien und Frankreich 1945. In Quebec und in der Schweiz mußten sie bis 1971 warten. In mancher Hinsicht kommen die Massenversammlungen der kleinen Schweizer Kantone der Athener *ekklesia* heute am nächsten. Da wirkt es denn amüsant, daß im Kanton Appenzell nicht nur die Männer bei der Versammlung ihr Schwert tragen müssen, sondern daß die Frauen auf dieser Regierungsebene auch kein Wahlrecht haben. Die Stellung der Frau im aufgeklärten Athen des 5. Jahrhunderts ist kein erfreuliches Thema (das im Kapitel «Aphrodite» behandelt wurde), doch haben wir kaum Grund, allzu überheblich zu sein. Augenblicklich sind von den 650 Mitgliedern des englischen Parlaments 41 Frauen; und im amerikanischen Repräsentantenhaus liegt der Prozentsatz noch niedriger.

Sklaverei gilt heutzutage natürlich als abscheulich; wir haben jetzt statt dessen Maschinen. Aber unter jenen, die 1776 die Unabhängigkeitserklärung unterzeichneten, gab es manchen Sklavenhalter, und immer noch gibt es auf der Welt zahlreiche Länder, wo die Arbeiter teilweise so eingeschränkt leben, daß es der Sklaverei sehr nahekommt – beispielsweise die Gastarbeiter. Die Goldminen Südafrikas haben mit den Silberbergwerken von Laurion viel gemein.

Der übliche Vorwurf gegen die attische Demokratie richtet sich jedoch weniger gegen den Ausschluß der Sklaven als dagegen, daß ihre Existenz von Sklavenarbeit abhing. Nur mittels dieser wirtschaftlichen Ausbeutung, so lautet das Argument, war es dem freien Athener Bürger möglich, seinen politischen Aufgaben nachzukommen. Als erster stellte der Tory Mitford diese Behauptung auf und warnte England: In einer Demokratie würden die Arbeiter ihre Arbeit hinlegen und statt dessen sich am politischen Machtkampf beteiligen. Ironischerweise wurde diese

Die Bürger des Schweizer Kantons Appenzell-Ausserhoden treten alljährlich am letzten Sonntag im April zum kantonalen Parlament zusammen.

These später von ganz andersgelagerten Ideologien übernommen. Engels schrieb 1884: «Nicht die Demokratie hat Athen zu Grunde gerichtet, wie die europäischen, fürstenschweifwedelnden Schulmeister behaupten, sondern die Sklaverei, die die Arbeit des freien Bürgers ächtet.» Wer von den beiden auch recht hatte, jedenfalls deuten neuere Untersuchungen wie etwa Ellen Meiskins Woods *Peasant, Citizen and Slave* darauf hin, daß die These ein Mythos ist und daß die überwiegende Mehrzahl der Athener Bürger durchaus die meiste Zeit arbeitete, vor allem auf dem Feld. Reichere Bürger, welche das Geld für eine Bronzerüstung aufbringen konnten und das Landheer stellten, brauchten nicht zu arbeiten. Die große Zahl derer aber, die in Kriegszeiten in der Marine dienten, war weder wohlhabend noch untätig, und sie waren die Hauptstütze der bäuerlichen Demokratie.

Es berührt seltsam, wenn das erste Jahrhundert, das je «Demokratie» per se als etwas Positives empfindet, zugleich eine weitverbreitete Tendenz zeigt, die Errungenschaften Athens herabzuwürdigen. Ich kann mir Gründe vorstellen, weshalb moderne Demokratien, seien sie kommunistischer oder kapitalistischer Art, von einer Bewunderung des antiken Athens ablenken möchten. Die gewählten Mächtigen sehen nicht gerne ein zu starkes Engagement ihrer Bürger, nicht einmal der Männer des Mittelstands, geschweige denn der Frauen und Arbeiter.

Sparta als Gegensatz

Die Demokratie war keineswegs das einzige politische Modell des griechischen Altertums, mit dem man sich später immer wieder beschäftigte. Plato und auch Aristoteles mißbilligten es. Aristoteles hatte mit seiner *Politik* ungeheuren Einfluß; Karl Marx, der zu seinen Bewunderern zählte, nannte ihn einen «gigantischen Denker». Es ist nicht verwunderlich, daß Aristoteles, dessen Theorien auf praktischer Anschauung beruhten, Demokratie als unausgewogen und instabil ablehnte. Er stammte schließlich nicht aus Athen, und zu der Zeit, da er die Stadt kannte, lag das goldene Zeitalter bereits mehr als fünfzig Jahre zurück. Plato andererseits war Athener und also auch dem Gesetz unterworfen, das besagte: «Wer die Demokratie in Athen umstürzt... soll als Feind der Athener betrachtet werden, und wer ihn tötet, wird nicht bestraft.» Dennoch kritisierte Plato viel schärfer als Aristoteles das System, das Sokrates zum Tod verurteilte. Er setzte das Volk *(dēmos)* gleich mit

Symbolisches Standbild in Sparta, Wisconsin.

Sparta, wie Thukydides es prophezeite (die neue, 1834 gegründete Stadt ist im Hintergrund zu sehen).

Athen, wie Thukydides es prophezeite.

der untersten, gefühlsbestimmten, gedankenleeren Stufe der dreiteiligen Seele. Die Stadt sollte von «Hütern», von «Philosophen-Königen» regiert werden, welche die höchste, rationale Stufe ihrer Seele vervollkommnet haben. Diese Gedanken finden sich in dem utopischen *Staat*. Später entwarf er in den *Gesetzen* einen «zweitbesten Staat», der so repressiv und konservativ war, daß dort sogar die Kinderspiele geregelt und kontrolliert waren. Sämtliche Arbeiten wurden von Sklaven und entmündigten Personen verrichtet, damit sich die Bürger nicht auf Politik, sondern auf Kriegskunst konzentrieren konnten. Die oberste Gewalt lag in den Händen eines exklusiven, unheimlichen Gremiums, des Nächtlichen Rates.

Plato gehörte zu jenen Athenern, die Sparta bewunderten. Die *Gesetze* geben großenteils seine eigenen Gedanken wieder, doch war er deutlich von den tatsächlichen Verhältnissen in der Stadt beeinflußt, deren Politik er so schätzte. Sparta (der Staat und das Staatsgebiet hießen Lakedämon), ein gutes Stück landeinwärts im südlichen Peloponnes gelegen, war Athens großer Feind und in vieler Beziehung sein genaues Gegenteil. Der Gegensatz fällt noch dem heutigen Besucher ins Auge. Thukydides stellte eine bemerkenswerte Prognose: «Sollte die Stadt Sparta einst verlassen werden und nichts als ihre Tempel und der Grundriß übrigbleiben, wird man in fernen Zeiten nur schwerlich glauben, daß die Macht der Lakedämonier auch nur annähernd so groß war wie ihr Ruhm... Wenn hingegen Athen dasselbe Schicksal ereilen sollte, werden seine Ruinen den Betrachter beeindrukken und er wird meinen, seine Macht sei doppelt so groß gewesen, wie sie in Wirklichkeit war.» Die mächtigen Monumente Athens umstehen die eindrucksvolle Akropolis; wo Sparta, eine Siedlung aus mehreren Dörfern ohne Schutzwall, einst stand, sieht man heute einige Hügel mit Olivenbäumen, eingebettet im fruchtbaren Tal des Eurotas.

Das politische System Spartas führte man auf den halblegendären Gesetzgeber Lykurgos zurück. Wie überall war auch hier die Bürgerschaft in drei Machtgruppen unterteilt; aber die Gewichtsverteilung unterschied sich radikal von jener in Athen. An der Spitze standen zwei Erbkönige sowie fünf jährlich gewählte Magistraten, die *ephoren*, die beträchtliche Machtbefugnisse besaßen. Darunter gab es den Rat *(gerousia)* mit 28 Mitgliedern, die alle über sechzig Jahre alt und auf Lebenszeit ernannt waren. Dieser Rat entschied über Krieg und Frieden und war das Zentrum der legislativen und jurisdiktiven Macht. Und schließlich gab es die Volksversammlung *(apella)* für alle Bürger über dreißig, die *spartiaten*. Sie zählten weniger als 10000 Mann, kamen selten und in unregelmäßigen Abständen zusammen und taten selbst dann nicht viel mehr, als die von den 35 wirklich mächtigen Personen ausgearbeiteten Vorschläge routinemäßig anzunehmen. Die Nicht-Bürger setzten sich zusammen aus den freigeborenen Dorfbewohnern und den Heloten, im Grunde genommen leibeigenen Griechen. Das politische System Spartas hing von dieser großen Zahl von Untertanen ab, die für den Lebensunterhalt der Elite sorgte.

Das Leben der Spartiaten war der Kriegstüchtigkeit gewidmet. Schwache Babys wurden in den Schluchten des Taygetos-Gebirges ausgesetzt, eine Sitte, die Hitlers Beifall fand. Zwischen dem 7. und 30. Lebensjahr waren die Jungen einer strengen militärischen Zucht unterworfen, zunächst als Wölflinge, später als Anführer des Rudels. Schon im Altertum rankten sich um ihre Lebensweise Legenden. So war beispielsweise jedem Knaben angeblich nur ein Gewand pro Jahr erlaubt, und er mußte auf Binsen schlafen, die er selbst am Fluß schnitt. Exerzieren und brutale Wettkampfspiele wurden mit der Peitsche in Gang gehalten; und man wetteiferte, Peitschenhiebe ohne aufzuschreien zu ertragen. Zu besonderen Anlässen wurden die Jungen losgelassen und durften ein paar Heloten lynchen. Im Alter von dreißig Jahren wurde von den frischgebackenen Spartiaten erwartet, daß sie heirateten, und sie erhielten Land zugeteilt, das sie jedoch nicht selbst bestellten – dafür waren die Heloten da. Sie verbrachten ihre Tage nicht zu Hause, sondern in Messen, wo sie mit den Mitgliedern ihres «Bataillons» aßen (die schwarze Suppe war berühmt). Ihr Lebenssinn bestand darin, eines von zehntausend identischen Teilen einer Kriegsmaschine zu sein.

Wie abstoßend das auch klingen mag, so entstand doch im Lauf der Jahrhunderte der Mythos von Sparta als einer festgefügten, patriotischen Gesellschaft – was man «das Wunder Sparta» nannte. Platos Bewunderung trug dazu bei, die

Die Ruinen von Mistra mit Blick auf die Ebene von Lakonien.

folgenreichste Idealisierung aber stammt von dem Biographen Plutarch (um 100 n. Chr.), insbesondere seinem *Leben des Lykurgos*. Plutarch wurde in der Renaissance sehr ernst genommen, und im 16. Jahrhundert erschien eine gute französische Übersetzung von Amyot. Im 19. Jahrhundert schrieb Mary Garth, wie es am Ende von *Middlemarch* heißt, ein «kleines Buch für ihre Söhne mit dem Titel *Geschichten großer Männer nach Plutarch*». Deshalb heißen in den USA viele Städte Sparta; und deshalb wurde auch im Jahr 1834, kurz nach der griechischen Unabhängigkeit, am Rand der antiken Stätte eine neue Ortschaft namens Sparti gegründet. Dieses rechtwinklige Symbol für die Wiedergeburt Griechenlands war unauflöslich verbunden mit dem Ende des etwa acht Kilometer entfernten Städtchens Mistra. Mistra, eine fränkische Siedlung aus dem Jahr 1247, war eine der bedeutendsten Städte des spätbyzantinischen Griechenlands; es gab hier sogar von 1400 bis 1402 eine von Gemistos Plethon gegründete platonische Akademie. Doch nun gab man diesen Mittelpunkt orthodoxer Religion und Gelehrsamkeit auf, um ein neues militaristisches und patriotisches Sparta wiedererstehen zu lassen.

Die spätere Rezeptionsgeschichte Spartas hat Elizabeth Rawson in *The Spartan Tradition in European Thought* gut dargestellt. Man findet unter den enthusiastischen Propagandisten Spartas und Lykurgos' fast alle großen politischen Denker genannt, sogar Machiavelli und Montesquieu. James Harrington riet Cromwell in *The Commonwealth of Oceana* (1656), sich Lykurgos zum Vorbild zu nehmen und behauptete, hinsichtlich seiner Stabilität sei Sparta nur von Venedig übertroffen worden. Rousseau, oft als Gründer der demokratischen Tradition des Westens betrachtet, lobte das spartanische System (wie Plutarch es beschreibt) vorbehaltlos in *Du contrat social* (1762). Meyer Reinhold schreibt: «In Amerika betrachteten führende Persönlichkeiten Sparta [im Gegensatz zu Athen] als Inbegriff von Freiheit und Ordnung, als einen stabilen, dauerhaften Bund, dessen Mitglieder sich durch Tugend, einfaches Leben, Patriotismus und Vitalität auszeichneten.» John Dickson nannte 1769 die Spartaner «ein Volk, so tapfer und so frei wie kein anderes», und Samuel Adams wünschte sich Boston als ein «christliches Sparta».

Es ist schwierig, die Wende exakt zu datieren, aber die Reflexionen des großen französischen Romantikers Chateaubriand vom 18. August 1806 liefern einen guten Anhaltspunkt. An jenem Tag besichtigte er die antike Stätte und schrieb: «Obgleich ich die Sitten der alten Spartaner verabscheue, bin ich doch nicht blind gegenüber der Größe eines freien Volks, und nicht ohne innere Bewegung trat ich auf ihren edlen Staub.» Als im Verlauf des 19. Jahrhunderts die allgemeine Bewunderung sich nach Athen verlagerte, geriet Sparta in Vergessenheit, ohne jedoch verworfen zu werden. Mir ist nur eine einzige kurze, aber rühmende Erwähnung Spartas aus der zweiten Hälfte des 19. Jahrhunderts bekannt: In seinem Essay *Lacedaemon* sinniert Walter Pater über den «halb militärischen, halb klösterlichen Geist, der an diesem Ort von strenger Schönheit herrschte», und vergleicht das antike Sparta ausdrücklich und sentimental gerührt mit den englischen Public

Im Jahr 480 v. Chr. geboten die Spartaner unter König Leonidas den übermächtigen Truppen der Perser Einhalt. Dieses ist Davids Würdigung ihrer Verteidigung der Demokratie (1814).

Mädchen und Jungen von Sparta bei Übungen. Degas scheint sie sich als edle Wilde vorgestellt zu haben.

Hitler 1938 in Nürnberg bei einer Parade von 40000 Menschen.

Schools. Gewiß gab es da Parallelen, auch in bezug auf die Homosexualität in den Schlafsälen und die Manie für die Prügelstrafe. Richard Jenkyns hat zu dieser Querverbindung noch ein treffendes Zitat gefunden. Prousts Baron de Charlus meint angesichts der Kämpfe des Ersten Weltkriegs gedankenversunken: «Diese englischen Soldaten, die ich anfangs als simple Fußballspieler abgetan hatte... das sind ja dieselben jungen Männer, von denen Plato spricht, oder vielmehr sind es Spartiaten.»

Plato, Lenin, Hitler

Das Feuer Platos und Spartas hat sogar noch im 20. Jahrhundert gelodert – vielleicht auf bedrohlichste Weise. Die Ähnlichkeiten zwischen der Erziehung der jungen Spartaner und der *Gioventù fascista* oder der Hitlerjugend sind kein Zufall.

Schon 1933 erschien ein Buch von Joachim Bannes mit dem Titel *Hitlers Kampf und Platons Staat.* Ein Erziehungsausschuß, dem die Leitung der Adolf-Hitler-Schule anvertraut war, stellte einen Unterrichtstext über Sparta zusammen, in dem die Gemeinschaftsübungen, die Härte und der Kameradschaftsgeist des antiken Vorbilds betont wurden. «Viele der Vorstellungen und Grundsätze der Spartaner über den Aufbau des Staates und die Erziehung der Herrenschicht haben für uns Bedeutung... Wir wollen dem Führer helfen, ein großes Reich aufzubauen. Sparta soll uns ein leuchtendes Vorbild sein.» Ein gewisser Hans Bogner empfahl deutschen Lehrern in einer 1937 erschienenen pädagogischen Schrift, Platos «Hüter» besonders zu beachten. «Das Deutschland des Neuen Geistes hat die besondere Pflicht aufgrund seiner historischen Situation, Plato als lebendige Kraft zu würdigen.» Plato wurde zitiert, um die Zensur des Theaters zu rechtfertigen, die Förderung der Gymnastik und die These, daß eine Demokratie versagt hat, wenn sie nicht die richtigen politischen Führer hervorzubringen vermag. (Und wer entscheidet, welche die richtigen sind?) Den *Tischgesprächen* zufolge lobte Hitler selbst oftmals die Spartaner und ihre Unterjochung der Heloten. Er behauptete sogar, daß die Suppe der schleswig-holsteinischen Bauern eine bemerkenswerte Ähnlichkeit mit der schwarzen Suppe hätte!

Im Jahr 1937 veröffentlichte Richard Crossman, der spätere Labour-Minister, damals Universitätslehrer in Oxford, eine Reihe von Rundfunkvorträgen für die BBC unter dem Titel *Plato Today.* Er griff Plato als den größten Feind liberaler Gesinnung an, den es jemals gegeben hätte, und als einen Wegbereiter des Faschismus. Eine ähnliche Auffassung vertrat Arnold Toynbee, und Betrand Russell bezeichnete Lenin und Hitler als Platos beste Schüler. Die schärfste Kritik an Plato erschien später, im Jahr 1945, von Karl Popper, der aus der österreichischen Heimat geflohen war und nach dem Krieg zur London School of Economics stieß. Der erste Band von *The Open Society and its Enemies* war ein Angriff auf Plato, der zweite richtete sich gegen Hegel und Marx. Poppers Kerngedanke besagt, daß es in der Politik (wie auch in der Wissenschaft) grundsätzlich falsch ist zu fragen: «Wie können wir uns sicher sein?» und «Wie können wir die besten Herrscher finden?»; statt dessen sollten wir fragen: «Wie können wir unsere Fehler möglichst schnell erkennen und beheben?» und «Wie können wir den Schaden möglichst gering halten, den unsere Herrscher anrichten mögen?» Es überrascht, daß in *The Closing of the American Mind* Popper nicht erwähnt wird und sich auch keinerlei Verteidigung gegen Poppers durchaus nicht leichtgewichtigen Angriff findet. Tatsächlich erwähnt Bloom Sparta nicht mit einem einzigen Wort und schweigt sich auch über Platos Bewunderung dieses entpersönlichten, patriotischen Staatswesens aus. Es ist ein bemerkenswerter und vielleicht beängstigender Aspekt des «griechischen Feuers», daß 1987 jemand Plato als einen Vorkämpfer der amerikanischen Demokratie darstellen kann. Wann wird eine Demokratie zur Wahldiktatur?

Architektur

Atlantis Neustadt

Möge die Blütezeit Griechenlands in den
amerikanischen Wäldern neu erwachen und
Philadelphia das Athen der westlichen Welt werden!
Benjamin Latrobe

Eine Stadt spiegelt die Menschen wider, die in ihr leben. Die Gestaltung, die Bebauung, die Anlage – in einem (griechischen) Wort: die Architektur – geben Zeugnis von den Werten und Prioritäten der Gesellschaft und beeinflussen ihrerseits diese Gesellschaft. Selbstverständlich gibt es soziale und ökonomische Faktoren, auf die Architekten keinen Einfluß haben (das Anwachsen der mexikanischen Hauptstadt auf 35 Millionen Einwohner bis zum Jahr 2000 sprengt alle ästhetischen Zusammenhänge), doch gerade die Tatsache,daß man sie als vorrangig ansieht, läßt wiederum Rückschlüsse auf die Gesellschaft zu.

Nahezu sämtliche Bauwerke in unseren Städten wurden im 20. Jahrhundert, größtenteils erst in den letzten vierzig Jahren errichtet. Welche Aufschlüsse liefern sie also über unser zivilisatorisches Niveau? Die Städte der westlichen Welt sind unterteilt in Geschäfts-, Einkaufs-, Industrie-, Wohn- und andere Viertel; Straßen und Transportmittel haben großen Einfluß auf die Gesamtplanung; die Innenstädte werden von Hochhausgruppen aus Beton und Glas beherrscht. Es gibt Hochhäuser mit Privatwohnungen, die meisten aber, vornehmlich jene im Stadtzentrum, sind Geschäftsbauten. Zweifellos sagt es etwas über das moderne England aus, wenn die City of London, die früher von St. Paul's Cathedral dominiert wurde, heute von Bürobauten übertürmt wird, deren höchster die Hauptverwaltung der National Westminster Bank unmittelbar neben der Börse beherbergt. Von außen wirkt er wie jeder andere sehr hohe Turmbau. Die einzige Besonderheit des Designs ist aus der normalen menschlichen Perspektive nicht zu erkennen: der Grundriß wiederholt das Firmenzeichen.

Der Architekt Leon Krier beharrt darauf, die Stadt als einen Gesamtkomplex zu betrachten. Seine Entwürfe werden selten verwirklicht, weil sie eine soziale Einbettung erfordern, wie sie normalerweise kaum gegeben werden kann. Seine Arbeiten sind deshalb meist utopisch, wie etwa ein Entwurf aus dem Jahr 1985, Washington durch Aufteilung in vier «Städte» zu «vervollständigen», in denen die heute isoliert

NatWest Tower in der Londoner City im Bau –
«ein Sinnfehler in der Stadtsilhouette».

stehenden Monumente von neuen Wohnvierteln umgeben sein würden. Krier ist der Ansicht, wir sollten «statt immer wieder nur Vorstädte zu bauen, neue Zentren errichten, Stätten des Wohnens, aber auch des Arbeitens und der Begegnung, die einen Wert haben, die als Symbol wichtig sind, die geschätzt werden». Für den Büroturm der National Westminster Bank hat er wenig übrig: «Er ist als Symbol sinnlos, weil er nur einzelne Funktionen addiert, kleine, recht alltägliche Funktionen, die nur wenige Leute interessieren. Es ist kein Ort, wo viele Menschen hingehen. Viele arbeiten dort, aber ihre Werte sind sehr speziell und werden von der übrigen Gesellschaft nicht geteilt. Insofern ist auch seine Höhe ein Sinnfehler in der Stadtsilhouette, da sie über seine Funktion und seinen Symbolwert hinausgeht.»

Das alte Ithaka mit neuen Augen betrachtet

Die Stadtarchitektur des 20. Jahrhunderts ist weitgehend «modernistisch» und hat mit dem antiken Griechenland nichts zu tun; vielmehr drückt sich in ihr eine bewußte Abkehr von klassischen Stilrichtungen aus. Die Architekten berufen sich auf große schöpferische Begabungen wie Le Corbusier, Mies van der Rohe und Gropius, aber diese Namen dienen zumeist nur als Deckmantel für routinemäßige und nachlässige Arbeit. Vor ungefähr fünfzehn Jahren setzte dann eine bemerkenswerte und zunehmend sichtbare Gegenbewegung ein, landläufig als «Postmoderne» bezeichnet. Dieses Schlagwort umfaßt eine Vielzahl von Bewegungen, und zweifellos wird in seinem Namen ebenfalls viel routinemäßige und nachlässige Arbeit geleistet. Sir Terence Conran beklagt sich über «eine Spielbaukastenarchitektur, die hier und dort ein paar Säulen und Giebel an recht langweilige Betonbauten klebt» und über «Ziegelbauten mit Fassaden, die lustig wirken sollen». Doch läßt sich nicht leugnen, daß neue Konzeptionen existieren. Viele Leute interessieren sich wieder für Architektur und begegnen ihr nicht so passiv wie vorher. Prinz Charles hat dabei eine wichtige Rolle gespielt, indem er die Architektur nicht als etwas Gegebenes außerhalb unserer Kontrolle auffaßte, sondern als eine Chance: «Wir haben deshalb die Möglichkeit zu dreierlei – eine neue Renaissance in der Architektur hervorzubringen, eine großangelegte Kampagne zur Rettung unseres historischen Erbes zu starten und zu einer Vielzahl lokaler Aktivitäten anzuregen, die den Gemeinsinn und die wirtschaftliche Entwicklung fördern.»

Prinz Charles steht wie die meisten, die genug haben von der modernen Architektur und ihrem Sprößling, dem Brutalismus, der klassischen Architektur zumindest teilweise positiv gegenüber. Damit sind Ziergiebel und Gesimse gemeint, in erster Linie aber Säulen oder besser gesagt, die dreiteilige griechische Säulenordnung: dorisch (solide und schlicht), ionisch (elegant mit spiraligen Voluten) und korinthisch (glatt mit reichem Blätterschmuck).

Symmetrie ist ebenfalls eine wichtige Komponente einer lose definierten «Klassik». Und dazu gehört ein tieferes Gefühl für *Proportion*, für die künstlerische Verdinglichung mathematischer, absoluter Kategorien. Vielleicht beruht diese Interpretation auf einem Mißverständnis, doch war sie einflußreich und hat seit der Renaissance zu vielen sinnreichen mathematischen Konstruktionen angeregt. Um nur ein bekanntes Beispiel anzuführen: Wenn man eine Strecke auf die Weise teilt, daß sich die kürzere zur längeren Strecke wie diese zur Gesamtstrecke verhält, ergibt sich der Goldene Schnitt. Konstruiert man daraus ein Rechteck, so entsteht eine Figur, die den meisten Menschen sehr befriedigend vorkommt. Zeichnet man eine Spirale in eine kleiner werdende Anzahl von Goldenen Rechtecken ein, erhält man die Volute des ionischen Kapitells. Setzt die griechische Architektur Mathematik in ästhetische Befriedigung um?

Es wird manchmal gesagt, daß auf einer noch tieferen Ebene unser unmittelbarer ästhetischer Sinn auf den Maßverhältnissen des menschlichen Körpers beruhe. Der Bildhauer Polyklet (5. Jh. v. Chr.) verfaßte eine Schrift zur *symmetria*, der Gesetzmäßigkeit in den Proportionen der Körperteile, veranschaulicht in seinem Standbild des *Speerträgers (Doryphoros)*, das lange als *Kanon* oder Maßstab galt. Spricht vielleicht etwas für die Ansicht der Griechen, daß die befriedigendsten Bauwerke in einem Bezug zu den körperlichen Proportionen ihrer Bewohner stehen?

Über die Jahrhunderte wurde die griechische Architektur wiederholt belebt und verworfen, und wahrscheinlich wird sie auch in Zukunft ein wechselvolles Schicksal erleben. Auf diesem Gebiet ist Griechenland ständigen Neuinterpretationen mindestens so stark unterworfen gewesen wie auf den anderen, und immer wieder wurden die Schwerpunkte anders gesetzt oder umgewertet. Erst vor kurzem endete eine hundertjährige Periode der Geringschätzung. Zwar fand sie sich natürlich in Banken, Rathäusern und ähnlichen öffentlichen Bauwerken imitiert, doch war das Ausdruck ebenjener Assoziation mit hierarchischen Traditionen und dem konservativen Establishment, aufgrund deren man sie ablehnte. Im kleinstädtischen Wis-

Renaissance-Darstellung der klassischen Ordnungen.

Säulenhalle von Highpoint II (1939) – Vorwegnahme postmoderner Architektur.

consin verwandelte man einen Holzschuppen in die Security Marine Bank, indem man ein Firmenschild anbrachte und ionische Säulen an die Wand malte!

Das Wiedereindringen klassischer Elemente in die moderne Architektur geschah auf langen, vielverschlungenen Wegen. In England beispielsweise entwarf Lubetkin den allerersten mehrstöckigen Wohnblock, Highpoint I in Hampstead, im Jahr 1934 als Antithese zur Klassik und wurde dazu von Le Corbusier höchstselbst beglückwünscht. Als jedoch fünf Jahre später Highpoint II entstand, wurde der Vorbau von Karyatiden ähnlich denen vom Erechtheion auf der Akropolis getragen. Joe Mordaunt Crook meint, diese Figuren «haben sich als Langstrecken-Wegweiser zur Postmoderne erwiesen».

Manche postmoderne Architektur ist – nachgebauten Möbeln ähnlich – eine erstklassige Kopie von Glanzleistungen aus älterer Zeit. Als Beispiel mag ein Museum in Kalifornien dienen. Im Jahr 1970 beauftragte J. Paul Getty aus Verzweiflung über die moderne Architektur Dr. Norman Neuerberg, einen Gelehrten, seine Architekten bei der Rekonstruktion einer römischen Villa aus Herkulaneum an der Bucht von Neapel zu beraten, die seine Antikensammlung in Malibu am Pazifischen Ozean beherbergen sollte. Die Villa dei Papyri (den Namen erhielt sie, nachdem man dort eine Sammlung griechischer philosophischer Texte auf Papyrus gefunden hatte) war das Wohnhaus eines reichen Mannes gewesen, ein römischer Prunkbau im griechischen Stil, und beim Ausbruch des Vesuvs 79 n. Chr. verschüttet worden. Man entdeckte sie Mitte des 18. Jahrhunderts bei Grabungen in der Lava. 1987 wurde das Grabungsfeld wieder geöffnet, nachdem es mehr als zweihundert Jahre unbeachtet geblieben war.

Bei der Eröffnung 1974 erntete das Getty Museum viel Spott – «kitschig wie Disneyland», «das erste echte Plastikmuseum». Das ist nicht fair: das Museum ist solide gebaut, das Material wirklich erstklassig. Inzwischen haben viele Leute ihre Meinung geändert, nicht zuletzt weil die solide Bauweise, die luftigen Arkaden, das viele Grün und Wasser so gut zum Klima Südkaliforniens passen. Auf alle Fälle handelt es sich nicht um eine rein antikisierende Rekonstruktion. Es gibt Lifts und Toiletten und vor allem – oder vielmehr unter allem – ein riesiges Parkhaus. Der bezaubernde Große Peristyl-Garten befindet sich mitsamt Wasserbecken und allem anderen auf dem Dach des Parkhauses – ein Arrangement mit einem Hauch postmoderner Ironie.

Der italienische Architekt Aldo Rossi plädierte bereits 1959 für eine Koexistenz von *ordine greco* und moderner Architektur. Als ein wichtiger Auslöser wird aber oft die Architektursektion der Biennale von Venedig des Jahres 1980 genannt. Sie stand unter dem Motto «Die Gegenwart der Vergangenheit» und war von dem Architekten Paolo Portoghesi organisiert. Er selbst äußerte sich sehr zitierfähig über das Thema: «Die Vergangenheit bietet heute zum ersten Mal seit vierzig Jahren eine ernste, fundierte Herausforderung an die Moderne und markiert eine Wende von der ersten zur zweiten Hälfte des 20. Jahrhunderts – Kennzeichen der

Großer Peristyl-Garten des J. Paul Getty Museum in Malibu (1974); darunter befindet sich das Parkhaus.

Die «Straße» der Architekturen auf der Biennale in Venedig 1980.

«Les Espaces d'Abraxas» bei Paris, von Ricardo Bofill: die gläsernen korinthischen Säulen werden von einer dorischen Säule abgeschlossen.

ersten Hälfte ist Unzufriedenheit angesichts des Versagens der Moderne, Kennzeichen der zweiten Begeisterung für neu entdeckte Möglichkeiten.» Er faßt die Situation gerne in das Bild von Ithaka, der Insel, zu der Odysseus zurückkehrte. Statt einen futuristischen Stil zu entwickeln, meint er, steuere die Architektur «in Richtung Ithaka... nachdem sie mit Hilfe der Geschichte und einer wiedergewonnenen Vertrautheit mit dem Handwerk die grüne Ewigkeit Ithakas wiederentdeckt hat». Er möchte deutlich machen, daß diese Rückkehr nach Ithaka nicht kindische Regression, nicht Rückgriff auf sichere Vorbilder ist; sie steht in einer selbstreflektierenden, wählerischen, mal ironischen, mal entfremdeten Beziehung zur Vergangenheit und zu den Griechen. «Die Rückkehr nach Ithaka ist eindeutig mit Entfremdung verbunden, denn Odysseus ist nicht mehr derselbe... er sieht ein verändertes Ithaka mit neuen Augen, erfüllt von Bildern seiner langen Erfahrung.»

Dieses anspielungsreiche, selbstreflektierende Verhältnis zur Vergangenheit hat Charles Jencks in seinem Buch *Post-modernism* in verschwenderischer Fülle illustriert. Man schaue sich einmal Les Espaces d'Abraxas an, eine gewaltige Wohnanlage mit sechshundert Appartements in Marne-la-Vallée bei Paris, die in den Jahren 1978 bis 1982 nach Entwürfen von Ricardo Bofill und dem Taller de Arquiteca gebaut wurde. Von außen von der Straße her erblickt man eine maschinell bearbeitete Betonfassade, die von gigantischen, zehn Stockwerke hohen dorischen

Theaterähnliche Raumgestaltung in den «Espaces d'Abraxas».

Säulen unterteilt wird. An der Innenseite bilden die gestapelten Wohnzimmer merkwürdige Glassäulen, die von Zypressen auf dem Dach bekrönt werden – vielleicht eine Anspielung auf das blattreiche Kapitell korinthischer Säulen. Die Fenster blicken auf abgestufte Rasenflächen, die deutlich an ein antikes griechisches oder römisches Theater erinnern. Bofill folgt mit seinen integrierten Großsiedlungen der Tradition der Moderne. Krier ist damit nicht einverstanden. Doch auf ihre zugegeben eigenwillige Art versucht diese Architektur Aussagen zu treffen über Innen und Außen, über das Leben in Gemeinschaften, die Beziehung zwischen Wohnbereichen und der Natur und sogar über die Gegenwart der Vergangenheit in der modernen Kultur.

Der *locus classicus* der postmodernen Architektur, James Stirlings Neue Staatsgalerie in Stuttgart (1979–1984), scheint wiederum einer anderen Kategorie zuzugehören insofern, als daß es sich um ein öffentliches Bauwerk handelt. Hier ist es Stirling noch besser als bei dem Clore-Annex der Tate Gallery gelungen, verschiedene Architekturelemente zu integrieren. Wie das Getty Museum wurde die Neue Staatsgalerie über einem Parkhaus errichtet, und wie bei Abraxas finden sich Anklänge an griechische und römische Architektur. Innerhalb des «kuppellosen Kuppelbaus», der an das Kolosseum in Rom und Hadrians Villa in Tivoli gemahnt, steht ein massiges dorisches Portal, Hinweis auf das frühe Griechenland und einen früheren Greek Revival.

Stirlings Staatsgalerie in Stuttgart (1979–1984) mit dem dorischen «Portal».

Kompromißlos dorisch

Die Villa dei Papyri wurde zur Mitte des 18. und nicht des 20. Jahrhunderts ausgegraben, und es ist kulturgeschichtlich aufschlußreich, daß sie vor ihrer Reinkarnation in Malibu selten kopiert wurde. Die Ausgrabungen von Pompeji und Herkulaneum hatten selbstverständlich Auswirkungen auf den Zeitgeschmack, aber mehr bei der Innen- als bei der Außenausstattung, fielen sie doch in eine Epoche, in der man sich zunehmend vom antiken Rom mit seiner Pracht und Prunksucht abwandte. Die Zeit war reif für etwas Schlichteres, Edleres, Freieres – für Griechenland. Es erscheint paradox, daß der Klassizismus gleichzeitig mit der Romantik aufkam, die in vieler Hinsicht ein Aufbegehren gegen die klassische Tradition in der Literatur und den Künsten war. Die neue Architekturmode war ursprünglich weniger eine Rückkehr zu den Griechen als vielmehr ein Voranschreiten in ihrer Begleitung, weg vom klassischen Erbe zu einer Suche nach «Natur».

Die Renaissance erhielt wie auf allen anderen Gebieten auch zur Architektur Anregungen durch die Wiederentdeckung Roms. Alberti, Palladio und die anderen Großen studierten die Ruinen des italienischen Altertums und die Bücher des Vitruv, die im Rom des Augustus im späten 1. Jahrhundert v. Chr. auf lateinisch verfaßt worden waren. Vitruv stützte sich auf griechische Architekturtheorie, vermittelte ihr aber eine römische Einfärbung und Praxis. Viele Anleihen der Renaissance und der palladinischen Architektur sind eher römischen als griechischen Ursprungs. Bei einer knappen Aufzählung sind grobe Vereinfachungen unvermeidlich, aber man bekommt dabei doch einen gewissen Eindruck, welche der vertrauten Merkmale der klassischen Architektur stärker dem römischen als dem griechischen Erbe verpflichtet sind. Dazu gehören die eher dekorative als funktionale Verwendung von Säulen und Pilastern; Säulen auf Sockeln; gemischte Säulenordnungen; das Vorherrschen der korinthischen Ordnung; vielfache Verwendung von Bögen, Gewölben und Kuppeln. Diese ungriechischen Elemente charakterisieren einen großen Teil der Architektur des 16., 17. und 18. Jahrhunderts.

Zur Mitte des 18. Jahrhunderts haben wir es mit einer für Aristokraten gedachten prunkvollen, überladenen Architektur zu tun. In Großbritannien sind die Arbeiten des deutlich von Pompeji beeinflußten Robert Adam im großen wie im kleinen Maßstab gleichermaßen reich verziert; in Frankreich entwirft Jacques-Ange Gabriel das Petit Trianon in Versailles und den Place de la Concorde in Paris. Bauwerke in diesem Stil und Maßstab kann man von Stuttgart bis St. Petersburg, von Warschau bis Boston sehen.

Auf Papier wurde diese Krise von Giovanni Battista Piranesi festgehalten, der in Rom ungeheuer einflußreiche (und heute von Kunstsammlern geschätzte) Zeichnungen seiner Vision der altrömischen Architektur veröffentlichte. Er arbeitete zu derselben Zeit und in derselben Stadt wie Winckelmann, der sich in Überwindung von Roms *magnificenza* der älteren griechischen Schlichtheit widmete. Die Tempel

Piranesis nur halbwegs gelungener Versuch, den dorischen Tempel zu Paestum elegant erscheinen zu lassen.

von Paestum, der alten griechischen Stadt Poseidonia südlich von Neapel, standen lange Zeit unbeachtet in flachem Wasser; später entstanden Wälder, und man ließ Vieh hier weiden und stellte Käse her. Erst als Vermessungsbeamte, die eine neue Straße für den König von Neapel anlegen sollten, durch Zufall die Tempel entdeckten, wurden sie zugänglich gemacht. In seinen Radierungen von 1778 streckte Piranesi die Säulen, um sie eleganter wirken zu lassen und diesen sehr griechischen Bauten ein römisches Aussehen zu geben. Die gedrungenen dorischen Säulen lassen sich aber nicht graziös darstellen. Neun Jahre später war Goethe zunächst schockiert von den «stumpfen, kegelförmigen, enggedrängten Säulenmassen», fährt aber fort, «in weniger als einer Stunde fühlte ich mich befreundet».

Zwar gab es Paestum und andere über Magna Graecia (das griechisch besiedelte Gebiet in Süditalien und auf Sizilien) vertreute Stätten mit griechischen Ruinen, in der Geschichte des Kunstgeschmacks jedoch folgte die Wende erst auf eine Reise von London in die «europäische Türkei». Im Januar 1751, als der Parthenon noch eine Moschee war und die Säulen der Propyläen halb in der Erde verborgen standen, stellte die Society of Dilettanti Gelder zur Verfügung, damit James Stuart, «der Athener» (wie er später genannt wurde), und Nicholas Revett nach

Stuarts Gemälde des *Turms der Winde* mit der Akropolis im Hintergrund. Im 18. Jahrhundert befanden sich nur zwei Drittel des Gebäudes über der Erde.

Setines (d. h. Athen) reisen konnten, um wirklich gute, detaillierte Zeichnungen anzufertigen und sie in angemessener Form zu veröffentlichen. Ihre *Antiquities of Athens* (der erste Band erschien 1762) blieben hundert Jahre lang das Standardwerk und inspirierten nicht nur zu Bauwerken in allen westlichen Ländern, sondern lieferten auch architektonische Details für unzählige große und kleine Bauten.

Im Jahr 1765 benutzte Stuart zum ersten Mal seine Zeichnungen vom *Turm der Winde* (einem Bauwerk des 1. Jh.s v. Chr., inzwischen genauer identifiziert als ein Gebäude für eine Wasseruhr des Andronikos) an einer Straße im türkischen Athen für eine Nachbildung, die in der Mitte eines Sees im Park von Lord Shugborough in Staffordshire errichtet wurde. Das Lysikrates-Denkmal wurde ebenfalls häufig kopiert; damals war es als *Laterne des Demosthenes* bekannt und diente im Garten des Kapuzinerklosters als Sommerhaus. Wer diese Bauwerke kennt, wird sie in neoklassizistischen Bauten in aller Welt wiederentdecken, von der St. Pancras New Church (1817) in London bis zur Merchants' Exchange (1832–1834) in Philadelphia und vom Radcliffe Observatory in Oxford bis zum Vorbau des Old Bull Hotel in Cambridge.

Der *Turm der Winde* in Shugborough, Staffordshire (1765).

Das Radcliffe Observatory in Oxford (heute Teil des Green College).

Im Kirchturm von St. Pancras New Church (1817) sind Elemente des *Turms der Winde* und der *Laterne des Demosthenes* verarbeitet. Die Kirche weist auch eine Vorhalle mit Karyatiden auf.

Das Lysikrates-Denkmal 1988 (früher als *Laterne des Demosthenes* bekannt).

Gillys Entwurf für ein Denkmal für Friedrich den Großen.

Diese eleganten Gebäude paßten sich relativ leicht dem allgemeinen Geschmack des 18. Jahrhunderts ein. Hauptsymbol der ästhetischen Revolution aber war die dorische Säule, deren kompromißlose Robustheit und Funktionalität dem heiter-vornehmen Zeitgeschmack geradewegs zuwiderliefen. Einer der Gründe, weshalb die dorische Säulenordnung so lange nicht akzeptiert wurde, war das späte Erscheinen des zweiten Bands der *Antiquities of Athens*, in dem auch der Parthenon und die Propyläen vorkamen, im Jahr 1787; bis dahin aber hatte sich der Geschmack genügend gewandelt. 1804 gewann William Wilkins den Architektenwettbewerb für das Downing College in Cambridge mit einem griechischen Entwurf vor James Wyatt mit einem römisch inspirierten. Das kürzlich erbaute Howard Building des Downing College ist ein Musterbeispiel postmoderner «Reproduktionsarchitektur». Carl August Ehrensvärds Entwurf für ein Werftportal im schwedischen Karlskrona war 1785 hingegen seiner Zeit voraus. Vielleicht aber ist es schließlich doch in James Stirlings dorischem Portal in Stuttgart wiedererstanden.

Die Athens des Nordens

Die eigentliche Blütezeit des von Griechenland inspirierten schöpferischen Klassizismus lag zwischen 1790 und 1830. Es war ein Zeitalter der Unruhe und Revolution mit neuen Idealen von Freiheit und Demokratie – und sogar mit neuen Nationen, wobei vor allem die Deutschen in Abgrenzung gegen die Diktatur des römischen Klassizismus Frankreichs zu einer eigenen Einheit finden wollten.

1796 entwarf Friedrich Gilly ein Denkmal für Friedrich den Großen in Gestalt eines dorischen Tempels auf einer künstlichen Akropolis, das, obwohl es nie ausgeführt wurde, viele in Deutschland beeinflußte. Einer von ihnen war Leo von Klenze, der 1816 vom bayrischen Fürsten Ludwig mit dem Entwurf eines zentralen Baukomplexes in der Hauptstadt München beauftragt wurde, zu dem Propyläen wie in Athen und eine Glyptothek zur Aufbewahrung von Ludwigs Sammlung griechischer Skulpturen gehören sollten. Der Königsplatz (aus dem Fürsten wurde später der König Ludwig) ist auch heute noch ein wichtiges Symbol des kulturellen Geltungsanspruchs der bayrischen Hauptstadt.

Ein weiterer Bauauftrag Ludwigs für von Klenze war die Walhalla oberhalb der Donau bei Regensburg (1830–1840). Dieser dem deutschen Nationalismus geweihte griechische Tempel ist beunruhigend. «Rühmlich ausgezeichneten Teutschen steht als Denkmal und darum Walhalla», schrieb Ludwig, «auf daß teutscher der Teutsche aus ihr trete, besser, als er gekommen.»

In England hatte sich die Architektur *à la grecque* keineswegs vollständig durchgesetzt, und noch vor Mitte des 19. Jahrhunderts setzte eine heftige Gegenreaktion ein. Pugin haßte sie und Ruskin verurteilte sie in *The Stones of Venice* (1851) als «gewöhnlich, unnatürlich, unergiebig, unerquicklich und unfromm... erfunden, um die Architekten zu Plagiatoren und die Handwerker zu Sklaven zu machen». Nationalstolz hat aber vielleicht bei der gräzisierenden Architektur in Edinburgh mitgespielt, dem «Athen des Nordens», die wesentlich auffälliger und eindrucksvoller ist als in London. Große Teile der Edinburgher Innenstadt wurden in den Jahren 1820 bis 1860 in eine griechische Stadt verwandelt. Die Gegend um Carlton Hill wurde zu einer kaledonischen Akropolis, wo auch das Nationalmonument steht, eine getreue Reproduktion des Parthenon, jedoch aus grimmigem schottischem Granit, die 1830 unvollendet blieb, als das Geld ausging. Sein Ebenbild in Tennessee, das in dem Film *Nashville* zu sehen war, ist natürlich aus Marmor und vollständig.

Die neue griechische Architektur fand besonders in Skandinavien viele Anhänger und bestimmt heute den Charakter der öffentlichen Bauten in Oslo und Helsinki. In Dänemark verwandelte Christian Frederik Hansen das mittelalterliche und barocke Kopenhagen in eine klassizistische Hauptstadt. Zwei weitere dänische Hansens waren verantwortlich für die klassizistische Architektur im Zentrum Athens, wobei vor allem die Universität und die Nationalbibliothek zu erwähnen sind. Ironie der Geschichte, daß man Architekten aus dem hohen Norden kommen lassen mußte, um die kürzlich unabhängig gewordene Heimstatt des Parthenon in eine verwestlichte Hauptstadt umzuwandeln. Nach Arbeiten in Athen entwarf Theophilus Hansen das Parlament in Wien (1874–1884); und dies war womöglich einer der Bauten, die in Adolf Hitler den Wunsch zum Architektenberuf weckten. Später ließ Hitler von seinem Leibarchitekten Albert Speer für seinen Palast eine gigantische Akropolis entwerfen, die allgemein klassizistisch, nicht speziell grie-

Die Walhalla von Klenze.

chisch konzipiert war. Die «Thingplätze» der Nazis hingegen, riesige freie Flächen am Stadtrand, wo Festzeremonien stattfanden, hatten offensichtlich ihr Vorbild im antiken griechischen Theaterbau. Einige haben überlebt, verwilderte Mahnzeichen für die Schattenseite des griechischen Erbes in Deutschland.

Von Latrobe zu Le Corbusier

So fruchtbar der europäische Boden auch für sie war, ihre wahre Blüte erlebte die neuhellenistische Architektur in Amerika. Während des gesamten 18. Jahrhunderts war Rom das echte Vorbild der erwachenden Nation, für öffentliche Gebäude ebenso wie auf anderen Gebieten (wie Meyer Reinhold in *Classica Americana* ausführlich darstellt). Jeffersons Monticello war, obwohl eher schlicht als schmuckreich, von römischen Bauten und Idealen inspiriert; dasselbe gilt für wesentliche Teile des Kapitols (ein römischer Begriff), mit denen 1792 begonnen wurde. Der Architekt, der sich am stärksten zu den Griechen hingezogen fühlte –

und den Jefferson allen anderen vorzog –, war Benjamin Latrobe aus Yorkshire, der 1796 nach Amerika ausgewandert war. Die Sitzungshalle des Obersten Gerichtshofs (neuerbaut 1815–1817) ist mit seinen gedrungenen dorischen Säulen aus Sandstein ausgesprochen hellenistisch, ebenso wie das Repräsentantenhaus, das nach Beschädigung durch die Briten im August 1814 renoviert wurde. Für den Vorraum mit dem Treppenaufgang entwarf Latrobe Maiskolben-Kapitelle als nationale Variante des Akanthusschmucks der klassischen korinthischen Säulen. In einem Brief an Latrobe nannte Jefferson das Kapitol «den ersten der Volkssouveränität geweihten Tempel, der in attischem Gewand die Bestrebungen einer Nation versinnbildlicht, die weit über die Errungenschaften Athens hinausgehen».

Nirgendwo erlangte der neuhellenistische Stil größere nationale Bedeutung als in Amerika. Der Gegensatz zwischen Griechenland und Rom bot eine Analogie zu dem Gegensatz zwischen der Unabhängigkeit Amerikas und den imperialistischen Mächten der Alten Welt. Öffentliche Bauten wurden landesweit nicht nur mit dorischen und ionischen Säulen geschmückt, sondern komplett nach Vorlagen aus Stuart und Revett nachgebaut. Dieser Stil überdauerte das 19. Jahrhundert, als er in Europa schon längst überholt war. So sind in unserem Jahrhundert zwei wichtige Bauten in Washington – das Lincoln Memorial (1911–1922, dem Parthenon nachempfunden) und das Jefferson Memorial (1934–1943) – eindeutig griechisch inspiriert, obgleich es diesen schlichten, marmorweißen Stil im Altertum nie gegeben hat. Wie jeder feststellen kann, der einmal in Washington war, ist das Resultat trotzdem recht beeindruckend. Der klassizistische Stil beeinflußte auch Privatbau-

Jefferson Memorial in Washington, D. C.

Das Nationaldenkmal auf Calton Hill in Edinburgh, das 1830 unvollendet blieb.

ten von den Herrenhäusern im Süden bis zu den Stadthäusern Neuenglands, unterstützt von Handbüchern wie Asher Benjamins *The American Builder's Companion* und *The Practical Home Carpenter*.

Man darf jedoch den Niedergang der Greek Revival-Architektur in Europa im Unterschied zu ihrem Fortleben in Amerika während des ausgehenden 19. Jahrhunderts nicht überbetonen. Zwei erst kürzlich wiederentdeckte Episoden illustrieren auf ihre Weise die faszinierende Frage nach dem Ausmaß farbiger Bemalung an klassischen griechischen Bauten. Schon ein Jahr nach der Erfindung der Fotografie im Jahr 1839 schickte N.-M. Lerebours Daguerreotypisten nach Athen und veröffentlichte bald darauf *Excursions daguerriennes: Vues des monuments les plus remarquables du globe*. Durch diese und ähnliche Alben wurde der alte Eindruck einer strengen schwarzweißen Architektur weiter verstärkt. Andererseits stiftete die Ecole des Beaux-Arts in Paris 1845 einen «Prix de Rome en Grèce», der während der nächsten sechzig Jahre junge Kunststudenten dazu anregte, Pläne und Rekonstruktionen klassischer griechischer Bauten und sogar ganzer Baugruppen und Städte herzustellen. Diese Entwürfe blieben weitgehend unbekannt, bis sie in der bemerkenswerten Ausstellung «Paris–Rome–Athènes» 1982 zunächst in Paris und anschließend in Athen, Houston und New York gezeigt wurden. Hier erschloß sich dem Besucher eine exotisch farbenprächtige Welt, geschaffen von angehenden Architekten, die mit ihren Kompositionsversuchen dem Klischee der reinen, weißen Schlichtheit entgegenwirkten. Zwar hatten bereits Stuart und Revett farbige Dekoration erwähnt, aber erst zur Mitte des 19. Jahrhunderts setzte sich die polychrome Schule unter Führung des farbenprächtig schillernden J.-I. Hitorff durch.

Möglicherweise dachte der junge Charles-Edouard Jeanneret an diese exotischen Wettbewerbsentwürfe, als er gegen die «Treibhäuser, wo blaue Hortensien und grüne Chrysanthemen rasch hochgezüchtet und unreine Orchideen aufgezogen werden», polemisierte. Bekannter unter dem Namen Le Corbusier, verkörperte er mehr als jeder andere die Absage der Moderne an die Klassik. Dennoch bezog er sich in *Vers une Architecture* (1921) ständig auf den Parthenon als einem Maßstab für Perfektion und vergleicht ihn beispielsweise mit dem Styling von Motorfahrzeugen. 1933 behauptete er: «Es war die Akropolis, die mich zum Rebellen werden ließ. Ein klarer Eindruck wird mir unvergessen bleiben: der Parthenon, nüchtern, nackt, sparsam, aggressiv, ein lauter Aufschrei gegen eine Landschaft voller Eleganz und Schrecken – ein Inbegriff von Stärke und Reinheit.» Zudem beschäftigte sich Le Corbusier wieder mit einer Proportionslehre, die sich an den Maßverhältnissen des menschlichen Körpers ausrichtete. Er nannte seine Version von Polyklets *Kanon* «Modulor», eine Kombination aus *module* und *section d'or*.

Das neue Atlantis?

Le Corbusiers ständige Bezugnahme auf den Parthenon und auf kein weiteres griechisches Bauwerk erinnert daran, daß es verhältnismäßig wenige Bauten gibt, über deren Gesamtarchitektur wir mit einiger Sicherheit Bescheid wissen. Bei fast allen handelt es sich um Variationen einer geringen Zahl von grundlegenden Formen, und der größte Teil der erhaltenen Bauwerke sind Tempel sowie einige Theater, Kolonnaden (Stoas) und athletische Übungsstätten (Gymnasien). Die griechische Baukunst war nie derart mächtig und prächtig konzipiert wie etwa die ägyptische oder die römische. Die Wohnarchitektur war sogar noch bescheidener dimensioniert (man denke an die Villa dei Papyri) und bietet einen scharfen Kontrast zu Les Espaces d'Abraxas und die riesigen Siedlungsblocks der modernen Architektur.

Erst am Ende des 19. Jahrhunderts, nach dem Niedergang der neuhellenistischen Architektur, gingen die Archäologen bedächtig und systematisch genug an die Arbeit, um ganze Stadtanlagen einschließlich der Privathäuser freizulegen. Leon Krier meint dazu: «Für mich wäre es eine wunderbare Anregung, eine hellenistische Stadt naturgetreu zu rekonstruieren. Ich glaube, dabei ließe sich mehr lernen als von all dem, was die Architekturschulen in den zurückliegenden dreihundert Jahren lehren konnten – die Art, wie Gebäude zueinander in Beziehung standen und wie sie dimensioniert waren...»

Ein hervorragendes Beispiel ist das mitten an der türkischen Westküste gelegene

Französischer Entwurf
zur Farbgebung
des Parthenon aus
dem 19. Jahrhundert.

Fotografie des Parthenon von Stillman aus der Mitte des 19. Jahrhunderts. Verschiedene Philhellenen haben ihre Namen eingeritzt (seit langem gesäubert).

Pergamon, «vielleicht die schönste Baugruppe, die es in der westlichen Hemisphäre je gegeben hat», wie Krier meint. Von einem Königshaus im 3. Jahrhundert v. Chr. gegründet, standen die wichtigsten öffentlichen Bauten unterhalb der Kuppe eines steilen Berghügels, wobei man sich offensichtlich an der Akropolis von Athen orientierte – und diese sogar noch übertrumpfen wollte. An höchster Stelle erhob sich der Königspalast, aber der Mittelpunkt der Gesamtanlage war das Theater, Symbol der Kultur und der Gemeinschaft der Bürger. Unmittelbar oberhalb des Theaters stand die Bibliothek, die mit jener in Alexandria wetteiferte.

Die aufschlußreichste wissenschaftliche Ausgrabung einer politisch bedeutsamen Architektur war die Freilegung der Agora von Athen. («Agora» bedeutet schlicht «Versammlungsplatz».) Zur Zeit von Stuart und Revett war das gesamte Gelände von den Straßen der neuen Stadt überdeckt, und außer dem Hephaistos-Tempel, den man damals als «Theseum» bezeichnete, gab es wenig zu sehen. Das

Die Einweihung von Atlantis im Jahr 1987, von Carl Laubin gemalt.

Amerikanische Archäologische Institut in Athen erwarb das gesamte Grundstück und führt seit 1931 dort vorbildliche Grabungsarbeit aus. Dabei hat sich herausgestellt, daß sich um den wichtigsten freien Platz gelegen die Ratshalle und andere Verwaltungsgebäude gruppierten, das Archiv, Geschäfte, Stoas sowie wichtige Altäre und Standbilder. Die Agora bildete also das Zentrum des städtischen Lebens, war ein belebter Platz, wo Menschen ihren politischen, rechtlichen, wirtschaftlichen, religiösen und gesellschaftlichen Interessen nachgingen. Sie symbolisierte und bewahrte die Werte der Gemeinschaft in derselben Weise, wie es heute die Banken und Einkaufszentren der Innenstadt tun.

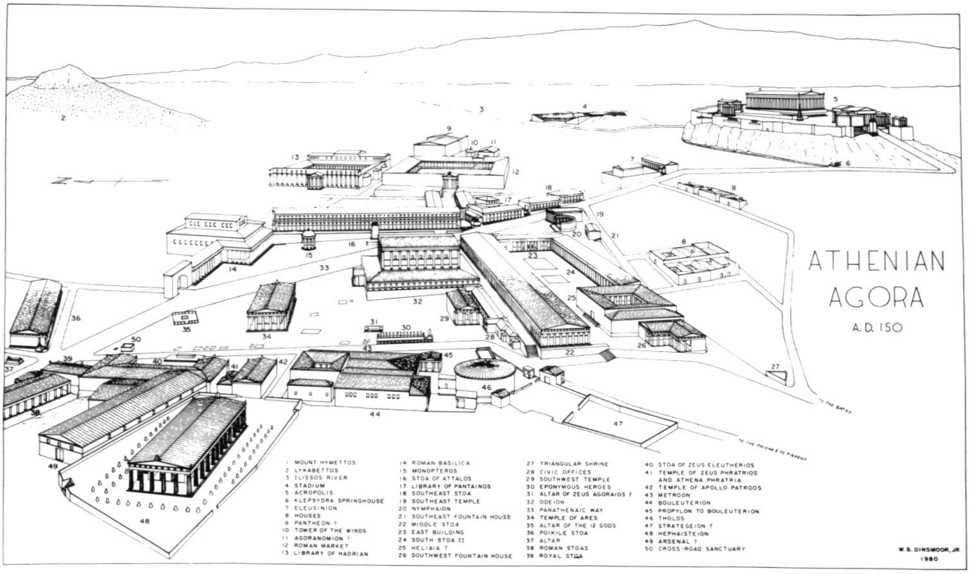

Rekonstruktion der Akropolis von Pergamon. Die Bibliothek befindet sich oberhalb des Theaters. Die Reste des großen Zeus-Altars stehen heute in Berlin.

Unser besseres Verständnis des politischen Aspekts der griechischen Architektur hat sich vielleicht gerade noch rechtzeitig eingestellt, um die Architektur des 20. Jahrhunderts zu beeinflussen, wenngleich auch nur in einem intimeren Rahmen, der die nach wirtschaftlichen Gesichtspunkten konzipierten Zentren der riesigen modernen Stadtanlagen nicht ersetzen kann. So jedenfalls sieht es Leon Krier. Er arbeitet seit einiger Zeit an einem realen statt einem utopischen Projekt, der Anlage von Seaside Town in Florida. Hier wird der Versuch gemacht, zu menschlichen Größenverhältnissen zurückzufinden und ein sowohl architektonisch als auch sozial integriertes Gemeinschaftsleben zu fördern. Es gibt keine zonenmäßige Aufteilung in Arbeits-, Wohn-, Geschäfts-, Kultur- und ähnliche Viertel, und alles läßt sich zu Fuß erreichen. Die Einwohner von Seaside werden nicht gezwungen, auf das Auto zu verzichten; sie benötigen es einfach nicht mehr. Auch werden sie nicht gezwungen, am Gartenzaun zu plaudern, aber angesichts der Architektur ist dieser Versuchung schwer zu widerstehen.

Kriers neuestes Projekt ist die interessanteste Manifestation des griechischen Erbes in der zeitgenössischen Architektur. Er plant den Bau einer Stadt «Atlantis», benannt nach jenem sagenhaften Reich, das Platos *Timaios* zufolge im Meer versank. Sie soll im Jahr 2000 auf Teneriffa, einer der Kanarischen Inseln im Atlantik, fertiggestellt werden. Dieses Atlantis ist als integrierte Stadt mit mehr als hundert verschiedenen Bauwerken konzipiert. Das Gelände erstreckt sich am Abhang eines 635 Meter hohen Berges. Der höchstgelegene Bezirk, der «Akropolis»

Lageplan der Agora von Athen.

heißen soll, erhält als Mittelpunkt ein Kunstmuseum – ähnlich der Bibliothek in Pergamon.

Noch bezeichnender ist das Stadtzentrum auf der darunterliegenden Ebene, wo eine lange Stoa den tiefer gelegenen Hauptplatz, ein Freilufttheater nach griechischem Vorbild und die umliegende Landschaft dominiert. Diesen Mittelpunkt des Gemeinschaftslebens nennt Krier «Agora» und verweist damit unmißverständlich auf seine geistigen Wurzeln. «Eine Stadt zu bauen, die nicht mehr nur Wohnbezirk ist oder nur Büroviertel oder nur Industriezone, sondern eine richtige Stadt – das ist ein unglaublich anregender Gedanke.»

Kohärente Städte wären Spiegelbild einer kohärenten Gesellschaft. Das Vermächtnis der Griechen an die Städtebauer des nächsten Jahrhunderts besteht nicht in der Verwendung von Säulen aus dem Spielbaukasten, sondern in der beständigen Anregung, Architektur als eine geistige Herausforderung zu betrachten, weil die Anlage und Aufteilung eines Stadtzentrums die Werte der Gesellschaft symbolisieren, die es benutzt.

Krieg

Inspiration und Bedrohung

Viele sagen: «Der Regen von gestern macht uns nicht naß.» Gerade gegen solche Gefühllosigkeit müssen wir kämpfen. Auf die Spitze getrieben, bedeutet sie Tod.

Bertolt Brecht (1952)

Kann die Menschheit ohne Krieg leben? Die Geschichte gibt uns wenig Hoffnung. Soweit die Erinnerung zurückreicht, hat es Kriege gegeben. Das so gut wie früheste Zeugnis westlicher Literatur handelt von der Zerstörung Trojas. Troja wurde zum Archetyp der Stadt in Flammen. Städte sind Brennpunkte der Menschheit; dort gibt es nicht nur Politik und Handel, dort stehen auch die geschützten Schatzhäuser der Erinnerung, die Archive, Museen und Bibliotheken. Doch Papier, Zelluloid und Magnetbänder können ebenso wie Menschen verbrennen.

Colonel Paul Tibbetts, der Pilot des B-29-Bombenflugzeugs «Enola Gray», erinnert sich an den 8. August 1945: «Ich sah eine perfekt umrissene Stadt in allen Einzelheiten vor uns liegen... der Navigator kam nach vorne, blickte mir über die Schulter und sagte: ‹Ja, das ist Hiroshima.› ...der Bombenschütze sagte: ‹Sie rührt sich nicht.›» In Hiroshima verdampften die Bücher wie die Menschen durch die Hitze, lösten sich in nichts auf. Eine Person hinterließ eine Art verkehrten Schatten, der sich auf den Granitstufen eines Bankgebäudes als ein hellerer Fleck mit menschlichen Umrissen abzeichnete, als der Feuerstoß sie ergriff. Mit diesen Worten wird dieser Mensch dem Gedächtnis zurückgegeben. Ebenso wird die Erinnerung an Troja durch ebenjene Flammen wachgehalten, die es zerstörten. Am Schluß von Euripides' Trauerspiel *Die Troerinnen* wird die eroberte Stadt in Brand gesteckt, und die Frauen, die bald einem Sklavendasein entgegensegeln werden, klagen und richten ihre Rufe an die Stadt selbst:

> Du wirst bald niederstürzen zur Erde und deinen Namen verlieren...
> Sogar der Name des Landes wird ausgelöscht sein.
> Alles ist in die Winde verstreut, und Troja gibt es nicht mehr.

Und doch werden diese Worte jedesmal, wenn sie gelesen oder auf der Bühne gesprochen werden, Lügen gestraft.

Hiroshima, August 1945.

Der Holocaust des Gedächtnisses

Sollte es zu einem Dritten, einem totalen Weltkrieg kommen, wird höchstwahrscheinlich auch die Erinnerung an das alte Griechenland, von Troja ganz zu schweigen, ausgelöscht werden. Tief unter der Erde liegende Raketensilos gibt es auch auf griechischem Boden, wo sie wie das Trojanische Pferd darauf warten, ihre zerstörerische Kraft loszulassen. Die Menschheit verfügt derzeit über 12000 Megatonnen, das Millionenfache der Atombombe von Hiroshima; das entspricht 2,5 Tonnen TNT pro Kopf der Weltbevölkerung. Man vermutet, daß die Hälfte der Menschheit bei einem totalen Nuklearkrieg sofort sterben wird, von den längerfristigen Auswirkungen nicht zu reden. Tony Harrison hat den Anblick der Frauen, die auf dem Silo mit den Atomsprengköpfen von Greenham Common tanzen, mit den Musen verglichen, die auf dem Helikon tanzen: «Dies ist ein Berg, der unsere Auslöschung enthält, wo selbst das Gedächtnis, Mutter der Musen, nicht überleben wird, um auch unser Leiden, wie das der Hekuba und der Frauen von Troja, als Geschichte zu bewahren – eine Auslöschung, die jede Rückkehr zur Kultur sogar für einen in der antiken Literatur bewanderten Menschen unmöglich machen wird. Das Leben wird ohne Tiefe und Bedeutung sein, ohne Tanz, ohne Helikon, ohne Musen.»

Schon allein das Wort Krieg in «Atomkrieg» unterscheidet sich bedeutungsmäßig beträchtlich von allem, was man bisher darunter verstand. «Alles hat sich verändert», stellte Einstein 1945 fest, «nur unser Denken nicht.» Bei dem Wort Krieg denken wir immer noch an den Einzelkampf von Mann zu Mann, an die Möglichkeit individueller Tapferkeit und eines edlen Todes, der das Opfer des einzelnen unvergessen macht. Krieg ist der Weg zum Ruhm. Die Einstellung der alten Griechen trägt denn auch zum Fortbestand dieser Sichtweise bei:

Manche reden von Alexander und manche von Herkules
Von Hektor und Lysander und anderen großen Männern...

William Blake haderte mit Homer: «Die Klassiker! Die Klassiker sind schuld daran, daß Europa durch Kriege verwüstet wurde!»

Unsterblich wurde der Trojanerfürst Hektor – sogar in dem volkstümlichen Lied «British Grenadiers» taucht er auf – durch Homers epische Dichtung, die *Ilias*. Homer, ein Sänger aus Kleinasien, lebte um 700 v. Chr. Vielleicht beherrschte er die neue Kunst des Schreibens, vielleicht diktierte er auch sein Gedicht, oder vielleicht wurde es von Schülern durch wiederholten Vortrag erhalten – was immer geschehen sein mag, sicher ist jedenfalls, daß das Gedicht niedergeschrieben wurde. Die *Ilias* ist praktisch unser frühestes Dokument griechischer

Stephen McKennas *O Ilium* (1982): die Fragmentierung kriegerischer Gewalttätigkeit.

Schreibkunst; sie ist wohl auch unbestritten das größte Werk der gesamten griechischen Literatur.

Die *Ilias* ist eine Kriegsdichtung, berührt aber durch Gleichnisse, Einblicke ins häusliche Leben und in die Vergangenheit und Zukunft viele Aspekte des menschlichen Daseins. Schlachten werden Stunde für Stunde beschrieben und das Sterben von Dutzenden mit allen blutigen Einzelheiten. Der Tod in schrecklicher Leibhaftigkeit ist stets Einzelerlebnis: «... dem Demoleon ... Stieß er den Speer in den Schlaf, durch des Helms erzwangige Kuppel: / Und nicht hemmte das Erz den Gewaltigen; sondern hindurch drang / Schmetternd die eherne Spitz' in den Schädel ihm; und das Gehirn ward / Ganz mit Blute vermischt.» Der Ausgleich für solche Schrecken ist der Ruhm.

Als Hektor von seiner Gattin Andromache gebeten wird, nicht wieder in die Schlacht zu ziehen, antwortet er:

> Mich auch härmt das Alles, o Trauteste; aber ich scheue
> Troja's Männer zu sehr, und die saumnachschleppenden Weiber,
> Wenn, wie ein Feiger, entfernt ich hier ausweiche der Feldschlacht.
> Auch verbeut es mein Herz; denn ich lernete, biederes Muthes
> Immer zu seyn, und zu kämpfen im Vorderkampfe der Troer,
> Schirmend zugleich des Vaters erhabenen Ruhm, und den meinen!

Im Angesicht des Todes durch Achilles' Hand sagt er: «Daß nicht arbeitlos in den Staub ich sinke, noch ruhmlos. / Nein, wann ich Großes vollendet, wovon auch Künftige hören!»

Das ist kein Krieg mit ritterlichen Zweikämpfen oder mit Berufsheeren, die sich weitab von der Zivilbevölkerung Schlachten liefern. Mit Hektors Tod wird Troja in Flammen aufgehen, werden die Männer und Knaben getötet, die Frauen in die Sklaverei geführt. Das war das Schicksal jeder griechischen Stadt, wenn sie den Krieg verlor. Wir leben heute wieder im Zeitalter totaler Kriege, die Soldaten und Zivilbevölkerung gleichermaßen treffen.

Der grausame Lehrmeister

Sehr viele Griechen fanden wie Hektor, wie Achilles auf dem Schlachtfeld den Tod. Friedliche Koexistenz war nicht ihre Stärke, zumindest nicht während jener großen kreativen Zeitspanne zwischen 700 und 150 v. Chr. (die folgenden fünfhundert Jahre unter römischer Herrschaft waren relativ friedvoll und ereignislos). Die fanatisch unabhängigen Stadtstaaten konnten einander nur schlecht tolerieren, ohne sich über kurz oder lang in die Haare zu geraten; deshalb ist die griechische Geschichte über lange Strecken Kriegsgeschichte, wo meist Griechen gegen Griechen kämpften. Obwohl Kriege in den meisten Fällen national oder rassisch motiviert sind, bekämpften sich die antiken Griechen trotz ihrer vielen Gemeinsamkeiten untereinander.

Zwar darf man nicht vergessen, daß sich einige Städte gegen die Westexpansion des persischen Reiches zusammenschlossen und daß ihr panhellenischer Sieg tatsächlich einen Wendepunkt in der Weltgeschichte markierte. Den ruhmreichen Verlauf dieses Kampfes hat mit bewegten Worten Herodot geschildert, der als erster seine Darstellung als «Historie» bezeichnete (*historia* bedeutet «Untersuchungen»). Wie Homer die Ruhmestaten Trojas überlieferte, so war auch Herodot entschlossen, den großen Krieg nicht der Vergessenheit anheimfallen zu lassen. Und doch rüsteten kaum fünfzig Jahre darauf Athen und Sparta, die beiden mächtigsten Städte, samt ihren Verbündeten zu einem langen und blutigen Krieg gegeneinander. Es ist tragisch zu sehen, wie dies an den Kräften Athens zehrte in einer großen Zeit, die das Trauerspiel, Sokrates und die Bauten auf der Akropolis hervorbrachte. In den dreißig Jahren zwischen 432 und 403 v. Chr. verlor die Stadt schätzungsweise die Hälfte ihrer Bevölkerung.

Der Peloponnesische Krieg fand seinen verständnisreichen und zu Recht strengen Chronisten in dem exilierten Athener Thukydides, der fraglos zu den großen Historikern aller Zeiten gehört. George Marshall hat einmal gesagt, wer ihn nicht gelesen habe, könne den Zweiten Weltkrieg nicht verstehen. Auch Thukydides wollte große Ereignisse für die Nachwelt festhalten; aber über den Krieg machte er sich keine Illusionen: «Solange Frieden und Wohlfahrt herrschen, werden sowohl Staaten als auch der einzelne von edleren Motiven bewegt, weil sie nicht blinder Notwendigkeit unterworfen sind. Doch der Krieg, der dem Alltagsleben seine erfreuliche Basis raubt, ist ein grausamer Lehrmeister und paßt den Charakter der Menschen den Umständen an.» Wie Homer glaubte Thukydides, der Krieg sei eine Vorbedingung der menschlichen Gesellschaft – «das äußerste Zwangsmittel, mit dem sich alle seßhaften Gesellschaften schützen», wie John Keegan es formuliert. Er glaubte außerdem, es entspreche der menschlichen Natur, in Bedrängnis äußerste Gewalt anzuwenden. Die Athener hielten sich gerne für die humansten der Griechen; und doch stimmten sie unter dem Einfluß dieses grausamen Lehrmeisters im Jahr 416 v. Chr. nach ganz demokratischer Debatte dafür, die schwache Insel Melos für ihre Neutralität damit zu bestrafen, daß die Männer getötet und die Frauen versklavt werden sollten. Die Athener, lautet Thukydides Warnung an uns, «drückten auf den Knopf».

Thukydides machte auch einige Bemerkungen über die Auswirkungen politischen Drucks, vor allem in Konfliktsituationen. «Die Bedeutung der Wörter steht nicht mehr in derselben Beziehung zu den Dingen, sondern hat sich geändert. Tollkühnheit gilt als pflichtgetreuer Mut; besonnenes Zögern hält man für feige Ausflucht; Mäßigung gilt als getarnte Schwäche; wer die Gewalt liebt, dem vertraut man, sein Gegenspieler wird verdächtigt.» Hier spricht ein Vorläufer von George Orwells «Newspeak» und dem heutigen «Nukespeak», dem euphemisti-

Ingres' erstes bedeutendes Gemälde (1801) illustriert eine Episode aus dem 9. Buch der *Ilias*, wo drei Abgesandte der Griechen Achilles bitten, auf das Schlachtfeld zurückzukehren.

schen, verfälschenden Reden vom «begrenzten Atomkrieg» und ähnlichem. Diese Ausführungen gelten sogar heute noch als so subversiv, zum Beispiel in der Tschechoslowakei, daß sie als Samisdat von Dissidenten verbreitet werden. Es ist für Griechenland bezeichnend, daß es sowohl die schrecklichen Kriege als auch Thukydides' Analyse hervorbrachte. Uns jedoch bleibt die beängstigende Frage, ob es schöpferische Kraft ohne Krieg hätte geben können oder geben kann.

Der erste Genius

Sind Vitalität und Schöpfungsgeist irgendwie mit Kriegslust verbunden? Wäre die griechische Kultur auch ohne diese rastlose, besessene Streitwut erblüht? Die Stellung Homers und insbesondere der *Ilias* in der griechischen Kultur wirft ein Schlaglicht auf diese beunruhigenden Fragen. Obgleich das Klischee von Homer als der «Bibel der Griechen» irreführend ist – seine Dichtung war keineswegs ein

Achilles' vergeblicher Versuch, den Traum des toten Patroklos zu besitzen; eine von mehreren eindringlichen Malereien, zu denen Henry Fuseli durch Homer inspiriert wurde.

heiliger oder unantastbarer Text –, so war er doch das Kernstück ihrer Bildung und ihnen mindestens so vertraut, wie uns Shakespeare vertraut ist.

Ihre zentrale Stellung erlangten die beiden großen Dichtungen, die *Ilias* und die *Odyssee*, um die Mitte des 6. Jahrhunderts v. Chr., ungefähr hundert bis hun-

Flaxmans Entwurf der *Apotheose des Homer* auf einer Wedgwood-Urne.

dertfünfzig Jahre nach ihrer Abfassung; und behielten sie bis zum Ende der Antike. Mehr als tausend Jahre lang blieb «der Dichter», wie er allgemein genannt wurde, ständiger Bezugspunkt für Dichtkunst und Malerei und wurde fast automatisch von Philosophen, Kritikern und Historikern diskutiert. Die griechische Tragödie wäre ohne Homers Pionierleistung nie voll erblüht. Er ist auch das direkte und ausdrücklich erwähnte Vorbild eines anderen zur Weltliteratur gehörigen Werkes, der *Äneis* des Vergil, die in Rom in den zwanziger Jahren des 1. Jahrhunderts v. Chr. entstand. Colin Macleod nannte Vergil Homers größten literarischen Kritiker. In der *Äneis* ist Rom das erneuerte Troja, jedoch entstanden aus der Asche der Gewalt und aufgrund korrumpierter Prinzipien. Roms Fundamente sind ruhmreich, aber tragisch.

Die Rezeptionsgeschichte Homers – das wiederholte Auf und Ab seiner dichterischen Leuchtkraft in verschiedener Form, mal dunkel, mal hell, mal bedrohlich, mal wohltuend – ist selbst ein episches Drama, das zu erzählen sich lohnt. Von

500 n. Chr. bis in das 15. Jahrhundert wurde er nur von der gebildeten Oberschicht des byzantinischen Ostens gelesen. Im Westen gab es hingegen Versromane, die in Troja spielten; der beliebteste, Benoît de Sainte-Maures *Roman de Troie* (um 1160), wurde nahezu in jeder europäischen Sprache imitiert und plagiiert, schließlich sogar auf griechisch.

Die Renaissance entdeckte, in welch hohem Ansehen Homer einst gestanden hatte, und verehrte ihn deshalb ebenfalls, erwies ihm zumindest einen Lippendienst. Die ersten Bemühungen um eine englische Übersetzung der *Ilias* von George Chapman beeinflußten zwar Shakespeares *Troilus and Cressida*, doch war das Stück eher römisch als griechisch. Der Gelehrte und Literaturkritiker J. C. Scaliger, der Vergil himmelhoch lobte und ihn ständig zu dessen Nachteil mit Homer verglich, war wenigstens ehrlich, als er 1561 sagte: «Es ist lächerlich, es ist dumm, es ist homerisch.» Dryden mußte wiederholt darauf hinweisen, daß Äneas ein wesentlich besseres Vorbild war als sämtliche Gestalten Homers; und 1714 veröffentlichte La Motte eine verbesserte Version der *Ilias*, die er von Barbarismen wie dem unschicklichen Benehmen der Götter, den Grobheiten des Achilles und der Selbstversorgung der Heroen gereinigt hatte.

Im späten 17. Jahrhundert, zu Beginn des «Streits der Alten und der Modernen», auch «Krieg der Bücher» genannt, war man sich öffentlich darüber einig, daß Homer für den guten Geschmack zu grob und direkt war, und nahm ihn als bestes Beispiel für die überwundene Primitivität der antiken Welt. Doch hundert Jahre später galt Homer fast einstimmig als Genius – und wurde gar auf Wedgwoods Keramiken und Ingres' Gemälden vergöttlicht. Popes gereimte Übersetzung (1720 und 1725) war in vieler Hinsicht das letzte Nachflackern des latinisierten Homers, wo Athena noch Minerva hieß und ein römischer Triumphbogen das Titelblatt schmückte (man vergleiche das vollkommen griechische Titelblatt der 1800 in Oxford erschienenen Ausgabe). Man kann sich kaum einen größeren Gegensatz zu Pope vorstellen als die 1781 erschienene große deutsche Übertragung von Johann Heinrich Voß (der später auch Shakespeare übersetzte) mit ihren sogenannten «megalithischen Hexametern». Und auch Keats verwarf Pope zugunsten von Chapmans ungeschönter Direktheit:

> Doch nie zuvor verspürte ich die reine Klarheit,
> Bevor so frei und mächtig Chapman zu mir sprach.

Homer steht im Zentrum der Renaissance der griechischen Antike. So wie Winckelmann einen großen Wandel in der Kunst anregte und Stuart und Revett dasselbe für die Architektur leisteten, so war in Homers Fall Robert Wood die entscheidende Person. Obwohl er schon in den vierziger Jahren des 18. Jahrhunderts die Türkei und die Troas bereist hatte, erschien *An Essay on the Original Genius of Homer* erst 1767 (und auch dann nur als Privatdruck; die erste öffentliche Ausgabe erschien postum 1775). Wood empfand gerade das als Homers Stärke, was man

Schützengraben während des Gallipoli-Feldzugs 1915.

vorher aus Wohlanständigkeit verdammt hatte, und deshalb warf er Pope auch vor, Homers ergreifende Schlichtheit verfälscht zu haben. Vor allem schätzte er Homers Wahrheitstreue: Er lebte und arbeitete in einer wirklichen Welt, die räumlich und zeitlich konkret war. «Die *Ilias* beschmückt die Ufer des Skamander mit neuer Schönheit», meinte er.

Woods Schrift war außerordentlich einflußreich, vor allem in Deutschland (oder was Deutschland werden sollte). Gerade um diese Zeit plädierte Herder für das Einfache und Natürliche, setzte sich für Shakespeare ein (als Gegenpol zu Racine), für Volkslieder und für «Ossian», jene brillante Fälschung frühschottischer Gesänge von James Macpherson. Von Herder wurde auch Goethe 1770 dazu ermuntert, Homer zu lesen. «Auch das homerische Licht ging uns neu wieder auf», schrieb Goethe später, «und zwar recht im Sinne der Zeit.» Er begann sogar ein Epos *Achilleis* zu schreiben, das an die letzte Zeile der *Ilias* anschloß. Nachdem man über Jahrhunderte Homer mit Herablassung begegnet war, betrachtete man ihn nun als unübertroffene Leitfigur für eine neue Zeit, die ungeschminkte Aufrichtigkeit jedem langatmigen Moralisieren vorzog und in Schillers Worten eher «naiv» als «sentimentalisch» gestimmt war.

Sobald das 19. Jahrhundert einen Kanon der Respektabilität erstellt hatte, wurde Homer dem System einverleibt und zum Abgott konservativer Erziehung. Er thront am Dichterfries des Albert Memorial in der Mitte, prominenter noch als Shakespeare, Milton und Dante. Weil die britische Erziehung stärker an einem Gentleman- und Amateur-Ideal ausgerichtet war als die deutsche, brachte sie auch eine seltsamere Schar von Homer-Verehrern hervor. Der einflußreiche Radikale George Grote machte Homer zu einem Verbündeten gegen das christliche Establishment. Gladstone wiederum schrieb sieben Bücher, die hauptsächlich beweisen sollten, daß der blinde Sänger im Grunde genommen ein Christ war. Dabei ist hinzuzufügen, daß Gladstones mühsame Homer-Traktate seinerzeit von den meisten Lesern als Marotte abgetan wurden. Matthew Arnold, erster Professor für Poetik in Oxford, empfahl 1860 in seinen Vorlesungen *On Translating Homer* die *Ilias* und *Odyssee* als Maßstab für den hohen Stil, «bei dem ein edler Geist, dichterisch begabt, auf schlichte und strenge Weise ein ernstes Thema behandelt». Sein rotes Tuch war F. W. Newman (Bruder des zukünftigen Kardinals), der noch ganz im ossianischen Geist eine gezierte, balladenartige Übersetzung angefertigt hatte. Samuel Butler, dieser antiviktorianische Viktorianer, Verfasser von *Erewhon* und *The Way of All Flesh*, übersetzte nicht nur die beiden Epen, sondern versuchte in *The Authoress of the Odyssey* (ein Buch, das James Joyce gefiel) auch nachzuweisen, daß der Autor der *Odyssee* eine Frau war.

O Hölle der Schiffe und Städte

Homer war tief in das viktorianische Erziehungssystem eingebettet, in die Welt des Wetteiferns und von Thomas Hughes' *Tom Brown's School Days* (1857), wie Richard Jenkyns unterhaltsam dargelegt hat. Dieses gemütliche Kaminfeuer sollte jedoch im Jahr 1915 plötzlich zu greller Flamme aufschießen. Nahezu ein ganzes Jahr führten die Alliierten eine verzweifelte und erfolglose Kampagne – «Gallipoli» –, um die in türkischer Hand befindlichen Dardanellen zu erobern und den Weg nach Rußland freizukämpfen. Troja lag am Ausgang der Dardanellen, des alten Hellespont; wer heute von Çanakkale anreist, kommt nahe der Küste an zahlreichen Kriegsgräberstätten vorbei. Es war eine vertraute Gegend für die jungen Engländer mit ihrer Public-School-Ausbildung, die mit Homer im Tornister sich unter Sir Ian Hamilton einschifften.

Noch während der Überfahrt begann Rupert Brooke zu schreiben:

> Achill soll in der Dunkelheit bewegt sich haben …
> Und Priamos und seine fünfzig Söhne
> Erwachen staunend, hören die Kanonen
> Und bangen neu um Troja.

Er starb am 23. April an einer Blutvergiftung und wurde auf Skyros begraben, jener Insel, wo Achilles sich einst aufhielt, als die Griechen kamen und ihn nach Troja mitnahmen. Es entbehrt nicht einer gewissen Ironie, daß Brooke Lemnos nicht mehr erreichte, wo die britische Flotte am 25. April vor dem letzten Angriff ankerte. Auf Lemnos wurde der griechische Held Philoktet wegen einer vergifteten Fußwunde ausgesetzt, während Agamemnon weiter gen Troja segelte; und vor Lemnos, an Bord der *HMS Agamemnon*, unterzeichneten die Türken am 30. Oktober 1918 das Waffenstillstandsabkommen.

Patrick Shaw-Stewart, ein hochbegabter Eton-Schüler, griff angesichts seines nahe bevorstehenden Todes bei Gallipoli zur *Ilias*:

O Hölle der Schiffe und Städte
Hölle der Menschen wie ich
Unselige neue Helena
Warum verfolge ich dich?

Achilles kam nach Troja
Zum Chersones kam ich:
Er wandte vom Zorn sich zum Kampfe
Für mich dreitägiger Friede verblich.

War es so schwer, Achilles,
War Sterben wirklich so roh?
Du weißt es und ich weiß es noch nicht –
Und deshalb bin ich so froh.

Ich werde heut' morgen zurückkehr'n
Von Imbros jenseits der Weite;
Steh' in dem Graben, Achilles,
Flammenbestückt, und für mich streite.

Die Ballistik der Granatwerfer und Maschinengewehre zusammen mit den Berechnungen der Kegelschnitte (erstmals von den Griechen berechnet) gaben dem Krieg eine andere Dimension. Erhöhte Zielsicherheit und Zerstörungskraft bedingten einen Wettlauf der Industrieproduktion; deshalb führte man Krieg sowohl an der Heimfront als auch an der Westfront, deren Verschiebung um zehn Meter die unglaubliche Zahl von zehntausend Menschenleben kostete. Ich glaube, daß die Zeile aus Wilfred Owens *Strange Meeting*, «Ich bin der Feind, den du erschlugst, mein Freund», als Echo zu verstehen ist auf die Worte des Achilles an Lykaon aus dem 21. Gesang der *Ilias*, «Stirb denn, Lieber, auch du». Je länger sich aber der Erste Weltkrieg hinzog, desto weniger passend erschien Homer. Der Grabenkrieg hatte zuwenig gemein mit dem «Graben», in dem der «flammenbestückte» Achilles der *Ilias* gestanden hatte. John Buchan erinnerte sich, daß «von

Berlin im Juli 1945 (mit dem erhaltenen neohellenistischen Brandenburger Tor).

Ruhm zu reden, schrecklich pietätlos klang. Vielleicht brachte ich es deshalb nicht über mich, Homer aufzuschlagen.»

Nur zu bald nach 1918 gefiel es dem Dritten Reich, auf das griechische Vorbild hinzuweisen, wo immer es nützlich erschien, und die Ideale der Kampfheroen und Alexanders des Großen umzudeuten, der Hitler wie auch seinen späteren Attentäter von Stauffenberg beeindruckte. «Manche reden von Alexander ...»

Falls Homer auf seiten von Hitlers Truppen gestanden hatte, wenn sie in die Schlacht gezogen waren, so war er jedenfalls auch zur Stelle, als die Niederlage kam. George Steiner kommentiert: «Jedesmal, wenn wir eine Stadt zerstören, und jedesmal, wenn wir aus brennenden Gebäuden Menschen um ihr Leben rennen sehen, wird Homer aktuell. Bei der ersten Theateraufführung 1945 in Berlin las man vor einem Hintergrund mit Fotografien der großen, zerbombten Stadt und der Brandbomben aus der *Ilias*, weil es keinen zeitgenössischen Text gab, der halbwegs so zeitgemäß war. In diesem Sinn also bildet er den Ausgangspunkt für unsere Einstellung, die einerseits den Krieg als eine immerwährende zentrale männliche Aktivität versteht, andererseits sich aber auch der Schrecken und tragischen Umstände bewußt ist, die der Krieg anderen Menschen zufügt.» Vielleicht wird dadurch besser verständlich, weshalb Moses Finley in *The World of Odysseus* (1962) Homer als einen inhumanen und vormoralischen Dichter versteht und weshalb der große Historiker Arnaldo Momigliano die *Ilias* einmal das gefährlichste Buch der Welt nannte. Sie waren beide Juden und waren sich aus gutem Grund der Wirksamkeit deutscher Einflüsse bewußt.

In jüngerer Zeit hat die Interpretation der *Ilias* einen seltsam zwiespältigen oder unausgewogenen Charakter angenommen. Die gewichtigste Vertreterin der einen Seite ist Simone Weil, die französisch-jüdische Sozialistin und religiöse Denkerin, die 1943 im Alter von 34 Jahren in Kent starb. *L'Iliade ou le Poème de la Force* erschien in Marseilles 1940 und von Mary McCarthy übersetzt 1945 in New York. Es ist keineswegs eine sentimentale Apologie einer gelehrten Frau, sondern die direkte Antwort einer leidenschaftlichen Aktivistin auf Hitlers Einmarsch in Frankreich.

Gleich im ersten Satz behauptet Weil: «Der wahre Held, das eigentliche Thema, der zentrale Punkt der *Ilias* ist die Gewalt»; meint aber gleichzeitig, daß «wie die Evangelien letzter, wunderbarer Ausdruck des griechischen Genius sind, die *Ilias* sein erstes Zeugnis ist». Sie bringt diese beiden Thesen mittels des Arguments in Einklang, daß die *Ilias* der Opfer ebenso intensiv gedenke wie der Sieger und deshalb die Gewalt nicht triumphiere. «Der Gewalt unterworfen zu sein, ist allgemeines Schicksal... niemand in der *Ilias* bleibt davon verschont, ebensowenig wie wir in dieser Welt. Wer ihr nachgibt, darf deswegen nicht mit Verachtung angeschaut werden.» Das Epos verkündet keine Anti-Kriegsbotschaft, geschweige denn eine pazifistische; die Moral entschlüsselt sich vielmehr aus dem fehlenden Moralisieren, aus der Ausgewogenheit. Am Schluß ihres Essays schreibt Weil: «Keine der Errungenschaften der Völker Europas ist so wertvoll wie diese erste bekannte Dichtung, die sie hervorbrachten. Vielleicht werden sie dereinst die epische Gabe wiederfinden, wenn sie gelernt haben, daß man dem Schicksal nicht entfliehen kann, daß man Gewalt nicht bewundern, die Feinde nicht hassen, die Unglücklichen nicht geringschätzen darf. Wann es soweit sein wird, ist eine andere Frage.» Bisher ist es noch nicht soweit.

Meiner Ansicht nach sind ihre Worte heute genauso aktuell, wie sie es 1940 waren; doch hat Weils Essay auch herablassende und sogar feindliche Reaktionen hervorgerufen. Manche Leute halten es für sehr wichtig, daß man Sentimentalität und jenen selbstgerechten «liberalen Humanismus» vermeidet, den Weil verkörpert. Diese Einstellung kommt mustergültig in Christopher Logues *War Music* zum Ausdruck (deren Untertitel «Ein Bericht der Gesänge 16 und 19 aus Homers *Ilias*» lautet), die in den vergangenen zehn Jahren mehrfach inszeniert wurde, am eindrucksvollsten von Alan Howard. Es ist ein lebhaftes, packendes Stück, das den Eindruck einer erschreckenden Lebenskraft hinterläßt, die nach Tod giert und in den physischen Details tödlicher Wunden schwelgt. George Steiner teilt Logues Einstellung: «Die Beschreibungen der Schlachten, die klare Schönheit des Kampfes, die pure Choreographie eines großen Schwertkämpfers, eines Speerwerfers, eines Mannes, der vom Streitwagen springt, die wunderbar geschmeidige Schönheit eines jungen, im Todeskampf ringenden Mannes, all das... erinnert an die Aufmärsche auf dem Nürnberger Reichsparteitagsgelände unter Hitler – die einfach verrückt machende, sehr griechische Schönheit des Ereignisses, mit den großen Fackeln bei Nacht – ein sehr griechisches Schauspiel war das. Uns ist das peinlich, aber wir müssen uns dem stellen, wenn wir Homer richtig lesen wollen.» Die Frage bleibt offen, ob die *Ilias* diese Schauspiele positiv sieht wie Logue oder sie bedauert wie Weil.

Das brennende Andenken des Achilles

Niemand, der die *Ilias* wirklich gelesen hat, wird behaupten, daß das Epos einen Triumph des Chauvinismus glorifiziert, wo bewundernswerte Griechen über gräßliche Barbaren siegen und ruhmbeladen weiterleben. Die beiden großartigsten Dinge in der *Ilias* sind beide zum Untergang verdammt: ohne direkt beschrieben zu werden, findet man den Tod des Achilles und die Zerstörung Trojas doch mehrmals auf anschauliche Weise vorweggenommen. Beider Ruhm und Ende sind unauflöslich verknüpft, und darin zeigt sich die Vergeudung all der wertvollen Menschenleben.

Achilles ist der erfolgreichste Mörder der *Ilias*.

> Wie ein entsetzlicher Brand die gewundenen Thale durchwüthet,
> Hoch im dürren Gebirg'; es entbrennt unermeßlich die Waldung,
> Und rings wehet der Wind mit sausenden Flammenwirbeln;
> So rings flog mit der Lanze der Wüthente, stark wie ein Dämon,
> Folgend zu Mord und Gewürg'; und Blut umströmte das Erdreich.

Es war dieser Aspekt seines Wesens, der die ostdeutsche Schriftstellerin Christa Wolf veranlaßte, in ihrem Roman *Kassandra* (1983) Achilles zum Inbegriff all dessen zu machen, was Krieg an Haß und Hassenswertem bedeutet. Gleich zu Anfang des Romans denkt Kassandra, die Königstochter, bevor sie als Sklavin in Mykenä stirbt: «Mein Haß kam mir abhanden, warum? Er fehlt mir doch, mein praller saftiger Haß. Ein Name, ich weiß es, könnte ihn wecken, aber ich laß den Namen lieber jetzt noch ungedacht. Wenn ich das könnte. Wenn ich den Namen tilgen könnte, nicht nur aus meinem, aus dem Gedächtnis aller Menschen, die am Leben bleiben. Wenn ich ihn ausbrennen könnte aus unsren Köpfen – ich hätte nicht umsonst gelebt. Achill.»

Doch die Darstellung des Achilles in der *Ilias* endet mit einer versöhnlichen

Note, wenn der Held mit Priamos, dem König Trojas, Einblicke in das menschliche Schicksal teilt und den alten Mann lehrt, mit seinem schmerzlichen Verlust zu leben. Homers Achilles (im Gegensatz zum Stereotyp) zeichnet eine besondere Reife und Einsichtsfähigkeit aus, die untrennbar mit seinem Wissen um seinen frühen Tod zusammenhängt.

Insofern war Alexanders Verehrung für Achilles teilweise gerechtfertigt. Als er den Hellespont unterwegs zur Troas im Jahr 334 v. Chr. überquerte, erwies er dem (vermeintlichen) Grab des Achilles seine Reverenz; und er soll in der Schatulle des Perserkönigs ein Exemplar der *Ilias* mitgenommen haben auf seinem Eroberungszug durch Samarkand, den Hindukusch und den Pandschab bis zum Oxus und Indus. Alexander starb im Alter von 32 Jahren in Babylon 323 v. Chr. Ein Achilles unserer Zeit wäre vielleicht Rambo. «So flog der Wütende wie ein Dämon, folgend zu Mord und Gewürg'; und Blut umströmte das Erdreich.» Doch Rambo stirbt nicht jung; er trauert nicht und ißt auch nicht mit Priamos.

Homers Troja ist eine schöne, kultivierte Stadt; Hektor, Äneas, Priamos sind treffliche Männer; Zeus selbst sagt, sie sei seine liebste Stadt. Und dennoch werden die Götter sie zerstören und Priamos' Geschlecht ausrotten wegen Paris' Verbrechen, der die Gastfreundschaft des Menelaos mißbrauchte und Helena raubte. Über die Jahrhunderte wurden die Trojaner denn auch häufig als sympathischer oder vertrauter empfunden als die Griechen. Verschiedene Orte in Italien beanspruchen fliehende Trojaner als ihre Gründer, vor allem Rom mit Äneas. Es gibt sogar eine Überlieferung, die in Spensers *Faerie Queene* erwähnt wird, wonach die altenglischen Könige von Brutus, einem Nachkommen des Äneas, abstammen, der London oder Neu-Troja gründete, Troynovant (ein Echo des alten englischen Stammes der Trinovantes). So gab man auch dem Ostgotenkönig Theoderich im 6. Jahrhundert trojanische Vorfahren, und später erklärten die Franken Frankus den Trojaner zu ihrem Stammvater. So reiht sich Christa Wolf in eine lange Tradition ein, zu der auch Vergil beigetragen hat, wenn sie ihren Roman aus einer trojanischen Perspektive erzählt.

Die Zerstörung Trojas wird anschaulich vorweggenommen, insbesondere in der Episode um Hektors Tod. Als in der Stadt die allgemeine Totenklage angestimmt wird, «sieht es genauso aus, als ob im geschäftigen Ilion von oben bis unten Feuer glühten». Einzelne Elemente des Geschehens wurden immer wieder in Kunst und Literatur behandelt: das Trojanische Pferd, der mit Schlangen ringende Laokoon, Äneas Flucht mit Anchises auf dem Rücken, die gefangene Andromache und ihr Sohn Astyanax, der die Stadtmauer hinabgestürzt wird, Helenas Besänftigung des Menelaos, dem sie ihre unvergleichlichen Brüste entblößt. Auch kamen zwei Fälle schrecklichster Gotteslästerung vor: die Vergewaltigung (oder versuchte Vergewaltigung) Kassandras durch Ajax (ein anderer, nicht der große Ajax), während sie ein Standbild der Athena umklammert, wird auf der vorletzten Seite der *Kassandra* nacherzählt; und die Tötung des Priamos durch Achilles' Sohn Neoptolemus alias Pyrrhos an geweihter Stätte, am Zeusaltar. Unter den zahlreichen antiken Darstellungen von der Zerstörung Trojas befindet sich die vielleicht eindringlichste erhaltene Malerei auf einer sehr großen Schale, die um 500 v. Chr. geschaffen wurde und heute im J. Paul Getty Museum in Malibu steht. Es ist meiner Ansicht nach nicht Zufall, daß die Vergewaltigung der Kassandra, der Tod des Priamos und Helenas Becircung gemeinsam auf der vertikalen Achse abgebildet sind. Man darf auch nicht vergessen, daß weder Ajax noch Neoptolemus alt wurden und daß überhaupt wenige der siegreichen Griechen friedlich im Bett starben.

Der Tod des Priamos gehört zu den erschütterndsten Passagen in Vergils *Äneis*; dies ist der Höhepunkt:

> Bis geradewegs an die Altarsteine schleppte Pyrrhos den Priamos, der zitterte und im rinnenden Blut des eigenen Sohnes ausrutschte, und wand seine Linke in sein Haar, während er mit der Rechten das funkelnde Schwert empor hielt und es bis zum Griff in seine Hüfte bohrte. So endete Priamos' irdisches Leben; solches Verhängnis war ihm vom Schicksal bestimmt – Troja in Flammen aufgehen zu sehen, der er einst Herr über so viele Völker und Länder gewesen und Herrscher von Asien. Sein Rumpf liegt am Ufer, der Kopf vom Körper getrennt, ein namenloser Leichnam.

Später, in der Zeit des schauspielernden Königs im *Hamlet*, kann diese Episode als Vehikel für altmodisches Schmierentheater benutzt werden:

Erster Schauspieler
«Als sie den Pyrrhus argen Hohn sah treiben,
Zerfetzend mit dem Schwert des Gatten Leib:
Der erste Ausbruch ihres Schreies hätte
(Ist ihnen Sterbliches nicht gänzlich fremd)
Des Himmels glühnde Augen taun gemacht,
Und Götter Mitleid fühlen.»
Polonius
Seht doch, hat er nicht die Farbe verändert
und Tränen in den Augen.

Dies provoziert Hamlets geflügeltes Wort:

Was ist ihm Hekuba, was ist er ihr,
Daß er um sie soll weinen?

Ewige Wiederkehr: von Berlioz' *Les Troyens* bis zu Tippetts *King Priam* hören wir nicht auf, Hekuba zu beweinen.

Wo Troja einst stand

Von Trojas Zerstörung ging schon in alter Zeit eine besondere Faszination aus. Zu Shakespeares Zeiten gab es eine volkstümliche Ballade mit dem Refrain:

> Verfallen die Mauern, die einst so bekannt,
> Weizen wächst heute, wo Troja einst stand.

Ein Echo findet sich vielleicht in Cressidas Worten:

> Wenn Zeit gealtert, und sich selbst vergaß,
> Wenn Regen Trojas Mauern aufgelöst,
> Blindes Vergessen Städte eingeschlungen...

Dasselbe Bild reizte auch Byron:

> Hohe Hügel, ohne Marmor, unbenannt,
> Ebne, unbestellte Weite, drumherum der Berge Band.
> In der Ferne ragt wie früher Ida bar,
> Und wie einst fließt der Skamander (wenn er's war):
> Diese Stätte scheint noch immer ruhmbereit –
> Bietet leicht Platz hunderttausend Kämpfern jederzeit;
> Doch statt der Mauern Ilions fand ich nur
> Ein stilles Schaf, das graste, und Schildkröten Spur.

Seit Cyriacus von Ancona, der 1444 als erster Westeuropäer der Neuzeit Griechenland erforschte, wurde immer wieder hartnäckig versucht, die Reste des alten Troja wiederzufinden. Der Trojanische Krieg als historisches Ereignis faszinierte zahlreiche Männer, von Robert Wood im 18. Jahrhundert bis zu Michael Wood, der 1984 die sehr erfolgreiche Fernsehserie *In Search of the Trojan War* produzierte. Nach Cyriacus stritten sich vierhundert Jahre lang Reisende und Gelehrte, wobei die Mehrheit die ausgedehnten Ruinenfelder der wesentlich späteren Stadt Alexandria Troas für die Stadt des Priamos hielt. Im 19. Jahrhundert verlagerte sich das Interesse auf den gewaltigen Tumulus von Hissarlik. Heinrich Schliemann, Bankier, Enthusiast, Egoist und Phantast, begann 1870 mit Ausgrabungen und schrieb 1872:

> Schließlich schmeichle ich mir mit der Hoffnung, daß die Belohnung für meine riesenmäßigen Kosten und alle meine Entbehrungen, Drangsale und Leiden in dieser Wilderniss, vor allem aber für meine wichtigen Entdeckungen die civilisirte Welt mir das Recht zuerkennt, diese heilige Stätte umzutaufen, und im Namen des göttlichen Homer taufe ich sie mit jenen Namen unsterblichen Ruhmes, welche das Herz eines jeden mit Freude und Enthusiasmus erfüllen; ich taufe sie mit dem Namen *«Troja»* und *«Ilium»*, und ich nenne *«Pergamos von Troja»* die Akropolis, wo ich diese Zeilen schreibe.

Das Trojanische Pferd war 1833 die große Attraktion des Astley's Theatre.

Schliemann grub rasch und gierig, zerstörte dabei viel wichtiges Belegmaterial und irrte sich gewaltig in der Chronologie; er richtete solche Unordnung an, daß man heute nur mit Mühe Material in situ von seinen Grabungsrückständen zu unterscheiden vermag. Es ist dennoch ein Ort voller Zauber und Kraft. Seine Faszination entspringt zweifellos der Phantasie, nicht der Wirklichkeit; es würde nichts ändern – was Michael Wood auch sagen mag –, ob es den Trojanischen Krieg gegeben hat oder nicht. Troja, einer ständigen Brise ausgesetzt – daher «windiges Ilium» –, besitzt eine spürbare Aura, und zwar nicht, weil hier tatsächlich etwas geschehen oder auch nicht geschehen sein mag, sondern wegen all dessen, was über viele Jahrhunderte in diese Stätte hineingelesen und von ihr schöpferisch angeregt wurde.

«Seit 1945 sind Vergangenheit und Gegenwart eins»

Was reizte die Ostberliner Schriftstellerin Christa Wolf in den achtziger Jahren an Troja? Eine Antwort findet sich teilweise in den Vorlesungen *Voraussetzungen einer Erzählung: Kassandra*, die gleichzeitig mit dem Roman erschienen. Sie lebte in einer geteilten Stadt, hinter einer von Militär bewachten Mauer. Sie lebte in einer Welt, wo ganz im Einklang mit Thukydides' Analyse Wörter auf den Kopf gestellt werden konnten: «kalter Krieg», «militärische Aufklärung», «gegenseitige garantierte Vernichtung». In einer von Realisten diktierten Welt, denen Verteidigung und militärische Siege viel bedeuten, fragte sie sich, wie das alles begann; und die Antwort lautete, daß es seit Homer immer schon so war. Bei ihrer Suche nach einer weiblichen Ausdrucksform fand sie ihre Stimme in der entmachteten, visionär mächtigen Seherin Kassandra, jener Kassandra, die vor ihrem Tod ihre Lebensge-

Hervorragendes Stimmungsbild vom zerstörten Troja von Adam Elsheimer; im Vordergrund der fliehende Äneas mit seinem Vater auf den Schultern.

schichte erzählen muß. «Wirkliche Geschichte ist zum Erinnern untauglich, Mythen sind es nicht», schreibt sie. Wenn wir das Gedächtnis für wichtig halten, wenn es etwas zum Erinnern geben soll, dann müssen wir die männlichen Denkformen aufgeben, die zu Krieg führen.

Alles hat sich geändert, nur unser Denken nicht. Können wir – vor allem wir Männer – etwas an den Denkweisen ändern, die Homer als erster aufzeichnete? Paradoxerweise mag den besten Einstieg nicht die Wissenschaft oder die jüngere Geschichte liefern, sondern der Mythos – Troja und die trojanischen Frauen, deren Klagegesang die *Ilias* beschließt. Euripides' Schauspiel *Die Troerinnen* (Erstaufführung 415 v. Chr.) dramatisiert das Schicksal von Kassandra, Andromache und insbesondere von Hekuba, als sie auf Schiffen in die Sklaverei geführt werden. Es sind zwei schwere Stunden, in denen die griechischen Eroberer keine gute Figur machen. Es handelt sich im Grunde um eine Verurteilung männlicher Anmaßung und Siegesbesessenheit.

Bis zu Beginn unseres Jahrhunderts wurden *Die Troerinnen* nicht sonderlich beachtet. Es ist wohl kein Zufall, daß sie 1915 in einer deutschen Fassung des jungen Franz Werfel von Gilbert Murray übersetzt in London auf die Bühne kamen (dieselbe Fassung benutzte Aribert Reimann 1986 für seine Oper); und in

Schliemanns Ausgrabungen in Troja; in der Ferne die Dardanellen.

Euripides' *Die Troerinnen* in einer Aufführung des ostdeutschen Staatstheaters Schwerin.

Die Troerinnen mit dem japanischen Suzuki-Ensemble; gerade wird Hekuba ihr Baby Astyanax geraubt.

Amerikas Mittlerem Westen von Wanderschauspielern aufgeführt wurden, um die Friedensbewegung der Frauen zu unterstützen. Jean-Paul Sartres Fassung, in der die griechischen Götter fehlten, erregte 1964 in Paris großes Aufsehen; die Inszenierung stammte von Michael Cacoyannis, der dann 1971 auf dem Höhepunkt des Vietnamkrieges einen Film (mit Katherine Hepburn als Hekuba) produzierte. Sartre hatte dabei Algerien im Auge gehabt; als aber der japanische Regisseur Tadashi Suzuki 1977 das Stück inszenierte (das später in dieser Inszenierung weltweit aufgeführt wurde, auch bei der Olympiade 1984 in Los Angeles), war es unvermeidlich, daß das ausgebrannte Troja mit Hiroshima gleichgesetzt wurde. Alles andere wäre einer Art von Verrat gleichgekommen.

Ich sah Suzukis unvergeßliche Version der *Troerinnen* auf dem Festival in Delphi 1985. Im gleichen Jahr gab es eine griechische Aufführung mit modernen Kostümen, von dem Maler Jannis Tsarouchis entworfen und inszeniert, und eine ostdeutsche Produktion (von Sartres Fassung) des Staatstheaters Schwerin im Rahmen des Projekts «Entdeckungen aus dem Altertum». Bei dieser Inszenierung

Frauen außerhalb der Umzäunung des Greenham Common.

hatte man die Frauen in große Drahtkäfige gesteckt; und die Griechen kamen mit den Schlüsseln, um sie fortzuholen. Bei ebendieser Aufführung vom Donnerstag, dem 13. Juni 1985, kam Tony Harrison eine entscheidende Idee für seine Version der *Troerinnen* (die eine Hälfte von *The Common Chorus* bilden). Die Bühne wird durch einen einfachen Drahtzaun geteilt, der sich um ein Atomwaffendepot wie das von Greenham Common zieht. Hier aber befinden sich die Frauen *außerhalb* des Zauns; die Aufpasser, die ihnen obszöne Schimpfworte zurufen, sind die Gefangenen. Die Frauen führen Eigenfassungen der *Troerinnen* und der Komödie *Lysistrata* des Aristophanes auf, um zu einem neuen Denken anzuregen und die Erinnerung wachzuhalten. Ewige Wiederkehr, ewiger Aufbruch.

In Harrisons *Lysistrata* gibt die Heldin dem Grundgedanken – einer Mischung aus Wirklichkeit und Phantasie – besondere Kraft und Spannung.

> Womit wir uns seit Hiroshima befassen
> ist paradoxerweise, aus der Welt eine Einheit zu schaffen.
> Wir schauen alle in den Lauf derselben entsicherten Waffen.
> Ein Ziel und auch das Schicksal ist gleich:

atomzerbombt in irgendeinem Superreich.
Also ist Griechenland Greenham und umgekehrt,
Poseidon ist Poseidon, wie nicht nur dieses Stück uns lehrt.
Nicht nur alle Orte, auch alle Zeiten sicherlich
sind angewiesen auf Leute wie mich und dich.
In der Dritten Welt werden wir zertrümmern
nicht nur moderne Städte; auch an Troja wird sich niemand
erinnern.
Die Geschichten, die den Geist formten unserer Nation,
sind auf Gedeih und Verderb ausgeliefert dieser
Raketenstation.
Bedenke, wenn du kannst, daß mit dem Menschen auch der
Geist verschwindet,
der vielleicht den Sinn der Menschheitsgeschichte verkündet.
Das kann jeder begreifen: Sind wir alle einmal gewesen,
wird es keine Seiten mehr geben zum Lesen.
Nicht einmal Info-Blätter oder Friedensstücke wie dies,
keinen postholocaustischen Aristophanes.
Bei manchen Namen, die neu sind und du nicht verstehst,
bedenke nur den Grund, auf dem du gehst.
Sind wir verschwunden, ist es auch um
mit Athen im Jahr 411 vor Christum.
Die Welt bisher und bis zum letzten Schlag,
samt aller Kreatur, die sie jemals barg,
verlöscht mit uns, ein jeder Mensch und Einfall,
nichts, gar nichts bleibt erinnert nach dem Knall.
Kein Kriegerdenkmal, das die Toten ehrt,
denn von diesem Armageddon wird das Gedächtnis verzehrt.
Ob Lysistrata, ob Glenda Jackson: das sind Namen von
derselben Art,
denn seit 45 sind sie eins geworden, die Vergangenheit und die
Gegenwart.
Spielt auch keine Rolle, ob «wirklich» oder Theater nur –
Phantasie und Wirklichkeit folgen derselben Spur.
So sag nicht: Das ist nur ein alter Griechenhaufen,
denn es sind *ihre* Tränen, die *deine* Wangen hinunterlaufen,.

In seinen Gleichnissen setzt Homer manchmal schrecklichste, grauenvolle Dinge neben Bilder der Schönheit und Ruhe. Die funkelnde Spitze des Schwerts, das Achilles im nächsten Augenblick Hektor durch die Kehle stoßen wird, gleicht dem Abendstern, dem schönsten Himmelsstern, wenn er im Dunkel der Nacht mit den anderen Sternen auf seiner Bahn geht. Homers Genius sah stets beide Seiten, auch beim Krieg.

Feuer ist ambivalent. Es vermag ganze Städte zu zerstören und könnte sogar alle Erinnerungen auslöschen. Aber es brennt auch im Kamin, wo es Licht und Wärme spendet, zum Kochen dient, die Schreckgespenster fernhält. Die Bedeutung des antiken Griechenlands ist ambivalent. Wir können von dort Anregung und Weisheit empfangen, aber auch Überheblichkeit und Gefahren. Wir entdecken Zeichen, fragmentarische Inschriften, die uns wie Klearchus in Aï Khanoum die Worte schreiben lassen

ΓΝΩΘΙ ΣΕΑΥΤΟΝ.

Bibliographie

Andronikos, Manolis, *Vergina: The Royal Tombs*, Athen: Ekdotike Athenon 1984

Auden, W. H., «The Greeks and Us», in: *Forewords and Afterwords*, London: Faber 1973

Barnes, Jonathan, *Early Greek Philosophy*, Harmondsworth: Penguin 1987

Bernal, Martin, *Black Athena: The Afro-asiatic Roots of Classical Civilization*, London: Free Association Books 1987

Bloom, Allan, *The Closing of the American Mind*, New York: Simon and Schuster 1987

Boardman, J., *Greek Art*, rev. Ausg., London: Thames and Hudson 1985

Boardman, J., J. Griffin, O. Murray (Hrsg.), *The Oxford History of the Classical World*, Oxford: Oxford University Press 1986

Bogdanov, V. (Hrsg.), *Encyclopedia of Political Institutions*, Oxford: Blackwell 1987

Browning, R. (Hrsg.), *The Greek World*, London: Thames and Hudson 1985

Butler, E. M., *The Tyranny of Greece over Germany*, Cambridge: Cambridge University Press 1935

Camp, J. M., *The Athenian Agora*, London: Thames and Hudson 1986

Calder III, W. M. (Hrsg.), «The Nineteenth-Century Rediscovery of Euripides», in: *Greek, Roman and Byzantine Studies* 27, Nr. 4, 1986

Carson, Anne, *Eros the Bitter-sweet*, Princeton: Princeton University Press 1981

Cartledge, P., und andere, *The World of Athens*, Cambridge: Cambridge University Press 1984

Chadwick, H., *The Early Church*, Harmondsworth: Penguin 1967

Clarke, Howard, *Homer's Readers*, Newark: University of Delaware Press 1981

Cohen, M. R., I. E. Drabkin, *A Source Book in Greek Science*, Cambridge, Mass.: Harvard University Press 1958

Constantine, David, *Early Greek Travellers and the Hellenic Ideal*, Cambridge: Cambridge University Press 1984

Cook, B. F., *The Elgin Marbles*, London: British Museum 1984

Coulton, J. J., *Greek Architects at Work*, London: Elek 1977

Čulík, Jan, *Orpheus through the Ages*, London: Channel Four 1985

de Ste Croix, G. E. M., *The Class Struggle in the Ancient Greek World*, London: Duckworth 1981

Derrida, J., *Dissemination*, Übers. B. Johnson, Chicago: Chicago University Press 1981

Detienne, M., *The Creation of Mythology*, Übers. M. Cook, Chicago: Chicago University Press 1986

Deutsches Archäologisches Institut, *Berlin und die Antike*, Berlin: Wasmuth 1978

Dinsmoor, W. B., *The Architecture of Ancient Greece*, 3. Aufl., London: Batsford 1950

Dodds, E. R., *The Greeks and the Irrational*, Cambridge: Cambridge University Press 1951

Dover, K. J., *Greek Homosexuality*, London: Duckworth 1978

Easterling, P., B. Knox (Hrsg.), *The Cambridge History of Classical Literature I: Greek Literature*, Cambridge: Cambridge University Press 1985

Ecole nationale supérieure des Beaux-Arts (Hrsg.), *Paris, Athènes, Rome*, Ausstellungskatalog, Paris: 1982

Edwards, Mark, *Homer: Poet of the Iliad*, Baltimore: The Johns Hopkins University Press 1987

Eitner, L. (Hrsg.), *Neo-classicism and Romanticism 1750–1850*, Englewood Cliffs, N.J.: Prentice-Hall 1971

European Cultural Centre of Delphi, *International Meeting of Ancient Greek Drama* (1985), Athen: ECCD 1987
Feder, Lillian, *Ancient Myth in Modern Poetry*, Princeton: Princeton University Press 1971
Finley, M. I., *Democracy Ancient and Modern*, London: Chatto & Windus 1973
Finley, M. I. (Hrsg.), *The Legacy of Greece: A new appraisal*, Oxford: Oxford University Press 1981
Forrest, W. G., *The Emergence of Greek Democracy*, London: Weidenfeld 1966
Foucault, M., *The History of Sexuality II: The Uses of Pleasure*, Übers. R. Hurley, New York: Pantheon 1986
Gaunt, William, *Victorian Olympus*, London: Jonathan Cape 1952
Goldhill, S., *Reading Greek Tragedy*, Cambridge: Cambridge University Press 1986
Graf, Fritz, *Griechische Mythologie*, München und Zürich: Artemis Verlag 1985
Greek Centre of the International Theatre Institute, *Thespis*, Nr. 4–5 (Fotografien von Aufführungen griechischer Dramen), Athen: GCITI, Juni 1966
Greenhalgh, Michael, *The Classical Tradition in Art*, London: Duckworth 1978
Grigson, G., *The Goddess of Love*, London: Constable 1970
Grimal, Pierre, *The Dictionary of Classical Mythology*, Übers. A. R. Maxwell-Hyslop, Oxford: Blackwell 1986
Guthrie, W. K. C., *A History of Greek Philosophy III: Sophists and Socrates*, und *IV: Plato*, Cambridge: Cambridge University Press 1969, 1975
Harrison, Tony, «Facing up to the Muses», Vortrag vor der Classical Association in Bristol, April 1988, veröffentlicht in: *Proceedings of the Classical Association*, 1988
Harrison, Tony, *The Common Chorus: Part I: Lysistrata*, in: *AGNI* 27, 1988
Hansen, M. H., *The Athenian Assembly*, Oxford: Blackwell 1987
Haskell, Francis, Nicholas Penny, *Taste and the Antique*, New Haven, Ct.: Yale University Press 1981
Highet, G., *The Classical Tradition*, Oxford: Oxford University Press 1949
Hillman, James, *Re-visioning Psychology*, New York: Harper and Row 1975
Holmberg, Arthur, «Greek Tragedy in a New Mask Speaks to To-day's Audiences», in: *The New York Times*, 1. März 1987
Honour, Hugh, *Neo-classicism*, Harmondsworth: Penguin 1968
Irwin, David, *English Neo-classical Art*, London: Faber 1966
Jencks, Charles, *Post-modernism: The New Classicism in Art and Architecture*, London: Academy Editions 1987
Jenkyns, Richard, *The Victorians and Ancient Greece*, Oxford: Blackwell 1980
Keegan, John, *The Mask of Command*, London: Jonathan Cape 1987
Keuls, Eva, *The Rule of the Phallus*, New York: Harper and Row 1985
King, Katherine Callen, *Achilles*, Berkeley und London: University of California Press 1987
Kirk, G. S., *The Nature of Greek Myth*, Harmondsworth: Penguin 1974
Kristeller, P. O., *Renaissance Thought*, Cambridge, Mass.: Harvard University Press 1955
Lanham, R. A., *The Motives of Eloquence*, New Haven, Ct.: Yale University Press 1976
Ling, Roger, *The Greek World*, Oxford: Elsevier Phaidon 1976
Lloyd, G. E. R., *Early Greek Science: Thales to Aristotle*, London: Chatto & Windus 1970
Lloyd, G. E. R., *Greek Science after Aristotle*, London: Chatto & Windus 1973
Lloyd-Jones, H., *Blood for the Ghosts*, London: Duckworth 1982
Loraux, N., P. Vidal-Naquet, «La formation de l'Athènes bourgeoise: essai d'historiographie 1750–1850», in: R. Bolgar (Hrsg.), *Classical Influences on Western Thought A. D. 1650–1870*, Cambridge: Cambridge University Press 1979
Mackinnon, Kenneth, *Greek Tragedy into Film*, London: Croom Helm 1986
Macleod, Colin, *Homer: Iliad Book XXIV*, Cambridge: Cambridge University Press 1982

Meiskins Wood, Ellen, *Peasant, Citizen and Slave*, London: Verso 1988
Miles, S. (Hrsg.), *Simone Weil: An Anthology*, London: Virago 1986
Miller, D. (Hrsg.), *Encyclopedia of Political Thought*, Oxford: Blackwell 1987
Miller, H. H., *Greece through the Ages*, London: Dent 1972
Mittelstrass, J., «*Phaenomena bene fundata*: from saving the appearances to the mechanization of the world-picture», in: R. Bolgar (Hrsg.), *Classical Influences on Western Thought A. D. 1650–1870*, Cambridge: Cambridge University Press 1979
Mordaunt Crook, J. *The Greek Revival*, London: John Murray 1972
Mordaunt Crook, J., *The Dilemma of Style*, London: John Murray 1987
Morgan, Sarah Knudsen, *The J. Paul Getty Museum: Handbook of the Collections*, Malibu 1986
O'Leary, De L., *How Greek Science Passed to the Arabs*, 2. Aufl., London: Routledge 1951
Panofsky, E., *Renaissance and Renascences in Western Art*, Stockholm: Uppsala University Press 1960
Perl, Jeffrey, *The Tradition of Return*, Princeton: Princeton University Press 1984
Pickard-Cambridge, A. W., *The Dramatic Festivals of Athens*, rev. von J. Gould and D. Lewis, Oxford: Oxford University Press 1988
Pirsig, Robert M., *Zen and the Art of Motorcycle Maintenance*, London: Bodley Head 1974
Pollitt, J. J., *Art and Experience in Classical Greece*, Cambridge: Cambridge University Press 1972
Pomeroy, Sarah, *Goddesses, Whores, Wives, and Slaves*, London: Hale 1975
Popper, K. R., *The Open Society and its Enemies*, 5. Aufl., London: Routledge 1966
Rawson, Elizabeth, *The Spartan Tradition in European Thought*, Oxford: Oxford University Press 1969
Reinhold, Meyer, *Classica Americana: The Greek and Roman Heritage in the United States*, Detroit: Wayne State University Press 1984
Robertson, Martin, *A Shorter History of Greek Art*, Cambridge: Cambridge University Press 1981
Sambursky, S., *The Physical World of the Greeks*, London: Routledge 1956
Satriani, L. M. Lombardi, M. Paoletti (Hrsg.), *Heroes from the Sea*, Rom: Gangemi editore und Casa del libro
Scherer, M. R., *The Legends of Troy in Art and Literature*, London: Phaidon 1963
Silk, M. S., J. P. Stern, *Nietzsche on Tragedy*, Cambridge: Cambridge University Press 1981
Silk, Michael, *The Iliad*, Cambridge: Cambridge University Press 1987
Simonsuuri, Kirsti, *Homer's Original Genius*, Cambridge: Cambridge University Press 1979
Singer, C., *A Short History of Scientific Ideas*, Oxford: Oxford University Press 1959
Spencer, Terence, *Fair Greece, Sad Relic*, London: Weidenfeld 1954, Nachdr. Athen: Denise Harvey 1986
Stanford, W. B., *The Ulysses Theme*, 2. Aufl., Oxford: Blackwell 1968
Steiner, George, *The Death of Tragedy*, London: Faber 1961
Steiner, George, *Antigones*, Oxford: Oxford University Press 1984
Stone, I. F., *The Trial of Socrates*, London: Jonathan Cape 1988
Stoneman, Richard (Hrsg.), *A Literary Companion to Travel in Greece*, Harmondsworth: Penguin 1984
Stoneman, R., *Land of Lost Gods*, London: Hutchinson 1987
Summerson, John, *The Classical Language of Architecture*, London: Thames and Hudson 1963
Taplin, O., *Greek Tragedy in Action*, London: Methuen 1978
Thomas, Carol G. (Hrsg.), *Paths from Ancient Greece*, Leiden: E. J. Brill 1988
Travlos, J., *A Pictorial Dictionary of Athens*, London: Thames and Hudson 1971
Tsigakou, Fani-Maria, *The Rediscovery of Greece*, London: Thames and Hudson 1981
Turner, Frank M., *The Greek Heritage in Victorian Britain*, New Haven, Ct.: Yale University Press 1981
Vernant, J.-P., *Myth and Society in Ancient Greece*, Übers. J. Lloyd, London: Methuen 1982

Vickers, Brian, *In Defense of Rhetoric*, Oxford: Oxford University Press 1988
Vickers, Michael, «Value and simplicity: eighteenth-century taste and the study of Greek vases», in: *Past and Present* 116, 1987
Ward, A. G. (Hrsg.), *The Quest for Theseus*, London: Pall Mall Press 1970
Watkin, David, *A History of Architecture*, London: Barrie and Jenkins 1986
Watkin, David, T. Mellinghof, *German Architecture and the Classical Ideal 1740–1840*, London: Thames and Hudson 1987
Wolf, Christa, *Kassandra*, Neuwied: Luchterhand 1983
Wood, Michael, *In Search of the Trojan War*, London: BBC 1985
Young, D. C., *The Olympic Myth of Greek Amateur Athletics*, Chicago: Ares 1984

Abbildungsnachweis

Autor und Verlag danken für die Genehmigung zur Wiedergabe der Abbildungen: © A.C.I. Bruxelles – S. 266–267; American School of Classical Studies at Athens: © Agora Excavations. Alle Rechte vorbehalten – S. 201 oben und unten, 223 oben links, 264; American School of Classical Studies at Athens: Gennadius Library – S. 34 oben; Ancient Art and Architecture Collection – S. 14–15, 139 rechts, 179, 185; mit freundlicher Genehmigung von Professor M. Adronikos – S. 101; Antikenmuseum, Basel – S. 65; Architectural Association, London – S. 249 unten rechts (Fotograf Michael Kim), 258; Artothek/Alte Pinakothek, München – S. 287; Ashmolean Museum, Oxford – S. 102 links und rechts, 161; Atkinson Art Gallery, Southport – S. 83 rechts; Bettmann Archive/Hulton Picture Library – S. 71 rechts und links oben; mit freundlicher Genehmigung der Galerie Isy Brachot, Brüssel, Paris – S. 270; Bridgeman Art Library – S. 40, 80–81 (Birmingham Museum and Art Gallery), 84 unten, 85, 90, 97 unten (Ferens Art Gallery, Hull), 99 links und rechts, 112–113, 121, 131 (Tate Gallery, London), 134–135 (National

Gallery, London) 105, 141 rechts, 142, 143, 211 (© COSMOPRESS, Genf, DACS, London 1989), 240 (National Gallery, London), 274; British Architectural Library (R. I. B. A.), London – S. 245 (Fotograf Henk Snoek), 247 links und rechts, 253; British Film Institute, Film and Video Library – S. 123 links; The British Library – S. 43 oben, 117; The Trustees of the British Museum – S. 107 links und rechts; Centre Canadien d'Architecture, Montreal – S. 203 oben; CERN, Genf – S. 175 links, 188; Nobby Clark – S. 50–51, 59, 76; Peter Clayton – S. 132 links und rechts, 223 oben rechts; Peter Darville Associates – S. 127 rechts oben; Dominic Photography – S. 120, 123 rechts (Fotograf Catherine Ashmore), 147 (Fotograf Zoë Dominic); Ecole nationale supérieure des Beaux-Arts, Paris – S. 36–37, 39, 262 links; Ursula Edelmann – S. 186 links; Edifumetto, Mailand – S. 110; P. Efstathiadis und Söhne, Athen – S. 178 links; E. T. Archive – S. 34 unten, 163, 254, 286; mit freundlicher Genehmigung von D. Fotopoulos – S. 57 unten, 63, 199; Französische archäologische Delegation in Afghanistan, mit freundlicher Genehmigung von P. Bernard – S. 17; J. Paul Getty Museum, Santa Monica – S. 42, 84 links oben, 86, 262 rechts, Vorsatz; Giraudon, Paris – S. 96 oben, 97 oben, 239 oben, 273; Griechisches Fremdenverkehrsamt – S. 87, 127 unten, 155; Susan Griggs Agency / Sandra Lousada – S. 43 unten; John Haynes – S. 71 unten; Hirmer Fotoarchiv, München – S. 8, 84 rechts oben, 93 links, 108, 109, 119, 141 links; Pat Hodgson Library – S. 24 links, 29, 89, 96 unten, 145 oben, 206, 208, 237, 255 unten links, 265; Hulton Picture Company – S. 48, 70 unten, 73 links und rechts, 75, 83 links, 127 links oben, 145 unten, 159 links oben, 169, 198, 217 rechts, 229, 240, 280; Image Bank – S. 139 links (Fotograf Larry Dale Gordon), 171 (Fotograf Peter Miller) 259 (Fotograf Steve Dunwell); Imperial War Museum – S. 269, 277; Nicola Jacobs Gallery, London (Privatsammlung) – S. 45 unten; Japanese Performing Arts Centre, Tokyo – S. 55 rechts, 56, 289 rechts; Charles Jencks – S. 249 unten links, 250, 251; A. F. Kersting – S. 255 rechts oben; Leon Krier – S. 242–243, 263; Ivan Kyncl – S. 77; Magnum Photos Ltd – S. 20; Mansell Collection – S. 93 rechts, 178 rechts, 195, 288; © 1968 Metro-Goldwyn-Mayer Inc. – S. 118; The Metropolitan Museum of Art, Wolfe Fund 1931. Catherine Lorillard Wolfe Collection – S. 210; Museum of the Moving Image, London – S. 19; Nationalgalerie, Staatliche Museen zu Berlin – S. 256; National Trust Photographic Library - S. 255 links oben; Newnham College, Cambridge, mit Genehmigung des Rektors und Kollegiums – S. 124; Popperfoto – S. 159 rechts oben, 191; Rex Features – S. 290; Ann Ronan Picture Library – S. 172, 176, 177, 181, 182, 184, 186; Royal Collection, mit gnädiger Erlaubnis Ihrer Majestät der Königin – S. 94; Scala, Florenz – S. 192–193; Schottisches Fremdenverkehrsamt – S. 260; Editions d'Art Albert Skira, Genf – S. 130 (© DACS 1989); Frank Spooner Pictures / Gamma – S. 217 links; Schweizerisches Fremdenverkehrsamt – S. 233; Topham Picture Library – S. 157, 218–219, 223 unten; Transworld Publishers – S. 215; United Artists Pictures Corporation. Alle Rechte vorbehalten – S. 154; Ruth Walz – S. 58; Trustees of the Wedgwood Museum, Barlaston, Staffordshire – S. 104, 275; Reg Wilson – S. 159 unten; Robert Workman – S. 78.

Alle übrigen Abbildungen stellten der Verfasser und Transatlantic Films zur Verfügung. Es wurde alles getan, um die nach dem Urheberrecht erforderlichen Genehmigungen für Bild- und Textmaterial einzuholen; sollte etwas übersehen worden sein, so möchten wir uns entschuldigen und werden entsprechende Hinweise gerne in späteren Ausgaben aufnehmen.

Register

Abraham 212
Achilles 279, 282, 283
Adam, Robert 252
Adams, John Quincy 22, 226
Adams, Samuel 238
Adelard von Bath 180
Agamemnon 61
Agassiz, Louis 184
Agave 55, 56
Aitken, Conrad 117
Ajax 283, 284
Alarich 31
Alberti, Leon Battista 252
Alexander der Große 26, 31, 49, 101, 195, 280, 283
Alfieri, Vittorio 73
Alkäus 119
Alkibiades 147
Alma-Tadema, Lawrence 95, 98
Anaximanders 174
Anaximenes 174
Anchises 142
Anderson, Judith 72
Andrejivic, Milet 100
Andromache 271, 288
Andronikos 254
Andronikos, Manolis 101
Äneas 283
Anouilh, Jean 75
Antigone 116, 151
Apelles 95
Aphrodite 83, 137, 140, 142, 146, 147, 148, 156, 161
Apollo 21, 26, 28, 31, 32, 35, 46, 47, 100, 150
Apollodoros 149
Apollonios von Perge 186
Archilochos 146
Archimedes 24, 168, 180, 186
Ares 140
Ariadne 131
Aristarchos von Samos 187
Aristoteles 18, 42, 73, 95, 170, 178, 179, 180, 181, 182, 183, 184, 185, 189, 190, 204, 214, 222, 224, 226, 227, 230, 234
Aristophanes 138, 139, 144, 155, 156, 161, 162, 198, 290
Arnold, Matthew 38, 177, 278
Artemis 148
Äschylus 53, 58, 59, 63, 115, 150, 170
Asteas 86
Athene 146, 150
Auden, Wystan Hugh 16, 18, 38, 117, 132
Augustinus 209
d'Autremencourt, Thomas 32
Averroes 180
Avicenna 180
Ayrton, Michael 132

Bachofen, Johann Jakob 150
Bacon, Roger 184
Bannes, Joachim 241
Barba, Eugenio 53
Barker, George 117
Barrault, Jean-Louis 59
Barton, John 72
Beard, Mary 150
Beauvoir, Simone de 150
Benjamin, Asher 260
Benoît de Sainte-Maure 276
Bently, Thomas 104, 106
Bergman, Ingmar 53
Berkoff, Steve 77, 78
Berlioz, Hector 284
Birtwistle, Harrison 61, 122, 165
Blake, William 93, 270
Bloom, Allan 212, 213, 214, 215, 221, 222, 241
Boardman, John 139
Boase, T. S. R. 98
Bofill, Richard 250, 251
Bogner, Hans 241
Bohr, Niels 174, 190
Borges, Jorge Luis 180
Botticelli, Sandro 202
Braque, Georges 98
Brecht, Bertolt 68, 75, 268
Breuer, Lee 78
Britten, Benjamin 160
Brooke, Rupert 278, 279
Brown, Louise 136
Browning, Elizabeth Barrett 98
Brutus 283
Buchan, John 279
Burkert, Walter 126

Bush, George 220, 221
Butler, Samuel 278
Byron, Lord 35, 41, 42, 44, 47, 88, 136, 170, 285

Cacoyannis, Michael 154, 289
Callas, Maria 153
Camus, Marcel 122
Canova, Antonio 88, 92
Catull 165
Chandler, Richard 35
Chapman, George 276
Charles, Prinz 246
Chateaubriand, François René de 238
Chirico, Georgio de 98
Christus 133, 210, 212
Chrysoloras, Manuel 32
Cicero 204
Clarke, Arthur C. 117
Clever, Edith 60
Cocteau, Jean 75, 122, 128
Conran, Terence 246
Corbin, John 226
Corneille, Pierre 33, 73
Cornell, Thomas 100
Correggio, Antonio Allegri 142
Coubertin, Baron Pierre de 47, 48
Cox, George 124
Critico, Bruno 100
Cromwell, Oliver 238
Crossman, Richard 241
Cunningham, Merce 70
Cyriacus von Ancona 32, 285

Dalí, Salvador 98
Dalton, John 170
Dante Alighieri 117, 183
Darwin, Charles 170, 175
Dassin, Jules 153
David, Jacques-Louis 94, 95, 100, 212
David, König 120
Debussy, Claude 165
Demokrit 39, 170, 190, 191
Derrida, Jacques 216, 217
Dickens, Charles 90
Dickson, John 238
Diogenes 195
Dionyos 54, 55, 64, 125
Dodds, E. R. 41
Dover, Captain Robert 47
Dover, Kenneth 138, 160
Dryden, John 276
Duncan, Isadora 44, 70
Dunn, Douglas 118
Dürer, Albrecht 86
Durrell, Lawrence 25, 163
Duruy, Victor 231

Eco, Umberto 41, 98
Ehrensvärd, Carl August 256
Einstein, Albert 190, 270
Elektra 126, 151
Elgin, Lord 43, 87, 88
Eliot, George 74, 152
Eliot, Thomas Stearns 25, 76, 77, 114, 116, 117, 123, 125, 144
Empedokles 177
Engels, Friedrich 150, 233
Epikur 39, 204, 205
Erasmus von Rotterdam 33
Erastothenes von Kyrene 187
Eros 144, 147
Euklid 185, 186
Euphronios 106
Euripides 30, 53, 54, 58, 59, 63, 73, 76, 79, 115, 116, 125, 137, 148, 152, 153, 154, 155, 200, 220, 230, 268, 288
Europa 86
Eurydike 118, 119, 121, 123
Exekias 106

Ferrier, Kathleen 121
Ficino, Marsilio 148, 202
Finlay, Ian Hamilton 100
Finley, Moses 281
Flaxman, John 92, 93, 94, 95, 100, 106
Forster, Edward Morgan 158, 160
Fotopoulos, Dionysis 60
Foucault, Michel 136
Frankus der Trojaner 283
Frazer, James 116, 125
Freeman, E. A. 231
Freud, Sigmund 17, 27, 39, 65, 126, 128, 129, 130, 131
Friedrich der Große 257
Frost, Robert 117
Fuseli, Henry 88, 91, 93

Gäa 28, 29, 52
Gabriel, Jacques-Ange 252
Galen 178, 180, 189
Galilei 183, 186, 189, 190
Ganymed 156
Gassendi, Pierre 170
Gassman, Vittorio 53, 59
Gay, John 121
Gell-Mann, Murray 173
George, Stefan 158
Gérard, François Pascal 140
Gerard von Cremona 180, 188

Gerôme, Jean-Léon 95
Getty, J. Paul 248
Gide, André 75, 158, 164
Gillray, James 103
Gilly, Friedrich 257
Giraudoux, Jean 75
Gladstone, William Ewart 124, 278
Gluck, Christoph Willibald von 68, 121
George III. 103
Goethe, Johann Wolfgang von 74, 91, 92, 100, 103, 110, 170, 206, 253, 277
Gorbatschow, Michail 220
Gorgias 195, 196, 197, 198, 199, 213, 214, 216
Graham, Martha 70
Graham, Robert 98
Graham-Dixon, Andrew 46
Graves, Robert 117, 125
Greenfield, Amy 70
Gropius, Walter 246
Grote, George 231, 278

Hall, Peter 60, 62
Halley, Edmund 186
Hamilton, William 103, 106
d'Hancarville, Pierre 103, 106
Hansen, Christian Frederik 257
Hansen, Theophilus 257
Hardy, Thomas 74
Harrington, James 230, 238
Harrison, Jane 124, 125
Harrison, Tony 46, 53, 61, 66, 79, 153, 269, 290
Hart, Emma 103
Harvey, William 183, 189
Haskell, Francis 90
Hauptmann, Gerhart 75
Hawthorne, Nathaniel 116
Haydon, Benjamin 88, 110
Heaney, Seamus 118
Hegel, Georg Wilhelm 213, 241
Heidegger, Martin 39, 129, 174
Heinrich VIII. 33
Heisenberg, Werner 190
Hektor 270, 271, 283
Hekuba 151, 288
Helena 115, 140, 146, 154, 197, 283, 284
Hephaistos 140
Hera 144, 146
Heraklit 17
Herbert, Jocelyn 61
Herder, Johann Gottfried von 73, 277
Hermes 33, 100, 139
Herodot 226, 272
Hero von Alexandria 187
Hesiod 169
Hill, Chris 191
Hillman, James 25, 126
Hippokrates 175, 176, 189
Hippolytos 137, 148
Hitler, Adolf 48, 91, 241, 257, 280, 281
Hittorff, J.-I. 261
Hofmannsthal, Hugo von 75
Hölderlin, Friedrich 38, 73, 75, 92, 116
Homer 18, 24, 42, 125, 270, 272, 273, 275, 276, 277, 278, 279, 280, 281, 283, 288, 291, 292
Horaz 30
Howard, Alan 281
Hughes, Thomas 278

Ikarus 132
Ingres, Jean-Auguste 95, 106, 128
Iokaste 115
Iphigenie 154

James, Henry 74
Jason 152
Jefferson, Thomas 22, 258, 259
Jeffries, Richard 110
Jencks, Charles 250
Jenkyns, Richard 21, 38, 74, 170, 240, 278
Johnson, Richard R. 226
Jonson, Ben 205
Jowett, Benjamin 158, 212
Joyce, James 39, 63, 116, 117, 173, 278
Judson, Lindsay 180, 181
Julian, Kaiser 30
Jung, Carl Gustav 129, 130
Justinus der Märtyrer 212

Kadmos 55, 56
Kassandra 282, 283, 284, 287, 288
Kauffmann, Angelika 92, 93, 100
Kavafis, Konstantin 158
Kazantzakis, Nikos 115
Keats, John 82, 88, 89, 106, 111, 207, 276
Keegan, John 272
Kepler, Johannes 189
King, Jeanette 74
Kingsley, Charles 116
Klearchus 16
Kleist, Heinrich von 128
Kleisthenes 228
Klemens 209
Klenze, Leo von 257
Klytämnestra 61, 151, 154
Knox, Bernard 49, 114, 128
Komer, Vitaly 100
Konstantin der Afrikaner 189
Kopernikus 188
Koun, Karolos 60
Krier, Leon 244, 245, 251, 261, 262

Kubrik, Stanley 117
Kyrillos 22

Lanham, Richard A. 199, 200
Larkin, Philipp 117, 118
Lasdun Denys 60
Latrobe, Benjamin 244, 259
Lawrence, David Herbert 115
Le Corbusier 39, 246, 248, 261
Lederman, Leon 168, 173, 174, 190
Leighton, Frederic 98
Lenin, Wladimir Iljitsch 241
Leopardi, Giacomo 163, 205
Lerebours, N.-M. 261
Lessing, Gotthold Ephraim 73, 90
Lévi-Strauss, Claude 125
Liukkonen, Mago 156
Lloyd, Geoffrey 114, 174, 175
Logue, Christopher 281, 282
Longfellow, Henry Wadsworth 61
Loos, Adolf 103
Loreaux, Nicole 231
Louis, Spiridon 48
Louys, Pierre 164, 165
Lovelock, James 28
Lowell, Robert 117
Ludwig II. von Bayern 257
Lukács, Georg 72
Lukrez 205
Lysistrata 156
Lykurgos 236, 238

Machiavelli, Niccolò 230, 238
Macleod, Colin 275
MacNeice, Louis 21, 117
Macpherson, James 277
Mallarmé, Stéphane 116, 165
Mann, Thomas 160
Mariani, Carlo Maria 100
Marie-Antoinette 104
Marinetti, Filippo 98
Mariottini, Stefano 107
Mark Aurel 189
Marshall, George 272
Martin-Harvey 69
Marx, Karl 17, 39, 170, 234, 241
McKenna, Stephen 86, 100
Medea 116, 152
Medusa 52, 53
Mee, Arthur 139
Meidias 103, 106
Melano, Aleksander 100
Menelaos 283
Mercouri, Melina 60, 153
Mies van der Rohe, Ludwig 246
Mill, John Stuart 47, 212, 214, 227, 231
Miller, Henry 25
Millet, Kate 150
Milroy, Lisa 46
Milton, John 73, 208, 230
Mimnermus 144
Minotauros 132, 133
Mitford, William 230, 232
Mittelstrass, Jürgen 184
Momigliano, Arnaldo 281
Montaigne, Michel Eyquem 205
Montesquieu, Charles-Louis de 230, 238
Monteverdi, Claudio 68, 120
Moore, Albert 98
Mordaunt Crook, Joe 248
Morus, Thomas 136
Mozart, Wolfgang Amadeus 121
Muir, Edwin 117
Müller, Heiner 54, 76
Müller, Max 124
Murdoch, Iris 207
Murray, Gilbert 125, 152, 153, 288
Murray, Oswyn 30, 49
Myron 91

Napoleon Bonaparte 89, 92
Narziß 126
Nedham, Marchamont 230
Nelson, Horatio 103
Neoptolemus 283, 284
Nero 30
Neuerberg, Norman 248
Newman, F. W. 278
Newton, Isaac 186, 189, 190
Nietzsche, Friedrich 17, 39, 53, 79, 82, 125, 207, 213
Ninagawa, Yukio 53, 59
Norris, Christopher 216

Ödipus 27, 115, 126, 128, 129
Odysseus 25, 33, 42
Offenbach, Jacques 121
Olivier, Laurence 72, 128
O'Neill, Eugene 76, 153
Orest 61
Origenes 209
Orpheus 118, 119, 120, 121, 122
Orwell, George 272
Osborne, Robin 88
Ovid 33, 115, 120, 141
Owen, Wilfred 279
Owens, Jesse 48

Pagliaro, Walter 53
Palladio, Andrea 33, 68, 252

Palmer, Eva 44
Pan 207
Papas, Irene 154, 155
Paris 146, 154, 283
Pasolini, Pier Paolo 59, 128, 153
Pater, Walter 90, 158, 238
Paulus 209
Peleus 142
Penny, Nicholas 90
Pentheus 55
Peri, Jacopo 120
Perikles 148, 214, 228, 229, 231
Persephone 101, 102
Petrarca 32
Phädra 148
Phales 139
Phaidon 211
Phaidros 160, 200
Phaon 163
Phidias 29, 87, 89, 91, 95, 108
Phidippides 47
Philipp von Mazedonien 101, 228
Philoktet 279
Phryne 140
Picasso, Pablo 98, 100, 132
Piranesi, Giovanni Battista 91, 252, 253
Pirsig, Robert M. 214, 215
Piscator, Erwin 68
Plato 64, 95, 114, 147, 149, 157, 158, 170, 189, 190, 191, 196, 198, 199, 200, 202, 204, 206, 207, 209, 210, 211, 212, 214, 216, 221, 224, 226, 227, 230, 234, 236, 237, 240, 241
Plethon, Gemistos 238
Plinius 100
Plotin 202
Plutarch 238
Pluto 101, 102
Poe, Edgar Allan 116
Poliziano 120
Polybius 226
Polygnotus 30
Polyklet 247, 261
Pope, Alexander 276, 277
Popper, Karl 241
Portoghesi, Paolo 248
Pound, Ezra 16, 76, 117
Poussin, Nicolas 94
Powell, Enoch 21
Power, Hiram 98
Praxiteles 140
Praz, Mario 92
Priamos 282, 283, 284, 285
Prometheus 44, 170, 171
Protagoras 49, 194
Proust, Marcel 240
Ptolemäus 180, 187, 188, 189
Pugin, A. W. N. 257
Purcell, Henry 121
Pygmalion 83
Pythagoras 189, 190

Racine, Jean 73, 148, 277
Raffael 91, 95, 204
Ransom, John Crowe 117
Rawson, Elizabeth 238
Reimann, Aribert 288
Reinhardt, Karl 129
Reinhardt, Max 68, 75
Reinhold, Meyer 22, 226, 238, 258
Revett, Nicholas 35, 253, 259, 261, 276
Riefenstahl, Leni 91
Rilke, Rainer Maria 121, 122
Robert von Chester 180
Rodin, Auguste 90
Rossi, Aldo 248
Rousseau, Jean-Jacques 230, 238
Rush, Benjamin 23
Ruskin, John 98, 116, 257
Russell, Bertrand 241
Ryle, Gilbert 179

Saint-Just, Antoine 100
Sahir 16
Sappho 119, 136, 162, 163, 164, 165, 184
Sartre, Jean-Paul 75, 128, 289
Schiller, Friedrich 92, 277
Schlegel, August Wilhelm von 53, 73
Schlegel, Friedrich von 73
Schliemann, Heinrich 285, 286
Seferis, George 115
Sellars, Peter 53
Seneca 73, 204
Shakespeare, William 21, 33, 64, 73, 115, 119, 179, 276, 277, 285
Shaw, George Bernard 152, 153
Shelley, Percy Bysshe 25, 73, 116, 170, 205, 207
Shugborough, Lord 254
Sibthorp, John 35
Sikelianos, Angelos 44, 60
Skira, Albert 132
Sokrates 16, 20, 147, 149, 157, 158, 160, 196, 198, 200, 201, 202, 207, 210, 211, 212, 213, 214, 216, 221, 222, 234
Sophokles 27, 46, 54, 58, 59, 63, 67, 68, 73, 74, 75, 76, 77, 78, 115, 126, 128, 129, 144, 146
Sorban, Andrej 53
Speer, Albert 257
Spenser, Edmund 283
Spon, Jacques 33

Stalin, Josef W. 100
Stanislawski, Konstantin 75
Stauffenberg, Claus Graf Schenk von 280
Stein, Peter 60, 61, 62
Steiner, George 52, 53, 126, 146, 157, 171, 224, 280, 282
Stesichoros 115
Stirling, James 251, 256
Stone, I. F. 214, 221, 222, 224
Storr, Anthony 129
Strauss, Richard 75
Stuart, James 35, 253, 254, 259, 261, 276
Sulla 30
Suzuki, Tadashi 53, 59, 60, 289
Swinburne, Algernon 164
Symonds, John Addington 158

Taylor, A. E. 210
Thales 173, 174, 177
Theoderich 283
Theodosius 31
Theokrit 165
Theophrast 184
Theseus 131, 133, 148
Thetis 142
Thoreau, Henry David 24
Thorpe, Jim 48
Thukydides 148, 200, 224, 229, 236, 272, 287
Tibbetts, Paul 268
Tippett, Michael 284
Tiresias 144
Tischbein, Johann Heinrich Wilhelm 103
Tizian 86
Tocqueville, Alexis de 221, 227, 231
Todhunter, John 74
Tournaire, Albert 38
Toynbee, Arnold 241
True, Marion 85
Tsarouchis, Jannis 289
Turnage, Mark-Anthony 77
Turner, Frank M. 38, 124, 207, 231

Verdi, Giuseppe 115
Vergil 120, 275, 283, 284
Vernant, Jean-Pierre 126, 128
Veronese, Paolo 86
Vidal-Naquet, Pierre 231
Vitruv 252
Voß, Johann Heinrich 276

Wagner, Richard 68
Walters, Jonathan 160, 161
Washington, George 95
Watts, G. F. 98, 133
Weber, Carl Maria von 68
Wedgwood, Josiah 104, 106
Weil, Simone 281, 282
Werfel, Franz 288
Wertenbaker, Timberlake 66
West, Martin 146
Wheeler, George 33
Whicker, Alan 41
Whitman, Walt 24
Wilamowitz-Moellendorff, Ulrich von 152, 165
Wilde, Oscar 158
Wilkins, William 256
Williams, Bernard 194, 195, 204
Williams, Hugh William 35
Wilson, Robert 54
Winckelmann, Johann Joachim 91, 92, 95, 98, 100, 102, 103, 110, 157, 252, 276
Wolf, Christa 25, 282, 283, 287
Wood, Ellen Meiskins 233
Wood, Michael 286
Wood, Robert 276, 277, 285
Wordsworth, William 116, 206
Wyatt, James 256

Xanthippe 149

Yeats, William Butler 76, 117, 125, 207

Zeno 204
Zeus 26, 33, 44, 47, 64, 86, 95, 100, 140, 144, 150, 156, 170, 174